साहित्य कलश तथा व्यावहारिक हिन्दी

स्वामी रामानन्द तीर्थ मराठवाड़ा विश्वविद्यालय, नांदेड़, महाराष्ट्र

आधुनिक भारतीय भाषा (एम.आई.एल.) प्रथम वर्ष

हिन्दी की पाठ्यपुस्तक

सम्पादक-मण्डल

साहित्य कलश तथा व्यावहारिक हिन्दी

स्वामी रामानन्द तीर्थ मराठवाड़ा विश्वविद्यालय, नांदेड़, महाराष्ट्र

आधुनिक भारतीय भाषा (एम.आई.एल.) प्रथम वर्ष

हिन्दी की पाठ्यपुस्तक

सम्पादक

डॉ. प्रो. संतोष विजय कुमार येरावार

देगलूर महाविद्यालय, देगलूर

वाणी प्रकाशन

प्रकाशन के उत्कृष्टतम 61 वर्ष

प्रथम संस्करण : 2024

vaniprakashan.com

वाणी प्रकाशन

4695, 21-ए, दरियागंज, नयी दिल्ली-110 002

फ़ोन : +91 11 23273167, 23275710

शाखाएँ

अशोक राजपथ, पटना-800 004, बिहार

कॉफ़ी हाउस कैम्पस, महात्मा गांधी मार्ग, प्रयागराज-211 001, उत्तर प्रदेश

महात्मा गांधी अन्तरराष्ट्रीय हिन्दी विश्वविद्यालय, वर्धा-442 001, महाराष्ट्र

sales@vaniprakashan.in

vaniprakashan@gmail.com

Sahitya Kalash Tatha Vyavaharik Hindi

Eedited by Dr. Prof. Santosh Vijay Kumar Yerawar

ISBN : 978-93-6287-370-5

मूल्य : ₹ 125

आर. टेक ऑफ़सेट प्रिंटर्स, दिल्ली-110 032 में मुद्रित

वाणी प्रकाशन का लोगो मक़बूल फ़िदा हुसेन की कूची से

अनुक्रम

(खण्ड-ख) हिन्दी कविताएँ

(खण्ड-ग) व्यावहारिक हिन्दी

शुभाशंसा

स्वामी रामानन्द तीर्थ मराठवाड़ा विश्वविद्यालय, नान्देड़ के बी.ए., बी.कॉम. तथा बी.एस-सी. प्रथम वर्ष के लिए नयी शिक्षा नीति के अनुरूप आधुनिक भारतीय भाषा के अन्तर्गत हिन्दी भाषा की पाठ्यपुस्तक 'साहित्य कलश और व्यावहारिक हिन्दी' तीन भागों में विभाजित किया गया है। प्रथम भाग 'क' के अन्तर्गत कहानियाँ, द्वितीय भाग 'ख' के अन्तर्गत आधुनिक काल की कविताएँ तथा तृतीय भाग 'ग' के अन्तर्गत व्यावहारिक हिन्दी का अन्तर्भाव किया गया है। नयी शिक्षा नीति में छात्रों के समग्र विकास को महत्त्व दिया गया हैं, जिसमें न केवल अकादमिक ज्ञान बल्कि जीवन कौशल, नैतिकता, व्यावहारिक कौशल्या विकास और सामाजिक जिम्मेदारियों का अहसास भी शामिल है।

इन सभी बातों को पाठ्यक्रम में निहित कहानी, कविता और व्यावहारिक हिन्दी से पूरा करने का प्रयास किया गया है। इन रचनाओं के अध्ययन से छात्र लाभान्वित होंगे, ऐसा मेरा विश्वास है। हिन्दी अध्ययन मण्डल के अध्यक्ष डॉ. सुजित सिंह परिहार तथा सभी सदस्यों ने अपने परिश्रम से इसे सुबोध एवं ज्ञानवर्धक बनाया है। मैं हिन्दी अध्ययन मण्डल को बधाई देता हूँ और नये पाठ्यक्रम को हार्दिक शुभकामनाएँ।

—डॉ. पराग खड़के
अधिष्ठाता, मानव्य विद्या शाखा
स्वामी रामानन्द तीर्थ मराठवाड़ा विश्वविद्यालय,
नान्देड़

सम्पादकीय

स्वामी रामानन्द तीर्थ मराठवाड़ा विश्वविद्यालय, नांदेड़ का नयी शिक्षा नीति के अनुरूप नया पाठ्यक्रम जून, 2024 से शुरू हो रहा है। जो विश्वविद्यालय अनुदान आयोग के निर्देशानुसार बनाने का प्रयास हिन्दी अध्ययन मण्डल ने किया है। अध्ययन मण्डल की कई बैठकों, अध्यापकों से प्राप्त सुझावों पर विचार-विमर्श के पश्चात पाठ्यक्रम का निर्धारण हुआ। प्रस्तुत पाठ्यक्रम बी.ए., बी.कॉम तथा बी.एस-सी., प्रथम वर्ष, मॉडर्न इंडियन लैंग्वेज (एम.आई.एल.) के विद्यार्थियों हेतु तैयार किया गया है। प्रस्तुत पाठ्यक्रम तीन भागों में विभाजित है। प्रथम भाग 'क' के अन्तर्गत आठ कहानियाँ, द्वितीय भाग 'ख' के अन्तर्गत आधुनिक काल की आठ कविताएँ तथा तृतीय भाग 'ग' के अन्तर्गत व्यावहारिक हिन्दी समाहित हैं।

साहित्य मनुष्य के भीतर के अन्धकार को मिटाकर ज्ञान की रोशनी प्रदान करता है। मानव अनुभवों, जीवन की वास्तविकताओं, संघर्षों, भावनाओं और विचारों, तथा समाज के विभिन्न पहलुओं को साहित्य अभिव्यक्त करता है। साहित्य जीवन की गहराइयों को समझने और मानवता के निर्माण का साधन है। साहित्य यह समाज की परम्पराओं, मान्यताओं और इतिहास को सँजोता है। यह पाठक को सोचने, समझने और आत्मविश्लेषण करने के लिए प्रेरित करता है। साहित्य सामाजिक सुधार और नैतिक मूल्यों की स्थापना का साधन भी होता है। प्रस्तुत साहित्य कलश संकलन छात्रों पर संस्कार करने में सक्षम सिद्ध होगा यह हमें विश्वास है।

आधुनिक हिन्दी काव्यधारा के प्रतिनिधि कवियों की प्रतिनिधिक रचनाओं, जिनमें विशेषत: कविता के आन्दोलन, विविध प्रवाह, विमर्श तथा प्रवृत्तियों को केन्द्र में रखते हुए हमने विद्यार्थी को केन्द्रबिन्दु मानकर पाठ्यक्रम बनाने का प्रयास किया हैं। प्रस्तुत संकलन में हमने मैथिली शरण गुप्त, से लेकर अटल जी को स्पर्श करते हुए निर्मला पुतुल की कविताओं को समाहित किया है। जाहिर है इसमें कुछ महत्त्वपूर्ण कवि और उनकी कविताएँ तथा महत्त्वपूर्ण कहानी और उनकी कहानियाँ

छूटने वाली थीं। वे छूटी भी हैं। इस प्रकार के पाठ्यक्रमिक संकलन बनाते समय ऐसा होता भी है। बावजूद इसके हमने कोशिश की है कि इतने लम्बे अन्तराल के प्रवाहों से सम्बन्धित कविताएँ यहाँ आयें। इस संकलन को बनाते समय मा. अधिष्ठाता तथा हिन्दी अध्ययन मण्डल के अध्यक्ष और सदस्यों ने अनेक मौलिक सुझाव दिये जिसका नतीजा है कि एक सन्तुलित पाठ्यक्रम हम दे पाये हैं।

प्रत्येक कवि का संक्षेप में परिचय, प्रमुख रचनाएँ, कविता की मूल संवेदना ऐसी संरचना प्रत्येक कविता में प्रस्तुत की गयी है। अध्ययन, अध्यापन तथा आस्वाद की दृष्टि से पाठक को कोई कठिनाई न आये इसके सारे प्रयत्न किये गये हैं। दूसरे भाग के अन्तर्गत भी ठीक इसी तरह हिन्दी कहानी परम्परा को ध्यान में रखते हुए कथा सम्राट प्रेमचन्द से लेकर आज की युवा कथाकार धन्यकुमार बिराजदार की कहानी को हमने सम्मिलित किया है। युग विशेष और शैली, भाव और कथा की प्रासंगिकता को केन्द्र में रखकर कहानियों का चयन किया गया है। हमारी धारणा है कि इस पाठ्यपुस्तक में सम्पादित कहानियों का अपना स्वतन्त्र अस्तित्व एवं पहचान है। यहाँ भी हमने कहानीकार का संक्षेप में परिचय देते हुए उनकी प्रमुख रचनाओं का उल्लेख किया है। कहानी की मूल संवेदना बनी रहे इस रूप में उनकी संरचना की गयी है।

बी.ए., बी.कॉम तथा बी.एस-सी. प्रथम वर्ष में अध्ययन करने वाले विद्यार्थियों को साहित्य की महत्त्वपूर्ण दो विधाएँ कविता और कहानी का परिचय तथा परिज्ञान हो ऐसी हमारी धारणा है। आधुनिक भारतीय भाषा के अन्तर्गत हिन्दी का अध्ययन करने वाले विद्यार्थियों के लिए इन दो विधाओं के अलावा रोजगार की दृष्टि से उपयुक्त व्यावहारिक हिन्दी के अन्तर्गत ब्लॉग लेखन, विज्ञापन लेखन, कृत्रिम बुद्धिमत्ता और गूगल डॉक्स का कुछ अंश इसके साथ जोड़ा गया है जिसके सामग्री संकलन में कृत्रिम बुद्धिमत्ता टूल चैट जी.पी.टी. का महत्त्वपूर्ण योगदान रहा।

प्रस्तुत पाठ्यपुस्तक के सम्पादन में विश्वविद्यालय के उपकुलपति डॉ. मनोहर चासकर, मानव्य विद्या शाखा अधिष्ठाता डॉ. पराग खड़के तथा हिन्दी अध्ययन मण्डल के अध्यक्ष डॉ. सुजीत सिंह परिहार और हिन्दी अध्ययन मण्डल के सदस्य तथा वाणी प्रकाशन, नयी दिल्ली धन्यवाद के पात्र है, उनके प्रति भी कृतज्ञता ज्ञापित करता हूँ।

—सम्पादक

प्रो. सन्तोष विजयकुमार येरावार

मुंशी प्रेमचन्द

मुंशी प्रेमचन्द, जिनका वास्तविक नाम धनपत राय श्रीवास्तव था, हिन्दी और उर्दू साहित्य के प्रमुख लेखकों में से एक हैं। उनका जन्म 31 जुलाई 1880 को उत्तर प्रदेश के लमही गाँव में हुआ था। उनके पिता अजायब राय मुंशी, एक डाकघर के क्लर्क थे और उनकी माता आनन्दी देवी गृहिणी थीं। प्रेमचन्द की प्रारम्भिक शिक्षा गाँव में ही हुई थी। उन्होंने अपनी उच्च शिक्षा काशी (वाराणसी) में प्राप्त की। आर्थिक परिस्थितियों के कारण उन्हें बचपन से ही कठिनाइयों का सामना करना पड़ा। 14 वर्ष की आयु में उनकी माँ का निधन हो गया और 15 वर्ष की आयु में उनका विवाह हुआ। हालाँकि उनका पहला विवाह सफल नहीं रहा और बाद में उन्होंने शिवरानी देवी से विवाह किया।

प्रेमचन्द ने अपनी साहित्यिक यात्रा की शुरुआत उर्दू से की। हिन्दी साहित्य में उन्होंने अपनी पहचान 'सेवासदन' उपन्यास से बनायी। सामाजिक, राजनीतिक और आर्थिक विषयों पर गहरा दृष्टिकोण उनके लेखनी में दिखाई देता हैं। वे समाज के पिछड़े और शोषित वर्ग के संघर्षों को बड़ी संवेदनशीलता से प्रस्तुत करते थे। उनके प्रमुख उपन्यासों में 'गोदान', 'गबन', 'कर्मभूमि', 'रंगभूमि', 'निर्मला', 'प्रेमाश्रम' और 'कायाकल्प' शामिल हैं। उन्होंने लगभग तीन सौ कहानियाँ लिखीं, जिनमें 'पूस की रात', 'ईदगाह', 'दो बैलों की कथा', 'पंच परमेश्वर' और 'नमक का दरोगा' प्रमुख हैं। प्रेमचन्द ने 'हंस' और 'माधुरी' नामक साहित्यिक पत्रिकाओं का सम्पादन किया। वे पत्रकारिता के माध्यम से भी सामाजिक सुधार के अपने विचारों को प्रसारित करते रहे। मुंशी प्रेमचन्द का निधन 8 अक्टूबर, 1936 को वाराणसी में हुआ। उनका साहित्यिक योगदान और सामाजिक सुधार के प्रति उनकी प्रतिबद्धता आज भी उन्हें हिन्दी साहित्य के महानतम लेखकों में शामिल करती है।

'पंच परमेश्वर' प्रेमचन्द की एक प्रसिद्ध कहानी है, जो ग्राम्य जीवन और न्याय व्यवस्था की सजीव झलक प्रस्तुत करती है। इस कहानी का मुख्य उद्देश्य न्याय, सत्य और कर्तव्य की महत्ता को दिखाना है। कहानी का मुख्य पात्र जुम्मन शेख है,

जो एक धनी और प्रभावशाली किसान है। जुम्मन की एक बूढ़ी काकी है, जिसने अपनी सम्पत्ति जुम्मन के नाम कर दी थी, इस शर्त पर कि वह उसकी जीवनभर देखभाल करेगा। जुम्मन और उसकी पत्नी करीमन शुरू में तो काकी की अच्छी तरह देखभाल करते हैं, लेकिन धीरे-धीरे उनके व्यवहार में परिवर्तन आ जाता है। वे काकी के प्रति उपेक्षापूर्ण और निर्दयी हो जाते हैं। काकी यह व्यवहार सहन नहीं कर पाती और जुम्मन से अपने गुज़ारे के लिए अलग से भरण-पोषण की माँग करती है। जब जुम्मन इस माँग को ठुकरा देता है, तो काकी पंचायत में अपनी शिकायत ले जाती है। काकी की इस पहल से गाँव में हलचल मच जाती है। गाँव के लोग मिलकर पंचायत बैठाते हैं और जुम्मन के घनिष्ठ मित्र, अलगू पहलवान को पंच के रूप में चुनते हैं। जुम्मन को विश्वास होता है कि अलगू पहलवान उसके पक्ष में फैसला सुनायेगा, क्योंकि वे दोनों बचपन के मित्र हैं। अलगू पहलवान को भी यह समझ में आता है कि इस निर्णय का प्रभाव उनके मित्रता पर पड़ सकता है, लेकिन पंचायत की गरिमा और न्याय की जिम्मेदारी को समझते हुए अलगू पहलवान निष्पक्षता से काम करता है। वह सभी पक्षों की बातें सुनने के बाद निर्णय सुनाता है कि जुम्मन को काकी को भरण-पोषण देना चाहिए या सम्पत्ति वापस करनी चाहिए। अलगू पहलवान का यह निष्पक्ष और न्यायपूर्ण निर्णय कहानी का केन्द्रीय सन्देश है। कुछ दिनों बाद जब बैल की मृत्यु का और उसके दाम का अलगू चौधरी और समझू साहु का मामला पंचायत में आता है, तब पंच जुम्मन बनता है, तब जुम्मन को भी यह अहसास होता है कि पंच का धर्म न्याय करना है, चाहे व्यक्तिगत सम्बन्ध कुछ भी हों। अन्ततः, जुम्मन और अलगू पहलवान की मित्रता में नयी, गहराई और सम्मान पैदा होता है।

कहानी यह सन्देश देती है कि पंच के पद पर बैठने वाला व्यक्ति चाहे कोई भी हो, उसे भगवान के रूप में देखा जाना चाहिए, क्योंकि वह न्याय करता है। कहानी ग्राम्य जीवन, सामाजिक संरचना और न्याय व्यवस्था का एक उत्कृष्ट चित्रण है, जो प्रेमचन्द की लेखनी की विशिष्टता दर्शाती है। यह कहानी यह भी बताती है कि सही मायने में न्याय वही है, जो निष्पक्षता और सत्य पर आधारित हो।

'पंच परमेश्वर' कहानी में पंचायत के माध्यम से भारतीय ग्रामीण जीवन के सत्य को दर्शाया गया है। लेखक ने इस कहानी में भारतीय ग्रामीण जीवन में ईमान और सच्चाई जैसे उच्च मूल्यों का सहज वर्णन किया है। ऐसा नहीं कि वे सभी ग्रामीणों को ईमानदार और ऊँचे आदर्शों वाला मान रहे हैं, अपितु वे मनुष्य की सहज अच्छाई को खोजने के लिए ही पात्रों की सृष्टि करते हैं। मनुष्य के नैतिक आचरण को कहानी में रोजमर्रा के सामान्य प्रसंगों द्वारा उद्घाटित किया है। 'पंच परमेश्वर' की शैली यथार्थवादी, भाषा बोलचाल की एवं संवाद स्वाभाविक हैं।

पंच परमेश्वर

मुंशी प्रेमचन्द

जुम्मन शेख और अलगू चौधरी में गाढ़ी मित्रता थी। साझे में खेती होती थी। कुछ लेन-देन में भी साझा था। एक को दूसरे पर अटल विश्वास था। जुम्मन जब हज करने गये थे, तब अपना घर अलगू को सौंप गये थे और अलगू जब कभी बाहर जाते, तो जुम्मन पर अपना घर छोड़ देते थे। उनमें न खान-पान का व्यवहार था, न धर्म का नाता; केवल विचार मिलते थे। मित्रता का मूलमन्त्र भी यही है।

इस मित्रता का जन्म उसी समय हुआ, जब दोनों मित्र बालक ही थे और जुम्मन के पूज्य पिता जुमराती उन्हें शिक्षा प्रदान करते थे। अलगू ने गुरु जी की बहुत सेवा की थी, ख़ूब रकाबियाँ माँजे, ख़ूब प्याले धोये। उनका हुक्का एक क्षण के लिए भी विश्राम न लेने पाता था; क्योंकि प्रत्येक चिलम अलगू को आध घण्टे तक किताबों से अलग कर देती थी। अलगू के पिता पुराने विचारों के मनुष्य थे। उन्हें शिक्षा की अपेक्षा गुरु की सेवा-शुश्रूषा पर अधिक विश्वास था। वह कहते थे कि विद्या पढ़ने से नहीं आती; जो कुछ होता है, गुरु के आशीर्वाद से। बस, गुरु जी की कृपा दृष्टि चाहिए। अतएव यदि अलगू पर जुमराती शेख के आशीर्वाद अथवा सत्संग का कुछ फल न हुआ, तो यह मान कर सन्तोष कर लेगा कि विद्योपार्जन में मैंने यथाशक्ति कोई बात उठा नहीं रखी; विद्या उसके भाग्य ही में न थी, तो कैसे आती?

मगर जुमराती शेख स्वयं आशीर्वाद के कायल न थे। उन्हें अपने सोटे पर अधिक भरोसा था और उसी सोटे के प्रताप से आज आसपास के गाँवों में जुम्मन की पूजा होती थी। उनके लिखे हुए रेहननामे या बैनामे पर कचहरी का मुरिर भी कलम न उठा सकता था। हल्के का डाकिया, कांस्टेबल और तहसील का चपरासी–सब उनकी कृपा की आकांक्षा रखते थे। अतएव अलगू का मान उनके धन के कारण था, तो जुम्मन शेख अपनी अनमोल विद्या से हो सबके आदरपात्र बने थे।

2

जुम्मन शेख की एक बूढ़ी खाला (मौसी) थी। उसके पास कुछ थोड़ी मिलकियत थी; परन्तु उसके निकट सम्बन्धियों में कोई न था। जुम्मन ने लम्बे-चौड़े वादे कर वह मिलकियत अपने नाम लिखवा ली थी। जब तक दान-पत्र को रजिस्ट्री न हुई थी, तब तक खालाजान का ख़ूब आदर-सत्कार किया गया। उन्हें ख़ूब स्वादिष्ट पदार्थ खिलाये गये। हलवे-पुलाव की वर्षा-सी की गयी; पर रजिस्ट्री की मुहर ने इन खातिरदारियों पर भी मानों मुहर लगा दी। जुम्मन की पत्नी करीमन रोटियों के साथ कड़वी बातों के कुछ तेज़, तीखे सालन भी देने लगी। जुम्मन शेख भी निठुर हो गये। अब बेचारी खालाजान को प्राय: नित्य ही ऐसी बातें सुननी पड़ती थीं।

बुढ़िया न जाने कब तक जियेगी। दो-तीन बीघे ऊसर क्या दे दिया, मानो मोल ले लिया है! बघारी दाल के बिना रोटियाँ नहीं उतरती! जितना रुपया इसके पेट में झोंक चुके, उतने से तो अब तक गाँव मोल ले लेते।

कुछ दिन खालाजान ने सुना और सहा; पर जब न सह गया, तब जुम्मन से शिकायत की। जुम्मन ने स्थानीय कर्मचारी–गृहस्वामी–के प्रबन्ध में दखल देना उचित न समझा। कुछ दिन तक और यों ही रो-धोकर काम चलता रहा। अन्त में एक दिन खाला ने जुम्मन से कहा, “बेटा! तुम्हारे साथ मेरा निर्वाह न होगा। तुम मुझे रुपये दे दिया करो, मैं अपना पका-खा लूँगी।”

जुम्मन ने धृष्टता के साथ उत्तर दिया–रुपये क्या यहाँ फलते हैं? खाला ने नम्रता से कहा–मुझे कुछ रूखा-सूखा चाहिए भी कि नहीं? जुम्मन ने गम्भीर स्वर से जवाब दिया, तो कोई यह थोड़े ही समझा था कि तुम मौत से लड़ कर आयी हो?

खाला बिगड़ गयीं, उन्होंने पंचायत करने की धमकी दी। जुम्मन हँसे, जिस तरह कोई शिकारी हिरन को जाल की तरफ़ जाते देखकर मन-ही-मन हँसता है। वे बोले–हाँ, ज़रूर पंचायत करो। फैसला हो जाये। मुझे भी यह रात-दिन की खटपट पसन्द नहीं।

पंचायत में किसकी जीत होगी, इस विषय में जुम्मन को कुछ भी सन्देह न था। आसपास के गाँवों में ऐसा कौन था, जो उसके अनुग्रहों का ऋणी न हो; ऐसा कौन था, जो उसको शत्रु बनाने का साहस कर सके? किसमें इतना बल था, जो उसका सामना कर सके? आसमान के फरिश्ते तो पंचायत करने आयेंगे ही नहीं।

3

इसके बाद कई दिन तक बूढ़ी खाला हाथ में एक लकड़ी लिये आसपास के गाँवों में दौड़ती रही। कमर झुककर कमान हो गयी थी। एक-एक पग चलना दूभर था; मगर बात आ पड़ी थी। उसका निर्णय करना ज़रूरी था।

बिरला ही कोई भला आदमी होगा, जिसके सामने बुढ़िया ने दुख के आँसू न बहाये हों। किसी ने तो यों ही ऊपरी मन से हूँ-हाँ करके टाल दिया और किसी ने इस अन्याय पर जमाने को गालियाँ दीं! कहा, कब्र में पाँव लटके हुए हैं, आज मरे, कल दूसरा दिन; पर हवस नहीं मानती। अब तुम्हें क्या चाहिए? रोटी खाओ और अल्लाह का नाम लो। तुम्हें अब खेती-बारी से क्या काम है? कुछ ऐसे सज्जन भी थे, जिन्हें हास्य-रस के रसास्वादन का अच्छा अवसर मिला। झुकी हुई कमर, पोपला मुँह, सन के से बाल इतनी सामग्री एकत्र हों, तब हँसी क्यों न आवे? ऐसे न्यायप्रिय, दयालु, दीन-वत्सल पुरुष बहुत कम थे, जिन्होंने उस अबला के दुखड़े को ग़ौर से सुना हो और उसको सान्त्वना दी हो। चारों ओर से घूम-घाम कर बेचारी अलगू चौधरी के पास आयी। लाठी पटक दी और दम लेकर बोली–बेटा, तुम भी दम-भर के लिए मेरी पंचायत में चले आना।

अलगू–मुझे बुला कर क्या करोगी? कई गाँव के आदमी तो आयेंगे ही। खाला-अपनी विपदा तो सबके आगे रो आयी। अब आने न आने का अख्तियार उनको है।

अलगू–यों आने को आ जाऊँगा; मगर पंचायत में मुँह न खोलूँगा। खाला क्यों बेटा?

अलगू–अब इसका क्या जवाब दूँ? अपनी ख़ुशी! जुम्मन मेरा पुराना मित्र है। उससे बिगाड़ नहीं कर सकता।

खाला–बेटा, क्या बिगाड़ के डर से ईमान की बात न कहोगे?

हमारे सोये हुए धर्म-ज्ञान की सारी सम्पत्ति लुट जाये, तो उसे ख़बर नहीं होती, परन्तु ललकार सुनकर वह सचेत हो जाता है। फिर उसे कोई जीत नहीं सकता। अलगू इस सवाल का कोई उत्तर न दे सका, पर उसके हृदय में ये शब्द गूँज रहे थे–

क्या बिगाड़ के डर से ईमान की बात न कहोगे?

4

सन्ध्या समय एक पेड़ के नीचे पंचायत बैठी। शेख जुम्मन ने पहले से ही फर्श बिछा रखा था। उन्होंने पान, इलायची, हुक्के, तम्बाकू आदि का प्रबन्ध भी किया था। हाँ, वह स्वयं अलबत्ता अलगू चौधरी के साथ ज़रा दूरी पर बैठे हुए थे। जब पंचायत में कोई आ जाता था, तब दबे हुए सलाम से उसका स्वागत करते थे। जब सूर्य अस्त हो गया और चिड़ियों की कलरवयुक्त पंचायत पेड़ों पर बैठी, तब यहाँ भी पंचायत शुरू हुई। फर्श की एक-एक अंगुल ज़मीन भर गयी; पर अधिकांश दर्शक ही थे। निमन्त्रित महाशयों में से केवल वे ही लोग पधारे थे, जिन्हें जुम्मन से अपनी कुछ कसर निकालनी थी। एक कोने में आग सुलग रही थी। नाई ताबड़तोड़ चिलम भर रहा था। यह निर्णय करना असम्भव था कि सुलगते हुए उपलों से अधिक धुआँ

निकलता था या चिलम के दमों से। लड़के इधर-उधर दौड़ रहे थे। कोई आपस में गाली-गलौज करता और कोई रोता था। चारों तरफ़ कोलाहल मच रहा था। गाँव के कुत्ते इस जमाव को भोज समझ कर झुण्ड-के-झुण्ड जमा हो गये थे।

पंच लोग बैठ गये, तो बूढ़ी खाला ने उनसे विनती की–

"पंचो, आज तीन साल हुए, मैंने अपनी सारी जायदाद अपने भानजे जुम्मन के नाम लिख दी थी। इसे आप लोग जानते ही होंगे। जुम्मन ने मुझे ताहयात रोटी-कपड़ा देना कबूल किया। साल-भर तो मैंने इसके साथ रो-धोकर काटा। पर अब रात-दिन का रोना नहीं सहा जाता। मुझे न पेट की रोटी मिलती है, न तन का कपड़ा। बेकस बेवा हूँ। कचहरी दरबार नहीं कर सकती। तुम्हारे सिवा और किससे अपना दुख सुनाऊँ? तुम लोग जो राह निकाल दो, उसी राह पर चलूँ। अगर मुझमें कोई ऐब देखो, तो मेरे मुँह पर थप्पड़ मारो। जुम्मन में बुराई देखो, तो उसे समझाओ, क्यों एक बेकस की आह लेता है! मैं पंचों का हुक्म सिर-माथे पर चढ़ाऊँगी।"

रामधन मिश्र, जिनके कई असामियों को जुम्मन ने अपने गाँव में बसा लिया था, बोले-जुम्मन मियी, किसे पंच बदते हो? अभी से इसका निपटारा कर लो। फिर जो कुछ पंच कहेंगे, वही मानना पड़ेगा।

जुम्मन को इस समय सदस्यों में विशेषकर वे ही लोग दीख पड़े, जिनमें किसी-न-किसी कारण उनका वैमनस्य था। जुम्मन बोले–पंचों का हुक्म अल्लाह का हुक्म है। खालाजान जिसे चाहें, उसे बदे। मुझे कोई उज्र नहीं।

खाला ने चिल्ला कर कहा–अरे अल्लाह के बन्दे! पंचों का नाम क्यों नहीं बता देता? कुछ मुझे भी तो मालूम हो।

जुम्मन ने क्रोध से कहा–अब इस वक़्त मेरा मुँह न खुलवाओ। तुम्हारी बन पड़ी है, जिसे चाहो, पंच बदो।

खालाजान जुम्मन के आक्षेप को समझ गयीं, वे बोलीं–बेटा, खुदा से डरो। पंच न किसी के दोस्त होते हैं, न किसी के दुश्मन। कैसी बात कहते हो! और तुम्हारा किसी पर विश्वास न हो, तो जाने दो; अलगू चौधरी को तो मानते हो? लो, मैं उन्हीं को सरपंच बदती हूँ।

जुम्मन शेख आनन्द से फूल उठे; परन्तु भावों को छिपा कर बोले–अलगू ही सही, मेरे लिए जैसे रामधन वैसे अलगू।

अलगू इस झमेले में फँसना नहीं चाहते थे। वे कन्नी काटने लगे। बोले–खाला, तुम जानती हो कि मेरी जुम्मन से गाढ़ी दोस्ती है।

खाला ने गम्भीर स्वर से कहा–बेटा, दोस्ती के लिए कोई अपना ईमान नहीं बेचता। पंच के दिल में ख़ुदा बसता है। पंचों के मुँह से जो बात निकलती है, वह ख़ुदा की तरफ़ से निकलती है।

अलगू चौधरी सरपंच हुए। रामधन मिश्र और जुम्मन के दूसरे विरोधियों ने बुढ़िया को मन में बहुत कोसा।

अलगू चौधरी बोले–शेख जुम्मन! हम और तुम पुराने दोस्त हैं! जब काम पड़ा, तुमने हमारी मदद की है और हम भी जो कुछ बन पड़ा, तुम्हारी सेवा करते रहे हैं; मगर इस समय तुम और बूढ़ी खाला, दोनों हमारी निगाह में बराबर हो। तुमको पंचों से जो कुछ अर्ज करना हो, करो।

जुम्मन को पूरा विश्वास था कि अब बाजी मेरी है। अलगू यह सब दिखावे की बातें कर रहा है। अतएव शान्त-चित्त होकर बोले–पंचो, तीन साल हुए, खालाजान ने अपनी जायदाद मेरे नाम हिब्बा कर दी थी। मैंने उन्हें ताहयात खाना-कपड़ा देना कबूल किया था। खुदा गवाह है, आज तक मैंने खालाजान को कोई तकलीफ नहीं दी। मैं उन्हें अपनी माँ के समान समझता हूँ। उनकी खिदमत करना मेरा फर्ज है; मगर औरतों में जरा अनबन रहती है, इसमें मेरा क्या बस है? खालाजान मुझसे माहवार ख़र्च अलग माँगती हैं। जायदाद जितनी है; वह पंचों से छिपी नहीं। उससे इतना मुनाफा नहीं होता है कि माहवार खर्च दे सकूँ। इसके अलावा हिब्बानामे में माहवार ख़र्च का कोई जिक्र नहीं। नहीं तो मैं भूलकर भी इस झमेले में न पड़ता। बस, मुझे यही कहना है। आइन्दा पंचों को अख्तियार है, जो फैसला चाहें, करें।

अलगू चौधरी को हमेशा कचहरी से काम पड़ता था। अतएव वह पूरा क़ानूनी आदमी था। उसने जुम्मन से जिरह शुरू की। एक-एक प्रश्न जुम्मन के हृदय पर हथौड़े की चोट की तरह पड़ता था। रामधन मिश्र इन प्रश्नों पर मुग्ध हुए जाते थे। जुम्मन चकित थे कि अलगू को हो क्या गया। अभी यह अलगू मेरे साथ बैठा हुआ कैसी-कैसी बातें कर रहा था! इतनी ही देर में ऐसी काया-पलट हो गयी कि मेरी जड़ खोदने पर तुला हुआ है। न मालूम कब की कसर यह निकाल रहा है? क्या इतने दिनों की दोस्ती कुछ भी काम न आवेगी?

जुम्मन शेख तो इसी संकल्प-विकल्प में पड़े हुए थे कि इतने में अलगू ने फैसला सुनाया–

जुम्मन शेख! पंचों ने इस मामले पर विचार किया। उन्हें यह नीति संगत मालूम होता है कि खालाजान को माहवार ख़र्च दिया जाये। हमारा विचार है कि खाला की जायदाद से इतना मुनाफा अवश्य होता है कि माहवार ख़र्च दिया जा सके। बस, यही हमारा फैसला है। अगर जुम्मन को खर्च देना मंजूर न हो, वो हिब्बानामा रद्द समझा जाये।

यह फैसला सुनते हो जुम्मन सन्नाटे में आ गये। जो अपना मित्र हो, वह शत्रु का व्यवहार करे और गले पर छुरी फेरे, इसे समय के हेर-फेर के सिवा और क्या

कहें? जिस पर पूरा भरोसा था, उसने समय पड़ने पर धोखा दिया। ऐसे ही अवसरों पर झूठे-सच्चे मित्रों की परीक्षा की जाती है। यही कलियुग की दोस्ती है। अगर लोग ऐसे कपटी-धोखेबाज न होते, तो देश में आपत्तियों का प्रकोप क्यों होता? यह हैजा प्लेग आदि व्याधियाँ दुष्कर्मों के ही दण्ड हैं।

मगर रामधन मिश्र और अन्य पंच अलगू चौधरी को इस नीति-परायणता को प्रशंसा जी खोलकर रहे थे। वे कहते थे—इसका नाम पंचायत है! दूध-का-दूध और पानी-का-पानी कर दिया। दोस्ती दोस्ती की जगह है; किन्तु धर्म का पालन करना मुख्य है। ऐसे ही सत्यवादियों के बल पर पृथ्वी ठहरी है, नहीं तो वह कब की रसातल को चली जाती।

इस फैसले ने अलगू और जुम्मन की दोस्ती की जड़ हिला दी। अब वे साथ-साथ बातें करते नहीं दिखाई देते। इतना पुराना मित्रता-रूपी वृक्ष सत्य का एक झोंका भी न सह सका। सचमुच वह बालू की हो ज़मीन पर खड़ा था।

उनमें अब शिष्टाचार का अधिक व्यवहार होने लगा। एक दूसरे की आव भगत ज़्यादा करने लगा। वे मिलते-जुलते थे, मगर उसी तरह, जैसे तलवार से ढाल मिलती है।

जुम्मन के चित्त में मित्र की कुटिलता आठों पहर खटका करती थी। उसे हर घड़ी यही चिन्ता रहती थी कि किसी तरह बदला लेने का अवसर मिले।

5

अच्छे कामों की सिद्धि में बड़ी देर लगती है; पर बुरे कामों की सिद्धि में यह बात नहीं होती; जुम्मन को भी बदला लेने का अवसर जल्द ही मिल गया। पिछले साल अलगू चौधरी बटेसर में बैलों की एक बहुत अच्छी गोई मोल लाये थे। बैल पछाहीं जाति के सुन्दर, बड़े-बड़े सींगों वाले थे। महीनों तक आसपास के गाँव के लोग उनके दर्शन करते रहे। दैवयोग से जुम्मन की पंचायत के एक महीने बाद इस जोड़ी का एक बैल मर गया। जुम्मन ने दोस्तों से कहा—यह दगाबाजी की सजा है। इन्सान सब्र भले ही कर जाये, पर खुदा नेक-बद सब देखता है। अलगू को सन्देह हुआ कि जुम्मन ने बैल को विष दिला दिया है। चौधराइन ने भी जुम्मन पर ही इस दुर्घटना का दोषारोपण किया। उसने कहा—जुम्मन ने कुछ कर-करा दिया है। चौधराइन और करीमन में इस विषय पर एक दिन ख़ूब ही वाद-विवाद हुआ। दोनों देवियों ने शब्द-बाहुल्य की नदी बहा दी। व्यंग्य, वक्रोक्ति, अन्योक्ति, उपमा आदि अलंकारों में बातें हुईं। जुम्मन ने किसी तरह शान्ति स्थापित की। उन्होंने अपनी पत्नी को डाँट-डपट कर समझा दिया। वह उसे उस रणभूमि से हटा भी ले ये। उधर, अलगू चौधरी ने समझाने-बुझाने का काम अपने तर्क-पूर्ण सोंटे से लिया।

अब अकेला बैल किस काम का? उसका जोड़ बहुत ढूँढ़ा गया, पर न मिला। निदान यह सलाह ठहरी कि इसे बेच डालना चाहिए। गाँव में एक समझू साहु थे, वह इक्का-गाड़ी हाँकते थे। गाँव से गुड़-घी लाद कर मण्डी ले जाते, मण्डी से तेल नमक भर लाते और गाँव में बेचते। इस बैल पर उनका मन लहराया। उन्होंने सोचा, यह बैल हाथ लगे तो दिन-भर में बेखटके तीन खेप हों। आज-कल तो एक ही खेप में लाले पड़े रहते हैं। बैल देखा, गाड़ी में दौड़ाया, बाल-भौंरी की पहचान करायी, मोल-तोल किया और उसे लाकर द्वार पर बाँध ही दिया। एक महीने में दाम चुकाने का वादा ठहरा। चौधरी को भी गरज थी ही, घाटे की परवा न की।

समझू साहु ने नया बैल पाया, तो लगे उसे रगेदने। वह दिन में तीन-तीन, चार-चार खेपें करने लगे। न चारे की फिक्र थी, न पानी की, बस खेपों से काम था। मण्डी ले गये, वहाँ कुछ सूखा भूसा सामने डाल दिया। बेचारा जानवर अभी दम भी न लेने पाया था कि फिर जोत दिया। अलगू चौधरी के घर था तो चैन की बंशी बजती थी। बैलराम छठे-छमाहें कभी बहली में जोते जाते थे। खूब उछलते-कूदते और कोसों तक दौड़ते चले जाते थे। हाँ, बलराम का रातिब था, साफ पानी, दली हुई अरहर की दाल और भूसे के साथ खली और यही नहीं, कभी-कभी घी का स्वाद भी चखने को मिल जगता था। शाम-सबेरे एक आदमी खरहरे करता, पोंछता और सहलाता था। यहाँ, वह सुख-चैन कहाँ? यह आठों पहर की खपत! महीने भर ही में वह पिस-सा गया। इक्के का जुआ देखते ही उसका लहू सूख जाता था। एक-एक पग चलना दूभर था। हड्डियाँ निकल आयी थीं; पर था वह पानीदार, मार की बरदाश्त न थी।

6

एक दिन चौथी खेप में साहु जी ने दूना बोझा लादा। दिन-भर का थका जानवर, पैर न उठते थे। पर साहु जो कोड़े फटकारने लगे। बस, फिर क्या था, बैल कलेजा तोड़कर चला। कुछ दूर दौड़ा और चाहा कि जरा दम ले लूँ; पर साहु जी को जल्द पहुँचने को फिक्र थी; अतएव उन्होंने कई कोड़े बड़ी निर्दयता से फटकारे। बैल ने एक बार फिर जोर लगाया; पर अबकी बार शक्ति ने जवाब दे दिया। वह धरती पर गिर पड़ा और ऐसा गिरा कि फिर न उठा। साहु जी ने बहुत पीटा, टाँग पकड़कर खींचा, नथनों में लकड़ी ठूँस दी; पर कहीं मृतक भी उठ सकता है? तव साहु जी को कुछ शक हुआ। उन्होंने बैल को ग़ौर से देखा, खोल कर अलग किया और सोचने लगे कि गाड़ी कैसे घर पहुँचे। बहुत चीखे-चिल्लाये; पर देहात का रास्ता बच्चों की आँख की तरह साँझ होते ही बन्द हो जाता है। कोई नज़र न आया। आसपास कोई गाँव भी न था। मारे क्रोध के उन्होंने मरे हुए बैल पर और दुर्रे लगाये और कोसने लगे–अभागे! तुझे मरना ही था, तो घर पहुँच कर मरता! ससुरा बीच रास्ते ही में मर

रहा! अब गाड़ी कौन खींचे? इस तरह साहु जो ख़ूब जले-भुने। कई बोरे गुड़ और कई पीपे घी उन्होंने बेचे थे, दो-ढाई सौ रुपये कमर में बँधे थे। इसके सिवा गाड़ी पर कई बोरे नमक के थे; अतएव छोड़ कर जा भी न सकते थे। लाचार बेचारे गाड़ी पर ही लेट गये। वहीं रतजगा करने को ठान ली। चिलम पी, गाया, फिर हुक्का पिया। इस तरह साहु जो आधी रात तक नींद को बहलाते रहे। अपनी जान में तो वह जागते ही रहे; पर पौ फटते ही जो नींद टूटी और कमर पर हाथ रखा, तो थैली गायब! घबरा कर इधर-उधर देखा, तो कई कनस्तर तेल भी नदारत! अफ़सोस में बेचारे ने सिर पोट लिया और पछाड़ खाने लगा। प्रात:काल रोते-बिलखते घर पहुँचे। सहुआइन ने जब यह बुरी सुनावनी सुनी, तब पहले तो रोयी, फिर अलगू चौधरी को गालियाँ देने लगी–निगोड़े ने ऐसा कुलच्छनी बैल दिया कि जन्मभर की कमाई लुट गयी।

इस घटना को हुए कई महीने बीत गये। अलगू जब अपने बैल के दाम माँगते तब साहु और सहुआइन, दोनों ही झल्लाये हुए कुत्ते की तरह चढ़ बैठते। और अण्ड-बण्ड बकने लगते–वाह! यहाँ तो सारे जन्म की कमाई लुट गयी, सत्यानाश हो गया, इन्हें दामों को पड़ी है! मुर्दा बैल दिया था, उस पर दाम माँगने चले हैं! आँखों में धूल झोंक दी, सत्यानाशी बैल गले बाँध दिया, हमें निरा पोंगा ही समझ लिया है! हम भी बनिये के बच्चे हैं, ऐसे बुद्धू कहीं और होंगे। पहले जाकर किसी गड़हे में मुँह धो आओ, तब दाम लेना। न जी मानता हो, तो हमारा बैल खोल ले जाओ। महीना भर के बदले दो महीना जोत लो। और क्या लोगे?

चौधरी के अशुभचिन्तकों की कमी न थी। ऐसे अवसरों पर वे भी एकत्र हो जाते और साहु जी के बर्राने की पुष्टि करते, परन्तु डेढ़ सौ रुपये से इस तरह हाथ धो लेना आसान न था। एक बार वह भी गरम पड़े। साहु जी बिगड़ कर–लाठी ढूँढ़ने घर चले गये। अब सहुआइन ने मैदान लिया। प्रश्नोत्तर होते-होते हाथापाई की नौबत आ पहुँची। सहुआइन ने घर में घुसकर किवाड़ बन्द कर लिये। शोर-गुल सुनकर गाँव के भलेमानस जमा हो गये। उन्होंने दोनों को समझाया। साहु जी को दिलासा दे कर घर से निकाला। वे परामर्श देने लगे कि इस तरह से काम न चलेगा। पंचायत कर लो। जो कुछ तय हो जाये, उसे स्वीकार कर लो। साहु जी राजी हो गये। अलगू ने भी हामी भर ली।

7

पंचायत की तैयारियाँ होने लगीं। दोनों पक्षों ने अपने-अपने दल बनाने शुरू किये। इसके बाद तीसरे दिन उसी वृक्ष के नीचे पंचायत बैठी। वही सन्ध्या का समय था। खेतों में कौए पंचायत कर रहे थे। विवाद-ग्रस्त विषय था यह कि मटर की फलियों पर उनका कोई स्वत्व है या नहीं; और जब तक यह प्रश्न हल न हो जाये, तब तक

वे रख वाले की पुकार पर अपनी अप्रसन्नता प्रकट करना आवश्यक समझते थे। पेड़ को डालियों पर बैठी शुक-मण्डली में यह प्रश्न छिड़ा हुआ था कि मनुष्यों को उन्हें बेमुरौवत कहने का क्या अधिकार है, जब उन्हें स्वयं अपने मित्रों से दगा करने में भी संकोच नहीं होता।

पंचायत बैठ गयी, तो रामधन मिश्र ने कहा—अब देरी क्या है? पंचों का चुनाव हो जाना चाहिए। बोलो चौधरी—किस-किस को पंच बदते हो।

अलगू ने दीन भाव से कहा—समझू साहु ही चुन लें। समझू खड़े हुए और कड़क कर बोले—मेरी ओर से जुम्मन शेख।

जुम्मन का नाम सुनते ही अलगू चौधरी का कलेजा धक्-धक् करने लगा, मानो किसी ने अचानक थप्पड़ मार दिया हो। रामधन अलगू के मित्र थे। वह बात को ताड़ गये। पूछा—क्यों चौधरी तुम्हें कोई उज्र तो नहीं?

चौधरी ने निराश होकर कहा—नहीं, मुझे क्या उज्र होगा?

अपने उत्तरदायित्व का ज्ञान बहुधा हमारे संकुचित व्यवहारों का सुधारक होता है। जब हम राह भूल कर भटकने लगते हैं, तब यही ज्ञान हमारा विश्वसनीय पथ-प्रदर्शक बन जाता है।

पत्र-सम्पादक अपनी शान्ति-कुटी में बैठा हुआ कितनी धृष्ठता और स्वतन्त्रता के साथ अपनी प्रबल लेखनी से मन्त्रिमण्डल पर आक्रमण करता है; परन्तु ऐसे अवसर आते हैं, जब वह स्वयं मन्त्रिमण्डल में सम्मिलित होता है। मण्डल के भवन में पग धरते ही उसकी लेखनी कितनी मर्मज्ञ, कितनी विचारशील, कितनी न्याय-परायण हो जाती है। इसका कारण उत्तरदायित्व का ज्ञान है। नवयुवक युवावस्था में कितना उद्दण्ड रहता है। माता-पिता उसकी ओर से कितने चिन्तित रहते हैं! वे उसे कुल-कलंक समझते हैं; परन्तु थोड़े ही समय में परिवार का बोझ सिर पर पड़ते ही वह अव्यवस्थित चित्त उन्मत्त युवक कितना धैर्यशील, कैसा शान्तचित्त हो जाता है, यह भी उत्तरदायित्व के ज्ञान का फल है।

जुम्मन शेख के मन में भी सरपंच का उच्च स्थान ग्रहण करते ही अपनी जिम्मेदारी का भाव पैदा हुआ। उसने सोचा मैं इस वक़्त न्याय और धर्म के सर्वोच्च आसन पर बैठा हूँ। मेरे मुँह से इस समय जो कुछ निकलेगा, वह देव-वाणी के सदृश है—और देववाणी में मेरे मनोविकारों का कदापि समावेश न होना चाहिए। मुझे सत्य से जौ भर भी टलना उचित नहीं!

पंचों ने दोनों पक्षों से सवाल-जवाब करने शुरू किये। बहुत देर तक दोनों दल अपने-अपने पक्ष का समर्थन करते रहे। इस विषय में तो सब सहमत थे कि समझू को बैल का मूल्य देना चाहिए, परन्तु दो महाशय इस कारण रियायत करना चाहते थे

कि बैल के मरने से समझू को हानि हुई। इसके प्रतिकूल दो सभ्य मूल के अतिरिक्त समझू को दण्ड भी देना चाहते थे, जिससे फिर किसी को पशुओं के साथ ऐसी निर्दयता करने का साहस न हो। अन्त में जुम्मन ने फैसला सुनाया–

अलगू चौधरी और समझू साहु! पंचों ने तुम्हारे मामले पर अच्छी तरह विचार किया। समझू को उचित है कि बैल का पूरा दाम दें। जिस वक़्त उन्होंने बैल लिया, उसे कोई बीमारी न थी। अगर उसी समय दाम दे दिये जाते, तो आज समझू उसे फेर लेने का आग्रह न करते। बैल की मृत्यु केवल इस कारण हुई कि उससे बड़ा कठिन परिश्रम लिया गया और उसके दाने-चारे का कोई अच्छा प्रबन्ध न किया गया।

रामधन मिश्र बोले–समझू ने बैल को जान-बूझकर मारा है, अतएव उससे दण्ड लेना चाहिए।

जुम्मन बोले–यह दूसरा सवाल है! हमको इससे कोई मतलब नहीं। झगड़ू साहु ने कहा–समझू के साथ कुछ रिआयत होनी चाहिए।

जुम्मन बोले–यह अलगू चौधरी की इच्छा पर निर्भर है। वह रियायत करें, तो उनकी भलमनसी।

अलगू चौधरी फूले न समाये। उठ खड़े हुए और जोर से बोले–पंच परमेश्वर की जय!

इसके साथ ही चारों ओर से प्रतिध्वनि हुई–पंच-परमेश्वर की जय!

प्रत्येक मनुष्य जुम्मन की नीति को सराहता था–इसे कहते हैं न्याय!–यह मनुष्य का काम नहीं, पंच में परमेश्वर वास करते हैं, यह उन्हीं की महिमा है। पंच के सामने खोटे को कौन खरा कह सकता है?

थोड़ी देर बाद जुम्मन अलगू के पास आये और उनके गले लिपट कर बोले– भैया, जब से तुमने मेरी पंचायत की तब से मैं तुम्हारा प्राण-घातक शत्रु बन गया था; पर आज मुझे ज्ञात हुआ कि पंच के पद पर बैठ कर न कोई किसी का दोस्त होता है, न दुश्मन। न्याय के सिवा उसे और कुछ नहीं सुझता। आज मुझे विश्वास हो गया कि पंच की ज़ुबान से ख़ुदा बोलता है। अलगू रोने लगे। इस पानी से दोनों के दिलों का मैल धुल गया। मित्रता की मुरझायी हुई लता फिर हरी हो गयी।

भीष्म साहनी

भीष्म साहनी का जन्म 8 अगस्त, 1915 को अविभाजित भारत के रावलपिण्डी में हुआ। उनके पिता का नाम हरबंस लाल साहनी तथा माता लक्ष्मी देवी थीं। उनके पिता अपने समय के प्रसिद्ध समाजसेवी थे। भीष्म साहनी का विवाह शीला के साथ हुआ था। भीष्म साहनी की प्रारम्भिक शिक्षा घर पर ही हिन्दी और संस्कृत में हुई। उन्होंने स्कूल में उर्दू और अंग्रेज़ी की शिक्षा प्राप्त करने के बाद 1937 में 'गवर्नमेंट कॉलेज', लाहौर से अंग्रेज़ी साहित्य में एम.ए. किया और फिर 1958 में पंजाब विश्वविद्यालय से पीएच.डी. की उपाधि प्राप्त की। भीष्म साहनी को उनकी 'तमस' नामक कृति को 'साहित्य अकादमी पुरस्कार' (1975) से सम्मानित किया गया। उन्हें 'शिरोमणि लेखक सम्मान' (पंजाब सरकार, 1975), 'लोटस पुरस्कार' (अफ्रो-एशियन राइटर्स असोसिएशन की ओर से 1970), 'सोवियत लैंड नेहरू पुरस्कार' (1983) और 'पद्म भूषण' (1998) से सम्मानित किया गया था। प्रेमचन्द की परम्परा को आगे बढ़ाने वाले लेखक भीष्म साहनी का निधन 11 जुलाई, 2003 को दिल्ली में हुआ।

भीष्म साहनी हिन्दी कथा की प्रगतिशील परम्परा के शक्तिशाली हस्ताक्षर हैं। इनके कथामानस पर प्रेमचन्द और यशपाल की गहरी छाप है। इनके कथा-सन्दर्भों में सामन्तवाद और पूँजीवाद के अन्तर्विरोध, वर्ण और वर्ग के अन्तर्विरोध और मध्यवर्ग के अन्त:विरोध क्रमशः खुलते हैं। आधुनिक भारत के शहरों में रहने वाला मध्य वर्ग उनकी रचनाओं के केन्द्र में है। भीष्म साहनी ने अपनी कथा-साहित्य में मध्य वर्ग के संस्कारों को बहुत गहराई से विश्लेषित करने का प्रयास किया है। उनकी प्रमुख रचनाएँ हैं–'भाग्यरेखा', 'पहला पाठ', 'पाली', 'निशाचर', 'वाड्चू' (कहानी-संग्रह), 'झरोखे', 'कड़ियाँ', 'बसन्ती', 'तमस', 'मय्यादास की माड़ी' और 'कुंतो' (उपन्यास), 'हानूश', 'कबिरा खड़ा बाज़ार में', 'माधवी' एवं 'मुआवजे' (नाटक) आदि।

'चीफ़ की दावत' भीष्म साहनी को एक सशक्त पहचान देने वाली कहानी है। इस कहानी में मध्यवर्गीय जीवन के अन्त:विरोध को बहुत सूक्ष्मतापूर्वक उद्घाटित करने का प्रयास किया गया है। मध्यवर्गीय जीवन आज़ादी के बाद विसंगतियों, विचित्रताओं और अमानवीयता से लथपथ-सा हो गया है। 'चीफ़ की दावत' कहानी का मूल स्वर रिश्तों में आयी भौतिकवादिता और असंवेदनशीलता को उद्घाटित करती है। कहना न होगा कि आधुनिकतावाद और बाज़ारवाद की पतनशील साहित्यिक प्रवृत्ति से कारगर लड़ाई लड़ते हुए जिस धारा ने अपनी पहचान क़ायम की, भीष्म साहनी उसी धारा और प्रवृत्ति के एक गतिशील और यथार्थवादी कथाकार हैं। भीष्म साहनी की कहानियों के चरित्र पूर्ण और वास्तविक हैं, जो जीवन के यथार्थ को उद्घाटित करते हैं। वस्तुओं और व्यक्तियों तथा उनके कार्यकलापों के सन्दर्भ में यथार्थ दृष्टि को चीफ़ की दावत कहानी में देखा जा सकता है। भीष्म साहनी की कहानियों में अन्त:विरोध, विसंगति और विडम्बना के साथ ही व्यंग्य का भरपूर इस्तेमाल हुआ है। मध्यवर्गीय जीवन के कुछ ख़ास मुद्दे और सामान्य जीवन की विसंगतियों पर किये गये उनके व्यंग्य उनकी कहानियों को एक नया और विशेष व्यंग्य अर्थ देते हैं। व्यंग्य की यह धार 'चीफ़ की दावत' में भी पूरे वजूद के साथ मौजूद है। नयी कहानी की प्रमुख विशेषता वृद्धों के प्रति लेखक की सहानुभूति है, जो इस कहानी में भी परिलक्षित होती है।

'चीफ़ की दावत' माँ के त्याग और बेटे की उपेक्षा का ताना-बाना बुनती है। इस कहानी के माध्यम से लेखक ने एक माँ का दर्द उकेरा है, जो अपने बेटे-बहू के लिए बोझ के समान है। माँ ने अपने बेटे को पाल पोस कर बड़ा किया लेकिन वही बेटा उसे बुढ़ापे में बोझ समझता है। कहानी का आरम्भ तब होता है, जब शामनाथ अपने प्रमोशन के लालच में अपने अंग्रेज़ चीफ़ को घर पर दावत पर बुलाता है और लेकिन वह अफ़सर के सामने ज़ोर से खराटे लेने वाली अपनी बूढ़ी और अनपढ़ माँ को नहीं दिखाना चाहता है। उसको लगता है बूढ़ी माँ पर चीफ़ की नज़र पड़ जाये तो उसकी बेइज्जती हो जायेगी और सबके सामने उसका मज़ाक़ बन जायेगा। शामनाथ अपनी माँ को अपने घर में छिपाने के लिए उपाय सोचने लगता है और अन्त में वह माँ को बरामदे में कोने पर एक कुर्सी पर बिठा देता है, ताकि किसी की नज़र उस पर न पड़े। अफ़सर आता है और पार्टी चलती रहती है। माँ बेचारी कुर्सी पर बैठे-बैठे ही सो जाती है। बाद में अंग्रेज़ अफ़सर का माँ से सामना हो ही जाता है और वह माँ से उसके हाल-चाल पूछता है। वह शामनाथ की माँ की ग्रामीण बोली और हालों से बनायी गयी फुलकारी से प्रभावित होता है, वह ख़ुश होकर दोबारा आकर माँ से मिलने का और फुलकारी लेकर जाने का वादा करता है। शामनाथ

बाद में ख़ुश हो जाता है कि उसकी बेइज्जती नहीं हुई। उसकी माँ घबराती है कि, कहीं मेरे कारण उसका बेटा नाराज न हो, लेकिन श्यामनाथ कहता है कि अफ़सर तुम्हारी बनायी फुलकारी देखने के लिए दुबारा आने को कह कर गया है। माँ अपने बेटे से हरिद्वार भेजने की जिद करती है, लेकिन बेटा कहता है कि नहीं तुम यहीं पर रहोगी, फुलकारी बनाओगी तो अफ़सर ख़ुश होगा और मेरी तरक़्क़ी होगी। माँ भी अपनी बेटे की तरक़्क़ी का नाम सुनकर ख़ुश हो जाती है। इस तरह कहानी का अन्त होता है। इस कहानी के माध्यम से लेखक ने एक माँ के भावों को व्यक्त किया है जो अपनी सन्तान का हर हाल में सुख चाहती है, चाहे उसकी सन्तान उसे कितना भी दु:ख क्यों न दे। "ओ मम्मी! तुमने आज रंग ला दिया।" कहते हुए ख़ुशी जाहिर की। उसने कहा–माँ, साहब तुमसे बहुत ख़ुश हुए। माँ की काया बेटे के आलिंगन में छिप गयी।

चीफ़ की दावत

•

भीष्म साहनी

आज मिस्टर शामनाथ के घर चीफ़ की दावत थी। शामनाथ और उनकी धर्मपत्नी को पसीना पोंछने की फ़ुर्सत न थी। पत्नी ड्रेसिंग गाउन पहने, उलझे हुए बालों का जूड़ा बनाये, मुँह पर फैली हुई सुर्खी और पाउडर को मले और मिस्टर शामनाथ सिगरेट पर सिगरेट फूँकते हुए चीज़ों की फ़ेहरिस्त हाथ में थामे एक कमरे से दूसरे कमरे में आ-जा रहे थे।

आख़िर पाँच बजते-बजते तैयारी मुकम्मल होने लगी। कुर्सियाँ, मेज़, तिपाइयाँ, नैपकिन, फूल सब बरामदे में पहुँच गये। ड्रिंक का इन्तज़ाम बैठक में कर दिया गया। अब घर का फालतू सामान अलमारियों के पीछे और पलंगों के नीचे छिपाया जाने लगा। तभी शामनाथ के सामने सहसा एक अड़चन खड़ी हो गयी–माँ का क्या होगा?

इस बात की ओर न उनका और न उनकी कुशल गृहिणी का ध्यान गया था। मिस्टर शामनाथ श्रीमती की ओर घूम कर अंग्रेज़ी में बोले–माँ का क्या होगा? श्रीमती काम करते-करते ठहर गयीं, और थोड़ी देर तक सोचने के बाद बोलीं–इन्हें पिछवाड़े इनकी सहेली के घर भेज दो, रात-भर बेशक वहीं रहें। कल आ जायें।

शामनाथ सिगरेट मुँह में रखे, सिकुड़ी आँखों से श्रीमती के चेहरे की ओर देखते हुए पल-भर सोचते रहे, फिर सिर हिला कर बोले–नहीं, मैं नहीं चाहता कि उस बुढ़िया का आना-जाना यहाँ फिर से शुरू हो। पहले ही बड़ी मुश्किल से बन्द किया था। माँ से कहें कि जल्दी ही खाना खा के शाम को ही अपनी कोठरी में चली जायें। मेहमान कहीं आठ बजे आयेंगे। इससे पहले ही अपने काम से निबट लें।

सुझाव ठीक था। दोनों को पसन्द आया। मगर फिर सहसा श्रीमती बोल उठीं–जो वह सो गयीं और नींद में खर्राटे लेने लगीं, तो? साथ ही तो बरामदा है, जहाँ लोग खाना खाएँगे।

–तो इन्हें कह देंगे कि अन्दर से दरवाज़ा बन्द कर लें। मैं बाहर से ताला लगा दूँगा। या माँ को कह देता हूँ कि अन्दर जा कर सोएँ नहीं, बैठी रहें, और क्या?

और जो सो गयीं, तो? डिनर का क्या मालूम कब तक चले। ग्यारह-ग्यारह बजे तक तो तुम ड्रिंक ही करते रहते हो।

शामनाथ कुछ खीज उठे, हाथ झटकते हुए बोले–अच्छी-भली यह भाई के पास जा रही थीं। तुमने यूँ ही ख़ुद अच्छा बनने के लिए बीच में टाँग अड़ा दी!

–वाह! तुम माँ और बेटे की बातों में मैं क्यों बुरी बनूँ? तुम जानो और वह जानें।

मिस्टर शामनाथ चुप रहे। यह मौक़ा बहस का न था, समस्या का हल ढूँढ़ने का था। उन्होंने घूम कर माँ की कोठरी की ओर देखा। कोठरी का दरवाज़ा बरामदे में खुलता था। बरामदे की ओर देखते हुए झट से बोले–मैंने सोच लिया है और उन्हीं क़दमों माँ की कोठरी के बाहर जा खड़े हुए। माँ दीवार के साथ एक चौकी पर बैठी, दुपट्टे में मुँह-सिर लपेटे, माला जप रही थीं।

सुबह से तैयारी होती देखते हुए माँ का भी दिल धड़क रहा था। बेटे के दफ़्तर का बड़ा साहब घर पर आ रहा है, सारा काम सुभीते से चल जाय।

–माँ, आज तुम खाना जल्दी खा लेना। मेहमान लोग साढ़े सात बजे आ जायेंगे।

माँ ने धीरे से मुँह पर से दुपट्टा हटाया और बेटे को देखते हुए कहा, आज मुझे खाना नहीं खाना है, बेटा, तुम जानते तो हो, मांस-मछली बने, तो मैं कुछ नहीं खाती।

–जैसे भी हो, अपने काम से जल्दी निबट लेना।

–अच्छा, बेटा।

–और माँ, हम लोग पहले बैठक में बैठेंगे। उतनी देर तुम यहाँ बरामदे में बैठना। फिर जब हम यहाँ आ जायें, तो तुम ग़ुसलख़ाने के रास्ते बैठक में चली जाना।

माँ अवाक् बेटे का चेहरा देखने लगीं। फिर धीरे से बोलीं–अच्छा बेटा।

–और माँ आज जल्दी सो नहीं जाना। तुम्हारे ख़र्राटों की आवाज़ दूर तक जाती है।

माँ लज्जित-सी आवाज़ में बोली–क्या करूँ, बेटा, मेरे बस की बात नहीं है। जब से बीमारी से उठी हूँ, नाक से साँस नहीं ले सकती।

मिस्टर शामनाथ ने इंतिज़ाम तो कर दिया, फिर भी उनकी उधेड़-बुन ख़त्म नहीं हुई। जो चीफ़ अचानक इधर आ निकला, तो? आठ-दस मेहमान होंगे, देसी अफ़सर और उनकी स्त्रियाँ होंगी, कोई भी ग़ुसलख़ाने की तरफ़ जा सकता है। क्षोभ और क्रोध में वह झुँझलाने लगे। एक कुर्सी को उठा कर बरामदे में कोठरी के बाहर रखते हुए बोले–आओ माँ, इस पर ज़रा बैठो तो।

माँ माला सँभालतीं, पल्ला ठीक करती उठीं, और धीरे से कुर्सी पर आ कर बैठ गयीं।

–यूँ नहीं, माँ, टाँगें ऊपर चढ़ा कर नहीं बैठते। यह खाट नहीं है।

माँ ने टाँगें नीचे उतार लीं।

–और ख़ुदा के वास्ते नंगे पाँव नहीं घूमना। न ही वह खड़ाऊँ पहन कर सामने आना। किसी दिन तुम्हारी वह खड़ाऊँ उठाकर मैं बाहर फेंक दूँगा।

माँ चुप रहीं।

—कपड़े कौन से पहनोगी, माँ?

जो है, वही पहनूँगी, बेटा! जो कहो, पहन लूँ।

मिस्टर शामनाथ सिगरेट मुँह में रखे, फिर अधखुली आँखों से माँ की ओर देखने लगे, और माँ के कपड़ों की सोचने लगे। शामनाथ हर बात में तरतीब चाहते थे। घर का सब संचालन उनके अपने हाथ में था। खूँटियाँ कमरों में कहाँ लगाई जायें, बिस्तर कहाँ पर बिछे, किस रंग के पर्दे लगायें जायें, श्रीमती कौन-सी साड़ी पहनें, मेज़ किस साइज़ की हो...शामनाथ को चिन्ता थी कि अगर चीफ़ का साक्षात माँ से हो गया, तो कहीं लज्जित न होना पड़े। माँ को सिर से पाँव तक देखते हुए बोले—तुम सफ़ेद क़मीज़ और सफ़ेद सलवार पहन लो, माँ। पहन के आओ तो, ज़रा देखूँ।

माँ धीरे से उठीं और अपनी कोठरी में कपड़े पहनने चली गयीं।

—यह माँ का झमेला ही रहेगा—उन्होंने फिर अंग्रेज़ी में अपनी स्त्री से कहा—कोई ढंग की बात हो तो भी कोई कहे। अगर कहीं कोई उल्टी-सीधी बात हो गयी, चीफ़ को बुरा लगा तो सारा मज़ा जाता रहेगा।

माँ सफ़ेद क़मीज़ और सफ़ेद सलवार पहन कर बाहर निकलीं। छोटा-सा क़द, सफ़ेद कपड़ों में लिपटा, छोटा-सा सूखा हुआ शरीर, धुंधली आँखें, केवल सिर के आधे झड़े हुए बाल पल्ले की ओट में छिप पाये थे। पहले से कुछ ही कम कुरूप नज़र आ रही थीं।

—चलो ठीक है। कोई चूड़ियाँ-वूड़ियाँ हों, तो वह भी पहन लो। कोई हर्ज नहीं।

—चूड़ियाँ कहाँ से लाऊँ बेटा, तुम तो जानते हो सब जेवर तुम्हारी पढ़ाई में बिक गये।

यह वाक्य शामनाथ को तीर की तरह लगा। तिनक कर बोला—यह कौन-सा राग छेड़ दिया माँ! सीधा कह दो, नहीं हैं ज़ेवर, बस! इससे पढ़ाई-वढ़ाई का क्या ताल्लुक़ है? जो ज़ेवर बिका, तो कुछ बन कर ही आया हूँ। निरा लंडूरा तो नहीं लौट आया। जितना दिया था उससे दुगना ले लेना।

—मेरी जीभ जल जाय, बेटा, तुमसे ज़ेवर लूँगी? मेरे मुँह से यूँ ही निकल गया। जो होते, तो लाख बार पहनती!

साढ़े पाँच बज चुके थे। अभी मिस्टर शामनाथ को ख़ुद भी नहा-धो कर तैयार होना था। श्रीमती कब की अपने कमरे में जा चुकी थीं। शामनाथ जाते हुए एक बार फिर माँ को हिदायत करते गये—माँ, रोज़ की तरह गुमसुम बन के नहीं बैठी रहना। अगर साहब इधर आ निकलें और कोई बात पूछें, तो ठीक तरह से बात का जवाब देना।

—मैं न पढ़ी, न लिखी, बेटा, मैं क्या बात करूँगी। तुम कह देना, माँ अनपढ़ है, कुछ जानती-समझती नहीं। वह नहीं पूछेगा।

सात बजते-बजते माँ का दिल धक-धक करने लगा। अगर चीफ़ सामने आ गया और उसने कुछ पूछा, तो वह क्या जवाब देंगी। अंग्रेज़ को तो दूर से ही देख कर घबरा उठती थीं, यह तो अमरीकी है। न मालूम क्या पूछे। मैं क्या कहूँगी। माँ का जी चाहा कि

चुपचाप पिछवाड़े विधवा सहेली के घर चली जायें। मगर बेटे के हुक्म को कैसे टाल सकती थीं। चुपचाप कुर्सी पर से टाँगें लटकाए वहीं बैठी रही।

एक कामयाब पार्टी वह है जिसमें ड्रिंक कामयाबी से चल जाये। शामनाथ की पार्टी सफलता के शिखर चूमने लगी। वार्तालाप उसी रौ में बह रहा था, जिस रौ में गिलास भरे जा रहे थे। कहीं कोई रुकावट न थी, कोई अड़चन न थी। साहब को व्हिस्की पसन्द आयी थी। मेमसाहब को पर्दे पसन्द आये थे, सोफ़ा-कवर का डिज़ाइन पसन्द आया था, कमरे की सजावट पसन्द आयी थी। इससे बढ़ कर क्या चाहिए। साहब तो ड्रिंक के दूसरे दौर में ही चुटकुले और कहानियाँ कहने लग गये थे। दफ़्तर में जितना रोब रखते थे, यहाँ पर उतने ही दोस्त-परवर हो रहे थे और उनकी स्त्री, काला गाउन पहने, गले में सफ़ेद मोतियों का हार, सेंट और पाउडर की महक से ओत-प्रोत, कमरे में बैठी सभी देसी स्त्रियों की आराधना का केन्द्र बनी हुई थीं। बात-बात पर हँसतीं, बात-बात पर सिर हिलातीं और शामनाथ की स्त्री से तो ऐसे बातें कर रही थीं, जैसे उनकी पुरानी सहेली हों।

और इसी रौ में पीते-पिलाते साढ़े दस बज गये। वक़्त गुज़रते पता ही न चला। आख़िर सब लोग अपने-अपने गिलासों में से आख़िरी घूँट पी कर खाना खाने के लिए उठे और बैठक से बाहर निकले। आगे-आगे शामनाथ रास्ता दिखाते हुए, पीछे चीफ़ और दूसरे मेहमान। बरामदे में पहुँचते ही शामनाथ सहसा ठिठक गये। जो दृश्य उन्होंने देखा, उससे उनकी टाँगें लड़खड़ा गयीं और क्षण-भर में सारा नशा हिरन होने लगा। बरामदे में ऐन कोठरी के बाहर माँ अपनी कुर्सी पर ज्यों-की-त्यों बैठी थीं। मगर दोनों पाँव कुर्सी की सीट पर रखे हुए, और सिर दायें से बायें और बायें से दायें झूल रहा था और मुँह में से लगातार गहरे ख़र्राटों की आवाजें आ रही थीं। जब सिर कुछ देर के लिए टेढ़ा हो कर एक तरफ़ को थम जाता, तो ख़र्राटे और भी गहरे हो उठते। और फिर जब झटके-से नींद टूटती, तो सिर फिर दायें से बायें झूलने लगता। पल्ला सिर पर से खिसक आया था, और माँ के झरे हुए बाल, आधे गंजे सिर पर अस्त-व्यस्त बिखर रहे थे।

देखते ही शामनाथ क्रुद्ध हो उठे। जी चाहा कि माँ को धक्का दे कर उठा दें, और उन्हें कोठरी में धकेल दें, मगर ऐसा करना सम्भव न था, चीफ़ और बाक़ी मेहमान पास खड़े थे।

माँ को देखते ही देसी अफ़सरों की कुछ स्त्रियाँ हँस दीं कि इतने में चीफ़ ने धीरे से कहा–पूअर डियर!

माँ हड़बड़ा कर उठ बैठीं। सामने खड़े इतने लोगों को देख कर ऐसी घबराईं कि कुछ कहते न बना। झट से पल्ला सिर पर रखती हुई खड़ी हो गयीं और ज़मीन को देखने लगीं। उनके पाँव लड़खड़ाने लगे और हाथों की उँगलियाँ थर-थर काँपने लगीं।

–माँ, तुम जाकर सो जाओ, तुम क्यों इतनी देर तक जाग रही थीं–और खिसियाई हुई नज़रों से शामनाथ चीफ़ के मुँह की ओर देखने लगे।

चीफ़ के चेहरे पर मुस्कुराहट थी। वह वहीं खड़े-खड़े बोले—नमस्ते!

माँ ने झिझकते हुए अपने में सिमटते हुए दोनों हाथ जोड़े, मगर एक हाथ दुपट्टे के अन्दर माला को पकड़े हुए था, दूसरा बाहर, ठीक तरह से नमस्ते भी न कर पायीं। शामनाथ इस पर भी खिन्न हो उठे।

इतने में चीफ़ ने अपना दायाँ हाथ, हाथ मिलाने के लिए माँ के आगे किया। माँ और भी घबरा उठीं।

–माँ, हाथ मिलाओ।

पर हाथ कैसे मिलातीं, दायें हाथ में तो माला थी। घबराहट में माँ ने बायाँ हाथ ही साहब के दायें हाथ में रख दिया। शामनाथ दिल ही दिल में जल उठे। देसी अफ़सरों की स्त्रियाँ खिलखिला कर हँस पड़ीं।

—यूँ नहीं, माँ! तुम तो जानती हो, दायाँ हाथ मिलाया जाता है। दायाँ हाथ मिलाओ।

मगर तब तक चीफ़ माँ का बायाँ हाथ ही बार-बार हिला कर कह रहे थे–हाउ डू यू डू?

–कहो माँ, मैं ठीक हूँ, ख़ैरियत से हूँ।

माँ कुछ बड़बड़ाई।

–माँ कहती हैं, मैं ठीक हूँ। कहो माँ, हाउ डू यू डू।

माँ धीरे से सकुचाते हुए बोलीं–हौ डू डू...

एक बार फिर क़हक़हा उठा।

वातावरण हल्का होने लगा। साहब ने स्थिति सँभाल ली थी। लोग हँसने-चहकने लगे थे। शामनाथ के मन का क्षोभ भी कुछ-कुछ कम होने लगा था।

साहब अपने हाथ में माँ का हाथ अब भी पकड़े हुए थे, और माँ सिकुड़ी जा रही थीं। साहब के मुँह से शराब की बू आ रही थी।

शामनाथ अंग्रेज़ी में बोले–मेरी माँ गाँव की रहनेवाली हैं। उमर भर गाँव में रही हैं। इसलिए आपसे लजाती हैं।

साहब इस पर ख़ुश नज़र आये। बोले–सच? मुझे गाँव के लोग बहुत पसन्द हैं, तब तो तुम्हारी माँ गाँव के गीत और नाच भी जानती होंगी?—चीफ़ खुशी से सिर हिलाते हुए माँ को टकटकी बाँधे देखने लगे।

—माँ, साहब कहते हैं, कोई गाना सुनाओ। कोई पुराना गीत तुम्हें तो कितने ही याद होंगे।

माँ धीरे से बोली–मैं क्या गाऊँगी बेटा। मैंने कब गाया है?

—वाह माँ! मेहमान का कहा भी कोई टालता है? साहब ने इतना रीझ से कहा है, नहीं गाओगी, तो साहब बुरा मानेंगे।

मैं क्या गाऊँ बेटा, मुझे क्या आता है?

—वाह! कोई बढ़िया टप्पे सुना दो। दो पत्तर अनाराँ दे...

देसी अफ़सर और उनकी स्त्रियों ने इस सुझाव पर तालियाँ पीटीं। माँ कभी दीन दृष्टि से बेटे के चेहरे को देखतीं, कभी पास खड़ी बहू के चेहरे को।

इतने में बेटे ने गम्भीर आदेश-भरे लिहाज में कहा–माँ!

इसके बाद हाँ या ना सवाल ही न उठता था। माँ बैठ गयीं और क्षीण, दुर्बल, लरजती आवाज़ में एक पुराना विवाह का गीत गाने लगीं–

हरिया नी माये, हरिया नी भैणे
हरिया ते भागी भरिया है!

देसी स्त्रियाँ खिलखिला कर हँस उठीं। तीन पंक्तियाँ गा के माँ चुप हो गयीं।

बरामदा तालियों से गूँज उठा। साहब तालियाँ पीटना बन्द ही न करते थे। शामनाथ की खीज प्रसन्नता और गर्व में बदल उठी थी। माँ ने पार्टी में नया रंग भर दिया था।

तालियाँ थमने पर साहब बोले–पंजाब के गाँवों की दस्तकारी क्या है?

शामनाथ ख़ुशी में झूम रहे थे। बोले–ओ, बहुत कुछ–साहब! मैं आपको एक सेट उन चीज़ों का भेंट करूँगा। आप उन्हें देख कर ख़ुश होंगे।

मगर साहब ने सिर हिला कर अंग्रेज़ी में फिर पूछा–नहीं, मैं दुकानों की चीज़ नहीं माँगता। पंजाबियों के घरों में क्या बनता है, औरतें ख़ुद क्या बनाती हैं?

शामनाथ कुछ सोचते हुए बोले–लड़कियाँ गुड़ियाँ बनाती हैं और फुलकारियाँ बनाती हैं।

–फुलकारी क्या?

शामनाथ फुलकारी का मतलब समझाने की असफल चेष्टा करने के बाद माँ से बोले–क्यों माँ, कोई पुरानी फुलकारी घर में हैं?

माँ चुपचाप अन्दर गयीं और अपनी पुरानी फुलकारी उठा लायीं।

साहब बड़ी रुचि से फुलकारी देखने लगे। पुरानी फुलकारी थी, जगह-जगह से उसके तागे टूट रहे थे और कपड़ा फटने लगा था। साहब की रुचि को देख कर शामनाथ बोले–यह फटी हुई है, साहब, मैं आपको नयी बनवा दूँगा। माँ बना देंगी। क्यों, माँ साहब को फुलकारी बहुत पसन्द हैं, इन्हें ऐसी ही एक फुलकारी बना दोगी न?

माँ चुप रहीं। फिर डरते-डरते धीरे से बोलीं–अब मेरी नज़र कहाँ है, बेटा! बूढ़ी आँखें क्या देखेंगी?

मगर माँ का वाक्य बीच में ही तोड़ते हुए शामनाथ साहब को बोले–वह ज़रूर बना देंगी। आप उसे देख कर ख़ुश होंगे।

साहब ने सिर हिलाया, धन्यवाद किया और हल्के-हल्के झूमते हुए खाने की मेज़ की ओर बढ़ गये। बाक़ी मेहमान भी उनके पीछे-पीछे हो लिए।

जब मेहमान बैठ गये और माँ पर से सबकी आँखें हट गयीं, तो माँ धीरे से कुर्सी पर से उठीं, और सबसे नज़रें बचाती हुई अपनी कोठरी में चली गयीं।

मगर कोठरी में बैठने की देर थी कि आँखों में छल-छल आँसू बहने लगे। वह दुपट्टे से बार-बार उन्हें पोंछतीं, पर वह बार-बार उमड़ आते जैसे बरसों का बाँध तोड़ कर उमड़ आये हों। माँ ने बहुतेरा दिल को समझाया, हाथ जोड़े, भगवान का नाम लिया, बेटे के चिरायु होने की प्रार्थना की, बार-बार आँखें बन्द कीं, मगर आँसू बरसात के पानी की तरह जैसे थमने में ही न आते थे।

आधी रात का वक़्त होगा। मेहमान खाना खा कर एक-एक करके जा चुके थे। माँ दीवार से सट कर बैठी आँखें फाड़े दीवार को देखे जा रही थीं। घर के वातावरण में तनाव ढीला पड़ चुका था। मुहल्ले की निस्तब्धता शामनाथ के घर पर भी छा चुकी थी, केवल रसोई में प्लेटों के खनकने की आवाज़ आ रही थी। तभी सहसा माँ की कोठरी का दरवाज़ा ज़ोर से खटकने लगा।

—माँ, दरवाजा खोलो।

माँ का दिल बैठ गया। हड़बड़ा कर उठ बैठीं। क्या मुझसे फिर कोई भूल हो गयी। माँ कितनी देर से अपने आपको कोस रही थीं कि क्यों उन्हें नींद आ गयी, क्यों वह ऊँघने लगीं। क्या बेटे ने अभी तक क्षमा नहीं किया? माँ उठीं और काँपते हाथों से दरवाज़ा खोल दिया।

दरवाज़ा खुलते ही शामनाथ झूमते हुए आगे बढ़ आये और माँ को आलिंगन में भर लिया।

—ओ अम्मी! तुमने तो आज रंग ला दिया! साहब तुमसे इतना ख़ुश हुआ कि क्या कहूँ। ओ अम्मी! अम्मी!

माँ की छोटी-सी काया सिमट कर बेटे के आलिंगन में छिप गयी। माँ की आँखों में फिर आँसू आ गये। उन्हें पोंछते हुई धीरे से बोलीं—बेटा, तुम मुझे हरिद्वार भेज दो। मैं कब से कह रही हूँ।

शामनाथ का झूमना सहसा बन्द हो गया और उनकी पेशानी पर फिर तनाव के बल पड़ने लगे। उनकी बाँहें माँ के शरीर पर से हट आयीं।

—क्या कहा, माँ? यह कौन-सा राग तुमने फिर छेड़ दिया?

शामनाथ का क्रोध बढ़ने लगा था, बोलते गये—तुम मुझे बदनाम करना चाहती हो, ताकि दुनिया कहे कि बेटा माँ को अपने पास नहीं रख सकता।

—नहीं बेटा, अब तुम अपनी बहू के साथ जैसा मन चाहे रहो। मैंने अपना खा-पहन लिया। अब यहाँ क्या करूँगी। जो थोड़े दिन ज़िंदगानी के बाक़ी हैं, भगवान का नाम लूँगी। तुम मुझे हरिद्वार भेज दो!

—तुम चली जाओगी, तो फुलकारी कौन बनाएगा? साहब से तुम्हारे सामने ही फुलकारी देने का इक़रार किया है।

—मेरी आँखें अब नहीं हैं, बेटाए जो फुलकारी बना सकूँ। तुम कहीं और से बनवा लो। बनी-बनाई ले लो।

—माँ, तुम मुझे धोखा देके यूँ चली जाओगी? मेरा बनता काम बिगाड़ोगी? जानती नहीं, साहब ख़ुश होगा, तो मुझे तरक़्क़ी मिलेगी! माँ चुप हो गयीं। फिर बेटे के मुँह की ओर देखती हुई बोली—क्या तेरी तरक़्क़ी होगी? क्या साहब तेरी तरक़्क़ी कर देगा, क्या उसने कुछ कहा है?

—कहा नहीं, मगर देखती नहीं, कितना ख़ुश गया है। कहता था, जब तेरी माँ फुलकारी बनाना शुरू करेंगी, तो मैं देखने आऊँगा कि कैसे बनाती हैं। जो साहब ख़ुश हो गया, तो मुझे इससे बड़ी नौकरी भी मिल सकती है, मैं बड़ा अफ़सर बन सकता हूँ।

माँ के चेहरे का रंग बदलने लगाये धीरे-धीरे उनका झुर्रियों-भरा मुँह खिलने लगा, आँखों में हल्की-हल्की चमक आने लगी।

—तो तेरी तरक़्क़ी होगी बेटा?

—तरक़्क़ी यूँ ही हो जायेगी? साहब को ख़ुश रखूँगा, तो कुछ करेगा, वरना उसकी ख़िदमत करनेवाले और थोड़े हैं?

—तो मैं बना दूँगी, बेटा, जैसे बन पड़ेगा बना दूँगी।

और माँ दिल ही दिल में फिर बेटे के उज्ज्वल भविष्य की कामनाएँ करने लगीं। और मिस्टर शामनाथ—अब सो जाओ, माँ।—कहते हुए तनिक लड़खड़ाते हुए अपने कमरे की ओर घूम गये।

मृदुला गर्ग

मृदुला गर्ग एक प्रसिद्ध भारतीय लेखिका और उपन्यासकार हैं। उनका जन्म 25 अक्टूबर, 1938 को कोलकाता में हुआ था। वे हिन्दी साहित्य की प्रमुख हस्तियों में से एक हैं और उनकी रचनाएँ व्यापक रूप से सराही जाती हैं। मृदुला गर्ग ने अर्थशास्त्र में स्नातकोत्तर की पढ़ाई की है। शिक्षा के क्षेत्र में उनकी गहरी रुचि और विद्वता ने उन्हें साहित्य में भी गहरी पैठ बनाने में मदद की।

मृदुला गर्ग बहु-आयामी साहित्यकार है। उन्होंने उपन्यास, कहानियाँ, नाटक और निबन्ध लिखे हैं। उनकी रचनाओं में महिलाओं की स्थिति, सामाजिक मुद्दों और मानवीय सम्बन्धों का गहन विश्लेषण होता है। 'उसके हिस्से की धूप', 'चित्तकोबरा', 'कठगुलाब', 'अनित्य', 'कितनी क़ैदें', 'टुकड़ा-टुकड़ा आदमी', 'उर्फ सैम', 'एक और अजनबी', 'जादू का कालीन' आदि प्रमुख रचनाएँ हैं। मृदुला गर्ग को उनके साहित्यिक योगदान के लिए कई पुरस्कारों से नवाजा गया है, जिनमें शामिल हैं, 'साहित्य अकादमी पुरस्कार' (2004), उपन्यास 'कठगुलाब' के लिए 'व्यास सम्मान' (2013), 'महाराजा वीरसिंह पुरस्कार' आदि शामिल हैं। इसके साथ ही अन्य साहित्यिक और सामाजिक संस्थाओं द्वारा भी उन्हें सम्मानित किया गया है।

वर्तमान में मृदुला गर्ग भारतीय साहित्य की महत्वपूर्ण हस्तियों में से एक हैं और उनका साहित्य आज भी प्रासंगिक और प्रेरणादायक है। मृदुला गर्ग की लेखनी ने हिन्दी साहित्य को समृद्ध किया है और उनके योगदान को साहित्यिक जगत में सदैव याद किया जायेगा।

'उर्फ़ सैम' कहानी में भारत से विदेश जा बसे सावन प्रताप उर्फ़ सैम के माध्यम से विदेशों में बसे अनेक भारतीयों की व्यथा और मानसिकता को अभिव्यक्त किया गया है। सावन प्रताप सिंह पढ़ाई के लिए अमेरिका जाता है और वहीं बस जाता है। सैम भारतीय लड़की से विवाह करना चाहता है, ताकि वह अपनी संस्कृति से और

जड़ों से जुड़ सके, इसलिए वह विवाह के लिए भारत आता है और विवाहोपरान्त अमेरिका लौट जाता है।

वापस आने के बाद अमेरिका के उसके मित्र कहते हैं कि अमेरिका में रहने वाले हर भारतीय शादी के लिए भारत ही जाता है तो सैम कहता है, "मेरी जड़ें वहाँ हैं। उनकी जड़ें वहाँ हैं। जड़ों से जड़ें न मिलें तो मिलन कैसा?"

सावन प्रताप कई वर्षों तक अमेरिका में रहने के बावजूद यहाँ की जीवन-पद्धति सामाजिक तौर-तरीक़े आदि को पूर्ण रूप से अपना नहीं पाता। यहाँ तक कि वह वहाँ के समाज में पूरी तरह घुल-मिल नहीं पाता। वह स्वयं को विदेशियों के बीच बौना महसूस करता है। इसी कारण सावन प्रताप अपने बुढ़ापे का जीवना अमेरिका के किसी ओल्ड होम में बिताने के बजाय भारत आकर अपने परिवार के बीच रहने की योजना बनाता है। अमेरिका में ओल्ड होम में रहने वालों का जीवन अत्यन्त दयनीय होता है और सैम अपने अन्तिम दिनों में यातना भरा जीवन जीना नहीं चाहता। अपनी इसी योजना के लिए वह भारत आता है। जहाँ उसे ज्ञात होता है कि उसके पिता ज़मीन और मकान उसके दोनों भाइयों के नाम करने का निर्णय ले चुके हैं। यह जानकर सैम बेहद दु:खी होता है तथा अपने पिता से अनुग्रह करता है कि इस सम्पत्ति में लगे सारे पैसे लौटा देगा और श्रवण को भी अपने साथ रखेगा, लेकिन मुझे अपनो से अलग मत करो।

मुझे अपनी जड़ों से मत काटो। सैम कहता है, "हिन्दुस्तान लौट पाने के तमाम दरवाज़े बन्द मत कीजिए। यह मकान होगा तो मुझे लगेगा। हाँ, मेरे देश में मेरा नाम सुरक्षित है। अपनी तरफ़ खींचेगा वह हर पल मुझे, वरना समझ लीजिए, एक तरह से मैं मर गया।" सावन प्रताप एक बार पुन: अपनी जड़ों से जुड़ना चाहता है। इस कहानी में सावन प्रताप की मानसिक उथल-पुथल, बुढ़ापे में एकाकी जीवन जीने की चिन्ता आदि का वर्णन किया गया है।

उर्फ़ सैम

मृदुला गर्ग

अच्छा लगता है सोचकर, अपने देश जा रहे हैं। हिन्दुस्तान के लिए टिकट कटवाकर उसने महसूस किया। हमेशा के लिए नहीं। जो यहाँ का आबोदाना छोड़कर हमेशा के लिए वापस अपनी मिट्टी पर बसने गये, उनके अनुभव काफ़ी कड़वे रहे। एक भी आदमी ऐसा नहीं मिला जो अपनी क़िस्मत को कोस न रहा हो और उसकी ख़ुशक़िस्मती से रश्क न करता हो।

हाँ, छुट्टी बिताने के लिए छह हफ़्ते वहाँ जाकर रहता है तो किसी तरह का कष्ट नहीं होता। अपने माँ-बाप, भाई-बहन हों या पत्नी के, ऐसे सिर-आँखों पर बिठलाते हैं, जैसे सूरमा दुश्मनों से मोर्चे में विजय प्राप्त करके लौटा हो। दोस्त भी पीछे नहीं रहते। स्कूल-कॉलेज के दिनों में साल-दर-साल जिन दोस्तों से इम्तिहानों में बाज़ी हारकर शर्म से सिर झुकाना पड़ता था, अब उन्हीं की आँखों में रश्क की कौंध देखता है, तो दिल बाग़-बाग़ हो जाता है। उसे दावत देने की होड़-सी लग जाती है। वह भी अपने साथ अमेरिका की सौगात ज़रूर ले जाता है। बल्कि बीच के तीन-चार साल वह इसी इरादे से हर क़िस्म का सस्ता अमेरिकी माल इकट्ठा करता रहता है। बिजली के छोटे-मोटे उपकरण, शृंगार का सामान, नायलॉन-टेरेलीन की क़मीजें, साड़ियाँ आदि। जिन चीज़ों को ख़ुद इस्तेमाल करने से कतराता है, उन्हीं पर अपने नाते-रिश्तेदारों को लार टपकाते देखता है तो कभी-कभी मन होता है, चिल्लाकर कहे-कमबख़्तो, कमअक़्लो, इससे कहीं बेहतर सामान हिन्दुस्तान में मिलता है, लौटकर जाते वक़्त मैं अपने और अपने अमेरिकी दोस्तों के लिए ख़रीदकर ले भी जाऊँगा। पर ज़ब्त कर जाता है।

उसका उसूल है कि अपने नये देश के ख़िलाफ़ कभी कुछ नहीं कहता। कहीं किसी सिरफिरे की आँखों का रश्क तरस में बदल गया तो? फिर उस देश की

बदौलत ही उसे यह रुतबा हासिल हुआ है कि अपने देश में बड़े-से-बड़े आदमी से नज़रें मिलाकर बात कर सकता है। उसका भी कुछ फ़र्ज़ बनता है।

उस हिसाब से उसे पैन एम में सफ़र करना चाहिए, पर उसने बुकिंग एअर इंडिया से करायी है। दरअसल उसे एअर इंडिया से कोई रूहानी लगाव नहीं है, जैसा जापानियों को जाल से या अंग्रेज़ों को ब्रिटिश एअरवेज़ से होता है। एक तरह की मजबूरी है।

वह जानता है कि उसके अमेरिकी परिचितों को जैसे ही यह पता चलेगा कि भारतीय होते हुए भी वह भारतीय विमान सेवा से यात्रा नहीं करना चाहता, वह उनकी नज़रों में बौना हो जायेगा। उनकी नज़रें! सर्र से ख़ून उसके सिर चढ़ गया। कान-गाल गर्म सुर्ख हो गये। कभी-कभी दिल चाहता है, सारे-के-सारे अमेरिकी अन्धे हो जायें। फिर कोई बौना बनाती नज़रों से उसे न देख सके।

पर वजूद सिर्फ़ नज़रों का नहीं और बहुत कुछ है, सिर की जुंबिश, हाथ की हरकत, बदन का अनायास अकड़ जाना तब तो उसे भी अन्धा होना पड़ेगा और उन्हें शायद बहरा भी। बेपनाह कोशिश के बावजूद अंग्रेज़ी बोलने का उसका लहज़ा अमेरिकियों जैसा नहीं हो पाया है। अन्धा भी सुने तो समझ जाये, ज़रूर कोई हिन्दुस्तानी है, हद-से-हद पाकिस्तानी। जर्मन, फ्रेंच, रूसी नहीं। उफ़! ये लोग! उसका नाम है सावन प्रताप सिंह और ये लोग उसे पुकारते हैं सैम। बौना और विकृत! यह कितना शक्तिशाली हथियार है किसी का अस्तित्व मिटा डालने के लिए। किसी यूरोपीय का नाम बिगाड़कर देखें। फ्रांसीसी या जर्मन आदमी अंग्रेज़ी बोलता है, तो उनकी आँखों में प्रशंसा ही नहीं, कृतज्ञता कौंध जाती है। इसलिए कि ग़लत अंग्रेज़ी बोलते हुए भी उसके लहज़े में फ़ख्र रहता है, शर्मिन्दगी नहीं; जो सही अंग्रेज़ी बोलते हुए भी, सावन को भारतीय होने की मजबूरी बन ले डूबती है।

धीरे-धीरे बहुत-सी बातें उसकी समझ में आने लगी हैं। पन्द्रह बरस हो चले इस देश में रहते। अमेरिका जाकर पढ़ाई पूरी करने की धुन में माँ-बाप से झगड़ा करके कुँवारा ही चला आया था। पहली बार हिन्दुस्तान लौटा था शादी करने के लिए और सिर्फ़ उसी बार उसने पैन एम से बुकिंग करायी थी। एक बार उससे सफ़र करके इतना समझदार हो गया था कि बीवी को साथ लेकर लौटने पर, जब अमेरिकियों ने व्यंग्य करते हुए उससे पूछा कि हर हिन्दुस्तानी, शादी करने वापस देश क्यों भागता है, उसने निहायत शायराना अन्दाज़ में जवाब दिया, "मेरी जड़ें वहाँ हैं। उनकी जड़ें वहाँ हैं। जड़ों से जड़ें न मिलें तो मिलन कैसा?"

उन्हें जवाब पसन्द आया था। जड़ों की बहुत क़द्र करते हैं वे लोग। जब से यहाँ वह बेस्टसेलर उपन्यास निकला है, रूट्स, एक काले का लिखा, तब से हर

नीग्रो अपने को काला कहलाना पसन्द करने लगा है और हर गोरा अमेरिकी अपनी जड़ें तलाशने लगा है। सुना, यहाँ से निर्यात होकर यह फितूर हिन्दुस्तान भी जा पहुँचा है। उस दिन वह हँसते-हँसते बावला हो गया था जब हिन्दुस्तान के किसी मन्त्री को अपने भाषण में कहते सुना, "तुलसीदास हमारी जड़ थे।" कमाल करते हैं हिन्दुस्तानी। हिन्दी बोलेंगे तो अपनी भाषा की तरह नहीं, अंग्रेज़ी से अनुवाद करके। गधे! स्कूल-कॉलेज में सावन प्रताप सिंह हमेशा हिन्दी में अव्वल रहा। कितने व्याख्यानों में पुरस्कार लिये। अब भी मौक़ा मिल जाये तो पर मिलता कहाँ है? हिन्दुस्तान में शुद्ध हिन्दी बोलो तो गँवार कहलाओ या पोंगा पण्डित और अमेरिका में बोलो तो समझे कौन? बस, कभी-कभार भारत लौटने पर, किसी सांस्कृतिक कार्यक्रम में जा पहुँचता है तो कुछ देर अमेरिकी अंग्रेज़ी बोलकर, अपने विदेश रह आने की धाक जमा चुकने के बाद, विशुद्ध हिन्दी बोल लेता है। उस तरह वाहवाही ख़ूब मिलती है। वाह, पन्द्रह बरस विदेश रहते हो गये, फिर भी अपनी भाषा पर ऐसा अधिकार! धन्य हैं आप, धन्य-धन्य! हाँ, एक बात है। मिलती वाहवाही खालिस अंग्रेज़ी में है।

हँसते-हँसते उसे रोना आ गया था। लाल सुर्ख ग़ुस्से से उफनता रोना। कमबख़्तो, क्यों हँसी उड़वाते हो अपनी और हमारी? क्यों बौना बनवाते हो हमें इस देश में? तुलसीदास तुम्हारी रगों में बसे हैं तो कहो, बसे हैं, जड़-जड़ क्या रटते हो? वैसे ग़नीमत जानो, मन्त्री महोदय यह नहीं कह गये कि तुलसीदास जड़ थे। रोते-रोते वह फिर हँस दिया था।

इस जड़ धातु का सहारा उसे भी लेना पड़ा था, वह एकदम अलग बात थी। सच तो यह है कि हिन्दुस्तानी औरत से शादी करने की वजह उसे अलग-अलग लोगों को अलग-अलग बतलानी पड़ी थी। माँ से कहा, "मैं तो हिन्दुस्तानी खाने को तरस गया। उनका खाना भी कोई खाना है। न मिर्च-मसाला, न घी-तड़का। न, बुराई नहीं कर रहा। सेहत के लिए मुफीद है, पर हम ठहरे हिन्दुस्तानी, ज़ुबान के ग़ुलाम। मुझे बीवी ऐसी चाहिए जो लज़ीज़ से लज़ीज़ खाना बनाकर खिला सके, फ़क़त हिन्दुस्तानी।"

माँ निहाल हो गयी थीं। अख़बार में इश्तिहार दिया तो उसमें भी लिख मारा। तभी तो बीवी से उसे कहना पड़ा कि देश जाकर शादी इसलिए की, क्योंकि अमेरिकी औरतों की बनिस्बत उसे हिन्दुस्तानी औरतें ज़्यादा ख़ूबसूरत लगती हैं। ख़ासकर वे, जो हिन्दुस्तानी तरीक़े से बनाव-शृंगार करती हों, चौड़ी लाल बिन्दी, बैंकदक साड़ी, झनझन करती चूड़ियाँ, जेवर वग़ैरह। बाद में पछताना पड़ा था, कर देखा कि बीवी रसोईघर में बहुत कम समय बिताती है। तरह-तरह के टिन खोलका मिनटों में

बदज़ायका खाना तैयार करके, बाक़ी वक़्त सजने-सँवरने में लगा देती है। हारकर उसे बतलाना पड़ा था कि हिन्दुस्तानी खाना नसीब करने की यही तरकीब उसे सूझी थी कि हिन्दुस्तानी लड़की को बीवी बनाकर लाये। पर तब तक वह हिन्दुस्तानी लड़की एक बच्चे की माँ बन चुकी थी और शुद्ध भारतीय शैली में पति की बातें ग़ौर से सुनने की फुरसत उसे नहीं थी। फिर भी शिकायत का मौक़ा उसने नहीं दिया था। हफ़्ते में एक दिन हिन्दुस्तानी खाना बनाना शुरू कर दिया था। पर साथ ही पेजबॉय स्टाइल में बाल कटवा लिये थे, जींस-पेंट का पहनावा अख़्तियार कर लिया था। उसके सावन प्रताप सिंह से सैम बनने के साथ-साथ, वह भी आशा रानी से ऐश बन गयी थी। असल अफ़सोस इस बात का है कि इस नये पहनावे में वह ज़रा आकर्षक नहीं लगती, ख़ासकर दूसरे बच्चे आर्ची के जन्म के बाद से (वैसे नाम उसका अर्जुन है) इत्मीनान सिर्फ़ इस बात का है कि पार्टियों में वह अब भी भारी साड़ी और जेवर से लदकर जाती है। उसके परिचित अमेरिकी ज़्यादातर उसे वहीं देखते हैं और साड़ी की ज़री और हार के कुन्दन के काम पर हाय-हूय कर देते हैं। उसे लगता है, उसकी बीवी एक ढाल की तरह है, जिसकी आड़ में वह उनकी बौना बनाती नज़रों को झेल सकता है। भरा-भरा जुड़ा पता नहीं क्यों, यह ताक़त पुरुषों से ज़्यादा स्त्रियों की नज़रों में है। ऐसा नहीं है कि सभी ने उसे नफ़रत से देखा हो। कितनी स्त्रियों के साथ वह डेट्स पर जा चुका है। दिल नहीं तो जेब खोलकर, उनके खाने-पीने और मनोरंजन पर ख़र्च किया है, घर के दरवाज़े पर खड़े होकर हिन्दी फ़िल्मों में वर्जित चुम्बन लिये हैं और दो-चार बार घर के अन्दर प्रवेश भी पा चुका है। तब भी उसका बौनेपन का अहसास घटा नहीं, बढ़ा है। भारतीय साहित्य में हमेशा उसे समर्पण के नाम से पुकारा जाता रहा है। जानते हैं ये लेखक लोग, कितना अनैतिक है कच्ची उम्र के पाठकों को इस तरह धोखे में रखना! समर्पण नहीं, चुनौती होती है वह। पौरुष का स्वधर्म पूरा करने के बाद भी नपुंसकता का अहसास पैदा करा सकने वाली चुनौती। उस बौनेपन को और छोटा कर देने वाली चुनौती, जो वैसे भी इस देश के सामाजिक कार्यकलापों के बीच महसूस होती ही है, हर भारतीय को।

सब मौज़ूँ जवाबों से अलग, अगर सच पूछा जाये तो हिन्दुस्तानी औरत से शादी करने की असल वजह यही थी, अपने बौनेपन के अहसास को मिटा सकने की लालसा। भला हो भारतीय संस्कृति और मान्यताओं का, आशा रानी आशा से लाख ऐश बन जाये, पति को अपने से श्रेष्ठ योनि का प्राणी मानने से इनकार नहीं करती। यह ठीक है कि रोज़मर्रा के जीवन में वह सावन उर्फ़ सैम की मान्यताओं, अपेक्षाओं और सुझावों को नज़रअन्दाज़ कर देती है, उसकी पसन्द-नापसन्द को सनक का दर्जा देती है, अर्जुन और कविता को (लोग उसे केटी पुकारते हैं और ऐश

को यह पसन्द है) उसकी मर्जी के ख़िलाफ़ अमेरिकियों से भी ज़्यादा अमेरिकी शैली से पालती है। पर यह भी सही है कि जहाँ तक स्थायी जीवन-दर्शन का ताल्लुक है, उसे पुरुष पति के रूप में अपने से नहीं, सम्पूर्ण स्त्री जाति से बड़ा मानती है यानी वह उसे बेवकूफ़ भले माने, बौना नहीं मानती। शायद इसे ही अपनी जड़ें पाना कहते हैं। आशा मेरी जड़ है, मन्त्री महोदय के अन्दाज़ में उसने दोहराया और ठठाकर हँस पड़ा। मेरी आशा वाक़ई जड़ है।

अमेरिका में ऐसे रच-बस गयी है कि छह हफ़्ते हिन्दुस्तान में रहकर तंग आ जाती है। कहती है, कौन सुने रिश्तेदारों की चिखचिख! यहाँ अपन बिलकुल स्वतन्त्र हैं। हाँ, एक-दूसरे को बोर करने के लिए, किसी तीसरे आदमी के दख़ल से बरी, एकदम स्वतन्त्र। कभी-कभी सावन प्रताप किसी तीसरे आदमी के दख़ल के लिए तरस जाता है। कहीं इसीलिए तो यहाँ के लोग पति-पत्नी के बीच एक वह हमेशा तैयार नहीं रखते? पर आशा रानी वाक़ई जड़ हैं। बोर वे नहीं होतीं। अपने चार बेडरूम के स्वतन्त्र दोमंज़िले मकान के हर कमरे में लगे रंगीन टी.वी. की चकमक दुनिया को लेकर प्रसन्न व्यस्त रहती हैं। सिर्फ़ अपना मकान नहीं है और सब कुछ है उनके पास। स्टडीरूप में कम्प्यूटर, किचेन में हर सम्भव विद्युत् उपकरण और तीन हज़ार डॉलर महीने की कमाई यानी तीस हज़ार रुपया। हिन्दुस्तान में ऊँची से ऊँची नौकरी में भी यह बरकत नहीं। बिज़नेस अलबत्ता कर सकता है। हिन्दुस्तान में डॉलर राजसी सिक्का है। कुछ इस तरह जैसे जिसकी जेब में हो, उसी का चेहरा उस पर छपा हो। पर जो लोग बिज़नेस करने वहाँ लौटकर गये, हमेशा यही रोना रोते पाये गये कि लाइसेंस लेने से माल बेचने तक, इतनी काग़ज़ी कार्रवाइयाँ हैं कि दिमाग़ ख़राब हो जाता है। ऐश कहती है, बिज़नेस ही करना है तो अमेरिका में करो। रियल एस्टेट। ग़लत नहीं कहती आशा। वह जानता है, हमेशा के लिए भारत लौट जाने में कोई तुक नहीं है। पर।

एक दुःस्वप्न है, जो कभी उसका पीछा नहीं छोड़ता। रात का घुप अँधेरा हो या दिन का झकाझक उजाला। वह देख सकता है साफ़-साफ़, वह बूढ़ा हो चुका है और बिलकुल अकेला है। निस्संग, निरुपाय। आशा के बारे में वह तय नहीं कर पाता। हो सकता है, वह उससे पहले गुज़र चुकी हो या ओल्ड पीपल्स होम में उसके साथ हो। पर उससे कोई फ़र्क़ नहीं पड़ता। हर हाल में वह अपने को नितान्त अकेला महसूस करता है। आर्ची और केटी भूल चुके हैं कि उनका नाम अर्जुन और कविता हुआ करता था। किन्हीं सूज़न, जॉर्ज से उनकी शादियाँ हो चुकी हैं, बॉब, जॉन आदि उनके बच्चे हैं। अपने अमेरिकी नाना-दादा के नाम पर और वे अपने अधगोरे हिन्दुस्तानी रिश्तेदारों को याद करना पसन्द नहीं करते। आर्ची-केटी कहते

हैं, हर महीने उनसे फ़ोन पर बात होती है, क्रिसमस-ईस्टर पर उसे उनके भेजे उपहार और केक-टर्की मिल जाते हैं, उसी की उम्र के पचासों मर्द औरतें उसके साथ हैं, वह अकेला किस तर्क से है?

बेवकूफ़! जाहिल! इतना नहीं समझते कि दूसरे बूढ़ों का साथ बूढ़े आदमी के लिए कितना त्रासदायक होता है। सुकून? मौत का सन्नाटा। हर हफ़्ते-दस दिन पर एक मौत। पता है ओल्ड होम का सबसे बड़ा त्योहार क्या है? शवयात्रा! छककर खाते-पीते हैं उस दिन लोग, इस अहसास को दूर भगाने के लिए कि अगली यात्रा उनकी हो सकती है।

अमेरिका में आजकल इस मुद्दे पर वैज्ञानिक शोध हो रहा है। लम्बी-चौड़ी केस स्टडीज़ के आधार पर निष्कर्ष निकाला जा रहा है कि वास्तव में बूढ़ों के लिए बूढ़ों का नहीं, बच्चों-जवानों का साथ अधिक लाभप्रद है। कितना विकसित देश है। अपनी निजी अक़्ल से काम तो लोग पिछड़े देशों में लेते हैं। हैं न अपने आदिवासी इस काम में अव्वल! यहाँ तो जब तक शोधकार्य पूरा नहीं हो जाता, लोग अपने पर क़ाबू रखते हैं, न जज़्बात का इस्तेमाल करते हैं, न दिमाग़ का। हाँ, जैसे ही मनोवैज्ञानिक तर्क अनुमति देता है, फटाफट क़तार में आ लगते हैं। हाल में वैज्ञानिकों ने सिद्ध कर दिया है कि नवजात बच्चों के लिए डिब्बे के दूध से माँ का दूध ज़्यादा मुफीद है तो लाखों माँएँ डिब्बों की मोहताजी से मुक्त हो गयी।

काश, यह कुछ पहले हुआ होता! अर्जुन-कविता भी माँ का दूध पी लेते। ऐश बेचारी को दूध सुखाने के लिए क्या कम तकलीफ़ झेलनी पड़ी। इससे भी क्रान्तिकारी तथ्य, उन्होंने साबित किया है, ममता भरे स्पर्श की महत्ता का। क्या कहें साहब, उन्होंने यह तक साबित कर दिया कि माँ के स्पर्श से बच्चे को राहत मिलती है और वह बीमारी के इलाज तक में सहायक हो सकती है। हमारे यहाँ की हिन्दुस्तानी माँएँ तो यों ही बिना कुछ जाने-समझे बच्चों को गोद में टाँगे-टाँगे फिरा करती हैं। यहाँ आकर कविता को तो फिर भी आशा रानी कभी-कभी सीने से लगा लेती थीं, पर आर्ची कुछ ऐसे ग़लत वक़्त पैदा हुआ कि अमेरिकी शोध पूरा हुआ नहीं था और आशा रानी ऐश बन चुकी थीं। उन लोगों को पता भी नहीं चलता था कि आर्ची अपने अलग कमरे में रात में कितनी देर रोया और कितनी देर सोया। दूध की बोतल तकिये पर ऊँची करके मुँह से लगा दी जाती थी। पेशाब इकट्‌ठा करने को प्लास्टिक की नैपी थी, ज़्यादा-भर जाने पर वह बदल देता था और उससे पैदा हुई फुंसियों को दूर करने के लिए एक से एक बढ़िया पाउडर उपलब्ध था अमेरिका में।

यह कमबख़्त बूढ़ों पर खोज देर से शुरू हुई है। लगता नहीं, उसके बूढ़े होने तक पूरी हो पायेगी। वैसे भी विशुद्ध अमेरिकियों के मुक़ाबले भारतीय अमेरिकियों

तक वैज्ञानिक ज्ञान कुछ देर से पहुँचता है। हर हाल में उसका बूढ़े घर में रहना निश्चित है। नहीं, वह बर्दाश्त नहीं कर सकता। बूढ़े होने से पहले उसे हिन्दुस्तान लौटना होगा। दो भाई हैं, एक बहन। उनके तीन-तीन, चार-चार बच्चे। भरा-पूरा परिवार है। अकेला कौन रहने देगा उसे? वैसे भी वह एक अमीर बूढ़ा होगा। रोज़ नयी वसीयत बनाने की धमकी देकर बच्चों को अपना बनाये रखेगा। वह हँसा। अपने ताऊजी थे न, श्री हरदयाल सिंह, आख़िरी दिन तक सेर भर पक्के औटाये दूध और असली घी के बने हलवे पर हाथ साफ़ किया करते थे। वसीयत बनाना उनकी हॉबी थी। शनिवार का दिन उसके लिए रिज़र्व था। हर शनिवार को उनके दोस्त वकील साहब घर तशरीफ़ लाते थे और दोनों एक कमरे में बन्द हो जाते थे। बाहर फैले रिश्तेदार वह-वह माल अन्दर भेजते थे कि सुना है, हर इतवार को वकील साहब को दस्त लगा करते थे। ताऊजी मरे तो ढेरोंढेर वसीयतें बरामद हुईं। तारीखवार लगाकर उन्हें पढ़ा गया। हर वसीयत में चन्द सतरें लिखी पायी गयी, जो अपने मज़मून में एकदम यकसाँ थीं जो कुछ मेरे पास था या है, साथ लिए जा रहा हूँ। वाक़ई उन्होंने अपनी जमा-पूँजी और जायदाद का रेहन इस अक़्लमन्दी से इस्तेमाल किया था कि दो-तीन हज़ार रुपये के अलावा कुछ बाक़ी नहीं बचा था, सो उनके दाह-संस्कार में खर्च हो गये थे।

उसका मन उड़कर हिन्दुस्तान पहुँचने को कर आया। इस बार जायेगा तो अपना कुछ पक्का इन्तज़ाम करके आयेगा।

छह महीने पहले बड़े भाई पवन कुमार का पत्र आया था। लिखा था, बीस बरस पहले जो ज़मीन पिताजी को मिली थी, उस पर उन्होंने मकान बनवाना शुरू कर दिया है। उसने याद करने की कोशिश की थी। हाँ, एक बार, एकदम बीहड़ जगह, ऊबड़-खाबड़ पथरीली ज़मीन का एक टुकड़ा पिताजी ने उसे दिखलाया था। सरकारी नौकरों को कम दाम पर वह ज़मीन दी गयी थी। पुष्प विहार जैसा कुछ नाम था। देख-सुनकर वह हँसते-हँसते दोहरा हो गया था! 'पुष्प विहार!' उसने कहा था, "इसका नाम तो प्रस्तर विहार होना चाहिए!" वहाँ कभी मकान बनेगा, उसने क्या, किसी ने कल्पना नहीं की थी।

छह महीने पहले उसके बारे में पढ़कर उस पर कोई विशेष प्रतिक्रिया नहीं हुई थी। बनने दो, उसने सोचा था, मुझे क्या। पर महीना भर पहले, एक पड़ोसी दोस्त हिन्दुस्तान छुट्टी बिताकर लौटा तो दिल्ली में विकसित हो रही नयी पॉश कॉलोनियों की बात करते ख़ासा भावुक हो उठा, "बीस बरस पहले जहाँ जंगल-पठार थे, आज ख़ूबसूरत दोमंज़िला बँगले खड़े हैं। मैन, क्या हरे-भरे बग़ीचे, चौड़ी सड़कें, फ़व्वारे! लगता है, दिल्ली ने कनॉटप्लेस का दिल तोड़ साउथ को दिलदार बना लिया है। और उनमें भी सबसे ख़ूबसूरत, आला जगह है पुष्प विहार। गॉड, जानते हो, ज़मीन की क्या क़ीमत है वहाँ? चार सौ डालर प्रति मीटर! क्या समझे?"

ख़ूब समझा था सावन प्रताप सिंह ने। फ़ौरन बड़े भाई पवन कुमार को पत्र लिखकर पूछा था कि पुष्प विहार में उनकी कितनी ज़मीन है और निर्माण कहाँ तक मुकम्मल हो चुका है। उसी वक़्त छुट्टी के लिए दरख्वास्त भी दे दी थी। आज एअर इंडिया से बुकिंग भी हो गयी। भाई का जवाब आ चुका। ज़मीन आठ सौ मीटर है। मकान की पहली मंज़िल बन चुकी। पुताई-रँगाई का काम चल रहा है। दूसरी मंज़िल बनाने का कार्यक्रम अभी स्थगित है, क्योंकि पिताजी के पास उतना पैसा नहीं है।

सावन प्रताप को एक बार फिर अपना आगत बुढ़ापा डंक मार गया था। अपनी छत वैसे उसके सिर पर अभी से है, पर बुढ़ापा आने पर हाथ-पाँव से लाचार हो जाने पर कमाया काफ़ी है उसने, पर यहाँ का रहन-सहन ऐसा है कि पैसा बचता नहीं। वह तो हिन्दुस्तानी जात का आदमी है, जो फिर भी कुछ बचा लेता है वरना अमेरिकी तो क़र्ज़ और क़िस्तों के बोझ तले दबे रहते हैं। बुढ़ापा आने पर, काम करने की ताक़त खो जाने पर, कितने दिन साथ देगा यह रुपया। कितने दिन महफ़ूज़ रह सकेगा यह अपार्टमेंट? हिन्दुस्तान के रहन-सहन और यहाँ के रहन-सहन में ज़मीन-आसमान का फ़र्क़ है। जल्दी मर जाये तो बात दूसरी है पर एक तो अमेरिका में जल्दी कोई मरता नहीं, ऊपर से उसकी विरासत भी दुःखदायी है। बाबा अठासी के होकर मरे, ताऊ नब्बे तक जिये और पिताजी पचहत्तर छू रहे हैं। ताऊ की तरह सेहतमन्द रहा तो भी चलेगा, पर बाबा की तरह छह साल लकवे में रहना पड़ा तो?

ज़रूरी नहीं है कि ऐसा हो, उसने अपने को फटकारा। निगेटिव नहीं सोचना चाहिए। अमेरिकी मनोवैज्ञानिक कहते हैं, पॉज़िटिव सोचो तो भला होता है, निगेटिव सोचो तो बुरा। वैज्ञानिक बात है, अपने योगियों-सोगियों की धार्मिक प्रवंचना नहीं। फिर भी "भावी सुरक्षा का इन्तज़ाम जो न कर रखे, वह बेवकूफ़। बुजुर्गों को हमेशा कहते सुना, अक़्लमन्द वह, जो बुरे-से-बुरे वक़्त के लिए ख़ुद को तैयार रखे। जो हो, सावन प्रताप सिंह उर्फ़ सैम अपना आख़िरी दिन ओल्ड होम में नहीं गुज़ारेगा,

भले ये लोग उसे सीनियर सिटीजंस रिज़ॉर्ट के नाम से क्यों न पुकारें। हिन्दुस्तान लौट जायेगा तो सैम पुकारे जाने पर गर्व अनुभव करेगा, शर्म नहीं। जो पैसा बचाया है, वहाँ जाकर बिज़नेस करेगा, छोटे भाई के बच्चों में से किसी को साथ लगा लेगा। कृतज्ञ रिश्तेदार बुढ़ापे में कुछेक होने चाहिए और ठाठ से अपने मकान में रहेगा। अपना मकान! उसके क़दमों में तेज़ी आ गयी।

दिल्ली के ऊपर चक्कर काटते हवाई जहाज़ की खिड़की से झाँककर उसने पता चलाने की कोशिश की कि पुष्प विहार ठीक कहाँ है? मुमकिन नहीं था। दिल्ली के भूगोल से उसका परिचय पुरानी दिल्ली तक सीमित था, जहाँ दरियागंज की एक तंग गली में, ऊपर की मंज़िल पर बने दो कमरों के क्वार्टर में, उसके हेडक्लर्क

पिता ने अपनी ज़िन्दगी जी थी। वहीं के नुक्कड़ वाले सरकारी स्कूल में उसने तालीम हासिल की थी और फिर दाख़िला मिला था एक छोटे शहर के टुटपुँजिया इंजीनियरिंग कॉलेज में। जी-तोड़ मेहनत करके वह दरम्याने नंबरों से पास हो गया था और कह-सुनकर एक नौकरी का जुगाड़ भी कर लिया था। बस, एक साल काम किया, जो कमाया, पेट काटकर बचाया और अमेरिका भाग आया। वहाँ कौन जानता था उसे? बैरे से लेकर लिफ्टमैन तक का काम किया, फ़ीस जुटायी और एम.एस. कर डाला। काम की उस देश में कमी नहीं थी। नौकरी, दलाली, छोटा-मोटा व्यापार। काफ़ी पैसा कमाया, फिर भी रहा अमेरिका के मध्यवर्ग की दरम्यानी सीढ़ी पर। उफ़, यह दरम्यानी ज़िन्दगी!"

जहाज़ की खिड़की से वह पुष्प विहार को पहचान तो नहीं पाया, पर जो इलाक़ा बिजली की बत्तियों की वजह से सबसे ज़्यादा चमचमा रहा था, उसे पुष्प विहार मान लिया। जैसे-जैसे जहाज़ नीचे उतरा, उसका बदन इस तरह झूम उठा जैसे पैरों के नीचे जड़ें उग आयी हों; गहरे, बहुत गहरे धरती में समा गयी हों और इस तरह उसे सँभाल रही हों कि हवा में वह झूम-झूम उठे, पर तेज़-से-तेज़ तूफ़ान उसे उखाड़कर फेंक न सके।

उपहारों से लैस माँ-बाप के पास पहुँचा तो वे निहाल हो गये। नया रंगीन टी.वी. और वी.सी.आर. पाकर पिता धन्य हो गये और उनसे ज़्यादा माँ, अपनी नयी मिक्सी देखकर।

"तुम क्या कभी हिन्दुस्तान नहीं लौटोगे, बेटा?" गद्गद कण्ठ से पिता कह उठे।

"करूँगा क्या लौटकर?" ठण्डी साँस भरकर उसने कहा।

"क्यों बेटा, अपना देश है," माँ ने कहा, "इतना ढेर रुपया कमा लिया, यहाँ आकर बिज़नेस करो। अरे, रत्ना बीवी का दामाद आया था न, परके बरस, लाखों में खेल रहा है।"

सावन प्रताप होंठ टेढ़े करके मुस्करा दिया। "रहता कहाँ है?" उसने पूछा, "अपना मकान है?"

"नहीं, किराये पर लिया है। तीन हज़ार पर। वह बेटा तुम जानो ज़मीन इतनी महँगी हो गयी। अब इसी ज़मीन को लो। साठ हज़ार में ख़रीदी थी और अब खड़े-खड़े तीस लाख में बेच लो। उतना पैसा।"

"उसके पास नहीं है। मेरे पास भी नहीं है। अपना मकान न हो तो क्यों लौटकर आयेगा कोई? पिताजी, अमेरिका में मुझे कमी किस बात की है। ऊँची नौकरी है,

पैसा है, घर-बार है, पर उसने एक दीर्घ नि:श्वास भरी, "मन मेरा यहीं अटका रहता है। कितना अकेला हूँ मैं! कहाँ हैं मेरी जड़ें? कोई है ऐसा घर, जिसे मैं अपना कह सकूँ?" क्षण-भर वह अपने पर क़ाबू पाने की कोशिश में चुप रहा।

"यह मकान तो आप भैया के नाम कर रहे होंगे?" सहसा उसने पूछा। माँ-पिताजी सकपका गये।

"ऐसा है बेटा," पिताजी पहले सँभले, "पवन ने इसके बनवाने में पैसा लगाया है और श्रवण ने बहुत मेहनत की है। फिर पवन का कहना है, तुम्हारा अपना मकान अमेरिका में है ही। तो मैंने...हमने सोचा, यह मकान पवन के नाम कर दें और ज़मीन दोनों के। बनवा सका तो श्रवण अपने लिए ऊपर बनवा लेगा, वरना!"

"भैया बनवाकर किराये पर चढ़ा देंगे। सुना है, पाँच हज़ार किराया मिल जाता है इतने बड़े मकान का, इस कॉलोनी में।"

"पर श्रवण तो हमारे साथ ही रह रहा है। बाद में भी!"

"भैया आपके साथ क्यों नहीं रहते?" उसने पूछा।

"अब बेटा, संयुक्त परिवार का चलन आजकल उतना रहा नहीं, तुम जानते ही हो।"

"यही तो ग़लती कर रहे हैं आप लोग। हिन्दुस्तान में जो अच्छी बातें हैं, उन्हें मिटने दे रहे हैं। पता है आपको, अमेरिकी समाजशास्त्री कहते हैं, बच्चों की परवरिश के लिए संयुक्त परिवार उत्तम है। मागरेट मीड का नाम सुना है? जरमेन ग्रेयर का? नहीं, कहाँ सुना होगा? बदक़िस्मती है आप लोगों की। मैं लौटकर आऊँ तो!"

"पवन ने पैसा लगाया है।" पिता ने बाधा दी।

"पैसा!" सैम ने हिकारत से कहा, "पैसा क्या चीज़ है, हाथ का मैल। पैसा लौटाने में कितनी देर लगती है। आप चाहें तो कल लौटा दूँ। कितना लगा दिया पैसा उन्होंने? लाख? दो लाख?"

"तीन लग गया होगा।"

"ठीक है। तीन लाख मैं वहाँ वापस जाते ही भेज दूँगा। उनके नाम। पर लिखा-पढ़ी आप अभी करा रखिए। भैया को संयुक्त परिवार पसन्द नहीं तो वे अलग रहें। मकान आप मेरे नाम कर दीजिए। श्रवण को परेशान होने की ज़रूरत नहीं है। ऊपर की मंज़िल मैं बनवाऊँगा उसके लिए। वह हमेशा मेरे साथ रहेगा।"

पिता कुछ कहते, उससे पहले उसने उनके दोनों कमज़ोर हाथ अपने सबल हाथों में जकड़ लिये और कातर कण्ठ से बोला, "मुझे अपनी जड़ों से मत काटिए। हिन्दुस्तान लौट पाने के तमाम दरवाज़े बन्द मत कीजिए। यह मकान होगा तो मुझे

लगेगा, हाँ, मेरे देश में मेरा नाम सुरक्षित है। अपनी तरफ़ खींचेगा वह हर पल मुझे, वरना समझ लीजिए, एक तरह से मैं मर गया।"

माँ फुग्गा मारकर रो दी। पिता ने खींचकर उसे छाती से लगा लिया। वापस उड़ान भरते जहाज़ की खिड़की से झाँककर सावन प्रताप सिंह उर्फ़ सैम ने नीचे देखा। वह रहा पुष्प विहार। हवाई अड्डे से विशेष दूर नहीं है। साफ़ नज़र आ रहा है। धीरे-धीरे नज़रों से ओझल होगा, फिर भी आँखों में बना रहेगा। अच्छा लग रहा है सोचकर, वह कहीं भी क्यों न रहे, ईंट-सीमेंट की इतनी सुदृढ़ जड़ें उसका इन्तज़ार करती रहेंगी, यहाँ उसके अपने देश में।

नासिरा शर्मा

नासिरा शर्मा एक प्रतिष्ठित भारतीय लेखिका और साहित्यकार हैं, जिन्होंने हिन्दी साहित्य में महत्त्वपूर्ण योगदान दिया है। उनका जन्म 22 अगस्त 1948 को इलाहाबाद (प्रयागराज), उत्तर प्रदेश में हुआ था। वे विशेष रूप से उपन्यास, कहानियाँ, निबन्ध और अनुवाद के क्षेत्र में सक्रिय रही हैं। नासिरा शर्मा ने अपनी प्रारम्भिक शिक्षा इलाहाबाद से प्राप्त की और बाद में उन्होंने फ़ारसी साहित्य में मास्टर की डिग्री प्राप्त की। उन्होंने ईरान की संस्कृति, समाज और राजनीति पर विशेष ध्यान दिया और वहाँ की साहित्यिक धारा से प्रभावित हुईं। नासिरा शर्मा की लेखन शैली और विषयवस्तु ने उन्हें एक विशिष्ट पहचान दिलायी है। उनके साहित्य में सामाजिक मुद्दों, महिलाओं की स्थिति, अल्पसंख्यक समाज में व्याप्त विसंगतियों, विकृतियों और विडम्बनाओं को उद्घाटित किया गया है। साम्प्रदायिकता और मानव अधिकारों के मुद्दों पर गहन विचार और संवेदनशील दृष्टिकोण उनके साहित्य में देखा जा सकता है।

नासिरा शर्मा न केवल एक लेखिका हैं, बल्कि समाजसेविका भी हैं। उन्होंने महिला अधिकारों और सामाजिक न्याय के क्षेत्र में भी महत्त्वपूर्ण कार्य किया है। उनके लेखन ने कई सामाजिक मुद्दों को प्रमुखता से उठाया है और समाज को जागरूक किया है। 'संगसार', 'ठीकरे की मँगनी', 'पारिजात', 'शाल्मली' 'समय का सौदागर', 'औरत के लिए औरत' 'मंजिल से जुदा', 'साम्प्रदायिकता और साहित्य' उनकी प्रमुख कृतियाँ है। नासिरा शर्मा को उनके उत्कृष्ट साहित्यिक योगदान के लिए 'साहित्य अकादमी पुरस्कार', 'व्यास सम्मान' और 'हिन्दी अकादमी' पुरस्कारों से नवाजा गया है।

नासिरा शर्मा एक ऐसी कलमकार का नाम है, जिन्होंने हिन्दू-मुस्लिम संस्कृति के सम्मिलन की पृष्ठभूमि पर दोनों संस्कृतियों की विशिष्टताओं और सीमाओं को उद्घाटित किया है। देश का बँटवारा, अंग्रेजों की फूट डालो और राज्य करो की कूटनीति का परिणाम था। प्रस्तुत कहानी की कथावस्तु का ताना-बाना भी विभाजन

की त्रासदी को केन्द्र में रखकर बुना गया है। यह कहानी रेहान जैसे उन मुसलमान नवयुवकों की विकट छटपटाहट और असीम व्यथा का जीवन्त दस्तावेज़ है। इसकी कथावस्तु सामाजिक, राजनीतिक, धार्मिक एवं मनोवैज्ञानिक सन्दर्भों पर आधारित है। कहानी का प्रमुख पात्र रेहान है जो बेरोजगारी, इश्क में नाकामी और बेवफाई के कारण दीवाना हो गया है और इसी पागलपन से वह घर के खपरैल को तोड़ता और जोर-जोर से चिल्लाकर हिन्दुओं को कोसने लगता, जिस कारण रेहान के घर वालों को शर्मसार होना पड़ता। एक तरफ मोहल्ले में आये दिन साम्प्रदायिक दंगे होते रहते थे, तो दूसरी तरफ सुरैया का विवाह एक पाकिस्तानी अफ़सर से तय हो जाता है, जिस कारण रेहान और अधिक आहत हो गया था। गाँव में एक दिन फिर दंगे फैल जाते हैं, कर्फ्यू लग जाता है जिस कारण रेहान रात के अँधेरे में छत पर से सुरैया से मिलने के लिए निकलता है, पर छत पर आवाज़ आने के कारण जब घर जाने के लिए वापस निकलता है, तब एक घर से 'बचाओ-बचाओ' की आवजें आती हैं, तो रेहान घर के आँगन में कूदता है, तो वहाँ तीन मुस्लिम लड़के दंगे के अफरा-तफरी में पकड़कर लाये सरस्वती के साथ दुष्कर्म करने का प्रयास करते दिखाई पड़ते हैं। रेहान उन सभी को कहता है, "इस वक़्त मेरे तन-बदन में उतनी ही आग लगी है, जितनी तुम्हारी बहन को किसी हिन्दू के घर में इस हालत में देखकर लगती।" एक लड़का सीना ताने कहता है हिन्दू लौंडिया के लिए मुसलमान भाई पर आप हाथ उठाओगे? रेहान सभी तीन लड़कों को मार कर कमरे में बन्द कर सरस्वती को छुड़वाकर लेकर जाता है और उसकी बदनामी न हो इसलिए छत पर से उसे घर पहुँचाता है। रेहान धर्म से ऊपर उठकर मानवता के लिए सरस्वती की इज्जत बचाता है और उसे अपनी बहन बनाकर राखी भी बँधवा लेता है। रेहान को सुरैया का सरहद के पार जाना नागवार गुजरता है, उसके मन में विभाजन की त्रासदी भी है। वह कहता है, "अंग्रेज़ों ने हमें फ़साद की शक्ल में पाकिस्तान तोहफे में दिया है और हम इस जख्म को जब तक जियेंगे, पालते रहेंगे। करें भी क्या? कर ही कुछ नहीं सकते हैं। अपाहिज जो ठहरे।" सुरैया के विवाह के बाद से रेहान गायब हो जाता है और दो हफ़्ते बाद उसकी लाश मिलती है। बदन पर ढेरों चाकू के निशान होते हैं। सरस्वती और रामखिलावन का तो रोना रुकता ही नहीं। नरगिस सुरैया को ही अपने भाई की मृत्यु का जिम्मेदार मानती है। दद्दा कहते हैं, "सुरैया का गम इसे घुन की तरह चाट गया।" नासिरा शर्मा ने साम्प्रदायिकता और धर्म से बढ़कर इन्सानी रिश्तों, मानवता और जज्बातों को पूरी गम्भीरता के साथ अभिव्यक्त किया है।

सरहद के इस पार

•

नासिरा शर्मा

खपरैल तड़ातड़ कच्चे आँगन में गिरकर टूट रही थी। मगर किसी में हिम्मत नहीं थी कि आँगन में निकलकर या फिर दालान से ही रेहान को आवाज़ देकर मना करता। अम्मा को दौरा पड़ गया था। हाथ-पैर ऐंठ गये थे। मुँह से झाग निकल रहा था। उनके पास सिर्फ़ एक ही अभिव्यक्ति रह गयी थी और वह थी गिरकर बेहोश हो जाना।

"मुसीबत जब आती है तो चारों तरफ़ से आती है!" दद्दा ने अम्मा का हाथ सहलाते हुए कहा।

"रोने से काम नहीं चलेगा लड़की। पीछे की खिड़की से किसी को पुकारो। शायद शकूर घर पर मिल जाये।" दद्दा ने नरगिस से कहा, जो माँ का चेहरा देख-देखकर रो रही थी। दद्दा की बात सुनकर वह भागी।

"शकूर चचा...शकूर च...चा!" नरगिस की भर्रायी आवाज़ गूँजी।

"क्या है बन्नो?" शकूर चचा शेव बनाते हुए सामने आये।

"भैया आज फिर सारे खपरैल आँगन में फेंक रहे हैं!" नरगिस ने रोते हुए कहा।

"आ रहा हूँ।" कहकर शकूर कमरे में लपके।

खपरैल के टूटने की आवाज़ के साथ एक और आवाज़ उभर रही थी, "मैं बता दूँगा। गिन-गिनकर बदला लूँगा। मुझसे बचकर कोई नहीं भाग सकता है, मैं पूरी दुनिया जलाकर राख कर दूँगा!"

रेहान भाई को पीछे से पकड़कर शकूर चचा कमरे में ले आये थे। इस पकड़ा-धकड़ी में उनके हाथ-पैर कई जगह से ज़ख़्मी हुए थे। नरगिस को रेहान भाई की हालत देख-देखकर सुरैया आपा से नफ़रत हो गयी थी। वह अगर ऐसा न करती तो क्या भैया की ऐसी हालत बनती?

अम्मा को होश आ गया था। दद्दा उनको रूह-अफजा पिला रही हैं। अब्बा को शकूर चचा ने फोन कर दिया है। भैया कमरे में बन्द हैं। खिड़की से उसने झाँका। वह सुस्त, बेदम, फर्श पर पसीने से नहाये औंधे पड़े हुए हैं।

सात साल की नरगिस सब कुछ देख रही है। दद्दा सुरैया आपा को दुपट्टा फैलाकर कोस रही हैं। अम्मा उन्हें मना कर रही हैं। ऊपर नीम पर बैठी चील चीख़ रही है।

इन्हीं चीलों को रेहान भाई कितना परेशान करते थे। जिस दिन बाज़ार से वह गोश्त लाते, साथ में छीछड़े जरूर लाते थे। फिर आँगन के ऊँचे चबूतरे पर खड़े होकर छीछड़े उछालने का नाटक करते चीख़ते थे। अण्डे-बच्चे वाली चील चिलोरिया...।

एक बार खिसियायी चील उनकी उँगली को ज़ख़्मी कर गयी थी। कितना ख़ून निकला था। सुरैया आपा भी क्या चील है? भैया को पागल बना दिया। दद्दा कहती है, "नासपीटी, जहन्नुमी है। जाने कितने घर उजाड़ेगी हर्राफा!"

"नरगिस! इधर आओ!" अम्मा की कमजोरी में डूबी आवाज़ उभरी।

"आयी अम्मा!" नरगिस दौड़ी हुई आयी।

"मेरी तिलेदानी से ज़रा महीन वाली सुई निकाल लाना।"

नरगिस भागती हुई असबाब वाली कोठरी में घुसी। अन्दाज़े से तिलेदानी टीन के बक्स से उठायी और कोठरी से बाहर भागी। इस अँधेरी कोठरी से नरगिस को बड़ा डर लगता है। जाने अम्मा इसमें कैसे सामान रखती-उठाती हैं।

"जाकर ज़रा खलिकुन को तो बुला लाओ। कहना, नवाब दुल्हन की तबीयत ठीक नहीं है। दद्दा ने फौरन बुलाया है।"

नरगिस दरवाज़े की तरफ़ बढ़ी।

"बेकार आप परेशान हो रही हैं, मैं ठीक हूँ।" अम्मा ने रेहान भाई की बुशर्ट उठाते हुए कहा।

"मेरे जीते-जी सारे चोंचलें हैं। मर गयी तो कौन आयेगा यहाँ पर?" दद्दा ने कहा और मरतबान से कुछ मेवे, जड़ी-बूटी जैसी चीज़ें निकालकर पुड़िया बाँधने लगीं।

गली में सन्नाटा था। हिन्दू-मुसलमान फसाद हुए अभी दो ही दिन गुज़रे थे। मगर अम्मा के लिए दो युग। खपरैल पर बैठकर रेहान के जो मुँह में आता, बकता था। माँ-बाप को शर्मिन्दगी के सिवाय कुछ हाथ नहीं आ रहा था।

"मारो सारे हिन्दुओं को, गते दबा दो इनके! साले। कहते हैं कि तुम पाकिस्तानी हो। जाकर पूछो इनसे, तुम्हारे बाप-दादा कहाँ हैं? मेरे बाप-दादा इसी धरती के

आगोश में गढ़े हैं। सबूत चाहिए तो जाकर देखो हमारे कब्रिस्तान, सबके सब मौजूद हैं वहाँ खुद गद्दार हैं और हम पर इल्जाम लगाते हैं...। नौकरी न देने का अच्छा बहाना ढूँढ़ा है! आख़िर कहें भी क्या? मारो सब कातिलों को! मारो, खून की नदियाँ बहा दो मार-मारकर!"

सबको पता था, रेहान के दिमाग़ पर असर है। पेट्रोलिंग पुलिस के सिपाही भी हँसते गुज़र जाते थे। कुछ 'पागल है' कहकर थूकते और कुछ सिपाही जाने क्या सोचकर सिर हिलाते, जैसे वह सब समझ रहे हों।

शकूर कई बार नीचे से समझा चुका था, मगर कौन समझता है। पूरा मोहल्ला हिन्दुओं का है, सिर्फ तीन-चार घर मुसलमानों के हैं। गली के पार सारा-का-सारा मुहल्ला मुसलमानों का है। बात यहीं नहीं रुकी। जब कर्फ्यू ख़त्म हुआ तो जान-बूझकर रेहान शेरवानी पहनकर निकला।

"देखें किस माई के लाल में ताक़त है मुझे छूने की!"

दद्दा ने सिर पीट लिया, "यह हमें रुस्वा कराके रहेगा। भुस में चिनगी डाल रहा है। आग न लगती होगी तो लग जायेगी।"

दोपहर में वर्मा जी की पत्नी अम्मा से कह गयी थीं, "बहिन जी! परेशान न हों। हम रेहान को हमेशा से जानते हैं, अपना लड़का है। उसकी बातों को सब समझ रहे हैं। आप चिन्ता न करें।"

इस तरह से कई पड़ोसिनें अम्मा के शर्मिन्दा सरापे को सहारा देकर और दद्दा के हाथों का पान खाकर चली गयी थीं। अम्मा सुता मुँह लिये बैठी रहीं। क्या कहतीं?

रेहान ने फर्स्ट क्लास में एम.ए. पास किया था। पाँच साल से नौकरी की तलाश थी। पीएच.डी. से मन उचटा हुआ था। सुरैया से उसकी दोस्ती बी.ए. में हुई थी। दोस्ती इश्क में बदली और फिर शादी के वायदे में, मगर जब घर वालों को पता चला तब उन्होंने सुरैया से साफ़ कह दिया कि सैयद की लड़की शेखों में नहीं जायेगी। खानदान भी छोटा, औसत लोग हैं, फिर दो वर्ष से बेकार लड़का। लड़की का गला न घोंट दें, ऐसे घर में शादी करने से।

बहुत दिनों तक यह बात रेहान से छुपी रही, मगर जब सुरैया की मँगनी होने की बात उसके कान में पहुँची तब उसे यकायक यकीन ही नहीं आया। परसों ही तो सुरैया से उसकी मुलाक़ात हुई थी। उसने ज़रा भी जो इशारा किया हो। अपनी बेबसी पर वह बेकरार हो उठा।

सुरैया के घर तो जा नहीं सकता था। घुटता रहा। वायदे के मुताबिक सुरैया जुमे के दिन आयी भी नहीं।

बेकारी, इश्क में नाकामी और बेवफाई ने रेहान को दीवाना बना दिया। दद्दा का ख़याल था कि सुरैया की फुफ्फी ने रेहान पर जादू-टोना किया है। वह बहुत जल्लाद दिल की औरत है। उसने अपनी सौत के गुप्त अंगों को जलते चिमटे से दागा था। ऐसे बुरे लोगों के बीच में रेहान जाकर फँस गया। जितना रेहान को सुरैया से नफ़रत दिलायी जाती, उतना ही वह उसके लिए अधिक व्याकुल होता गया।

फसाद फिर हो गया। शहर में तनाव बढ़ गया। पुलिस हरकत में आ गयी और रेहान बेकरार। ऊपर छप्परों पर बैठा फिर औल-फौल बकने लगा। आज उसे नौकरी मिल जाती तो क्या सुरैया की शादी की तारीख तय हो पाती? नारायण जी का जुमला नश्तर चुभो रहा था, "रहते हैं हिन्दुस्तान में, मगर सपने देखते हैं पाकिस्तान के!" दिल चाहा, पटख-पटखकर नारायण को मारकर पूछे, मन्दिरों की मूर्तियाँ डॉलर और पाउंड के लालच में कौन बेचता है? उसकी बातों की हकीकत को कोई समझना नहीं चाहता है। सब उसे पागल, दीवाना कहते हैं। कोई नहीं पकड़ता इन गद्दारों को जो शराफत का लिबास पहनकर दूसरों पर कीचड़ उछालते हैं। उसका ख़ून फिर गर्म होने लगा। सुरैया की छत पर उसके कपड़े फैलाकर बुआ नीचे गयी है। धानी दुपट्टा हवा में लहरा रहा है। छींटदार शलवार और कमीज हवा में फड़फड़ा रही है।

"मारो कातिलों को, मारो मेरे कातिल को। सब नामर्द अन्दर बैठे हैं। कोई नहीं बाहर निकलता है। यह मेरा वतन है, मेरा वतन। देखता हूँ कौन मुझे जीने से रोकता है? हिम्मत है तो आओ, निकलो। एक-एक का सिर फोड़ डालूँगा!" कहकर उसने खपरैल फेंकने आरम्भ कर दिये। गनीमत यह थी कि दो घण्टे के लिए कर्फ्यू हटा था।

शकूर चचा गुस्से से काँपते हुए ऊपर चढ़े। बिना कुछ कहे दो जोरदार चाँटे रेहान के मुँह पर जड़े और पीठ पर दो घूँसे, "बदतमीज! बेअदब! जो मुँह में आता है, बकता चला जा रहा है!" धक्का देकर नीचे आँगन में रेहान को गिराया और लात-घूँसों की बारिश कर दी।

"सुरैया सिर पर सवार है! हिम्मत है, तो उसके बाप को गालियाँ दो। उससे डरता है। डरपोक!" शकूर चचा रेहान भाई को मार-कूटकर दद्दा के पास आकर बैठ गये। उनके चेहरे से दुख और ग्लानि टपक रही थी।

"मोहल्ले में इसकी बेहूदगी की वजह से नज़रें चुरानी पड़ती हैं। कम्बख्त ने कहीं का नहीं रखा।" अभी शकूर कुछ और कहते कि बम के धमाके से वे चौंक पड़े। लपककर बाहर भागे।

आँगन में रेहान भाई औंधे पड़े थे। मुँह से राल बहकर आँगन की मिट्टी भिगो रही थी। नरगिस का दिल भैया के सिर से मिट्टी झाड़ने का चाहा रहा था, मगर सबके फूले मुँह देखकर वह सहमी बैठी रही।

ऊपर नीले आसमान पर बेशुमार चीलें पंख फैलाये ऊँची उड़ान भर रही थीं। बाहर ख़ामोशी छा गयी। कर्फ्यू शुरू हो गया था। शकूर चचा ने खिड़की से पुकारकर कहा, "अम्मा! कल्लन मियाँ चल बसे। अफजल के बनाये बम फट गये। पुलिस उनके घर में है। कल्लन मियाँ की बीवी भी ज़ख़्मी हुई हैं और अफजल, उसकी बोटियाँ छत की बल्लियों से लटक रही हैं!"

"हाय...कैसा बुरा जमाना लगा है।" दद्दा इतना कहकर रह गयीं। नरगिस की आसमान पर टिकी आँखें ख़ौफ़जदा हो गयीं। कहीं भैया को मरा समझकर चीलें उनसे बदला लेने न आ जायें? इस ख़याल के आते ही नरगिस भागी और रेहान भैया की चौड़ी पीठ से लिपट गयी।

रात अँधेरी थी। शहर ख़ामोश। धड़कते भयभीत दिल, भारी बूटों और लाठियों की ठक-ठक को सुनते-सुनते सो गये थे। रेहान चुपचाप छप्पर पर बैठा दूर तक फैली खाली सड़क पर नजरें गाड़े जाने क्या देखने की कोशिश कर रहा था।

रेहान के मन में आज सुरैया के लिए नफ़रत-ही-नफ़रत उफन रही थी। सुरैया का विवाह पाकिस्तान में किसी बड़े आफ़िसर से हो रहा था। इसीलिए वह चुप रही थी कि शादी के बाद सरहद के पार निकल जायेगी। सरहद के इस पार किसी के दिल पर कौन-सी बिजली गिरेगी, वह इन सारे अहसासों से पूरी तरह से आज़ाद होगी।

घण्टाघर ने बारह बजाये। रात की ख़ामोशी फट गयी। रेहान ने आसमान पर नज़र डालीं, तारे छिटके थे। वह व्याकुल हो उठा। खड़े होकर उसने चारों तरफ़ देखा। पीली मलगिजी रोशनी में गलियाँ बन्द दरवाजों से लिपटी सिसक रही थीं। मन में बवण्डर उठा। छप्पर-छप्पर आगे बढ़ने लगा। गर्मी के दिन थे। लोग अपने आँगनों में लेटे सो रहे थे। सुरैया का पक्का ऊँचा मकान पल-पल उसके समीप होता जा रहा था। काश! एक बार उस बेवफा से मुलाक़ात हो जाती तो बताता कि नफ़रत में

भी उतनी ही शिद्दत होती है, जितनी इश्क में। अपने अलफाजों से आग लगा दूँगा उसके ख़ामोश सरापे में, सारी उम्र अंगारों पर लोटती रहेगी।

नीचे आँगन में कोई भयभीत आवाज उभरी, "कौन है? कौन है?"

"क्या हुआ?" नीचे आँगन में घर वाले जाग गये थे और एक-दूसरे से पूछ रहे थे। रेहान चौंक पड़ा। जाने किसका घर है? वह दबे पाँव घर की तरफ़ लौटने लगा।

"कुछ नहीं, बिल्ली होगी, तुम सो जाओ।" आँगन से आवाज़ उभरी। फिर ख़ामोशी छा गयी।

लौटते हुए उसके कानों में उन्हीं घरों में से एक से दबी-दबी महीन आवाज पहुँची, 'बचाओ! बचाओ!' बढ़ते कदम रुक गये। ठीक उसी के पैरों के नीचे कुछ घट रहा है। तड़पकर वह उस घर के आँगन में कूदा और तेजी से दालान की तरफ़ बढ़ा। आवाज़ कमरे से बुलन्द हो रही थी। पैर की ठोकर दरवाज़े पर मारी। दरवाज़ा भिड़ा हुआ था। दोनों पट भड़-से खुल गये।

एक लड़की को पकड़े दो लड़के खड़े थे और वह उनसे अपने को छुड़ा रही थी। पास ही सूखा-सा लड़का बैठा बीड़ी पी रहा था।

"क्या बात है?" रेहान की आवाज से वे चौंककर उछले और फिर उग्रता से आगे बढ़े।

"पहचाना नहीं? अपना पार्टनर है यार! रेहान है रेहान!" एक ने हँसते हुए कहा।

"वह दीवाना रेहान?" दूसरे ने हैरत से पूछा।

"यह कौन है?" रेहान के अन्दर घुसते हुए पूछा।

"दिखता नहीं है क्या? लड़की है और कौन है?" एक लड़के ने हँसकर कहा।

"सुझाई तो तुम्हें कुछ नहीं दे रहा है दरिन्दे!" इतना कहकर रेहान ने उसके मुँह पर घूँसा मारा। ख़ून का फव्वारा छूटा और सामने के दाँत उछलकर दूर जा गिरे।

लड़की हिन्दू थी और कमसिन भी। कर्फ्यू लगने की आपा-धापी में ये लोग उसे उठा लाये थे। भीड़-भड़क्के में किसी को पता भी न चला, कौन किधर जा रहा है। सबको इतने कम वक़्त में सामान ख़रीदना, मिलना-जुलना रहता था कि बौखलाये लोग यह समझ नहीं पाते थे कि उनके आसपास क्या घट रहा है।

घृणा की आग में वासना की लकड़ी दहक उठी थी। दोनों लड़के पगलाये हुए थे। इतनी मुश्किल व कोशिशों से वह बहला-फुसलाकर लड़की लाये थे। रेहान सारा मजा किरकिरा कर रहा है।

"तुमको बड़ी हमदर्दी हो गयी है इस हिन्दू लौंडिया से?" दादा टाइप दूसरे लड़के ने गर्दन से रूमाल निकालकर पैर पर मारते हुए बड़ी शाने बेनयाजी से कहा, जिसमें भिड़ने की चुनौती थी।

"बहुत...!" रेहान ने कूल्हों पर अपने बड़े-बड़े हाथ रखते हुए कहा।

"सारे दिन साला दीवाना बना हिन्दुओं की माँ-बहन तौलता है और अब रात के अँधेरे में हिन्दू लौंडियों की वकालत करने निकला है!" उस मरियल-से लड़के ने बीड़ी हाथ से फेंकते हुए कहा।

"इस वक़्त मेरे तन-बदन में उतनी ही आग लगी है जितनी तुम्हारी बहन को किसी हिन्दू के घर में इस हालत में देखकर लगती।" रेहान ने सीना तानकर गर्दन ऊपर उठायी।

"यार, मज़ाक़ मत करो! तुम्हारा भी हिस्सा होगा, समझे!" दादा टाइप लड़के ने पैंतरा बदलते हुए रेहान को आँख मारते हुए कहा।

"फिर निकाला मुँह से यह अल्फाज तो..." काँपता हुआ रेहान का हाथ उठा।

"हिन्दू लौंडिया के लिए मुसलमान भाई पर हाथ उठाओगे?" उसी लड़के ने आस्तीन चढ़ायी।

"कोई अपनी जगह से हिला तो मार-मारकर भूसा भर दूँगा!" रेहान ने धीरे-धीरे लड़की की तरफ़ बढ़ते हुए लड़कों को धमकाया।

"हमारे घर कौन जला रहा है? हमारी माँ-बहन को कौन ख़राब कर रहा है? हम या वह?" ख़ून आस्तीन से पोंछता हुआ पहला लड़का बोल उठा।

"इस पर दूसरा पागलपन का दौरा पड़ा है।" मरियल लड़के ने धीरे-से कहा।

"मेरे जीते-जी इस मोहल्ले में किसी जालिम औरंगजेब की पैदाइश नहीं हो सकती। तारीख दोबारा मेरे सामने नहीं दोहराई जायेगी वरना...।" रेहान ने लाल आँखें तरेरीं। लड़की को आगे बढ़कर कन्धे के पास से सहारा दिया।

"उसे यहीं छोड़ दो वरना हम तीन हैं।"

"मैं एक ही काफी हूँ तुम सबको सँभालने के लिए। हाथ-पैर मरोड़कर फेंक दूँगा! सुलझाते रह जाओगे!" रेहान ने मरियल-से लड़के को एक लात घुमाकर मारी और दूसरों की घूँसों से ख़ातिर की। लड़की से कहा कि बाहर खड़ी हो जाये।

मार-कूटकर उसने तीनों लड़कों को कमरे में बन्द किया और लड़की को लेकर कच्ची दीवार पर चढ़ा। फिर लड़की को दोनों हाथों से ऊपर उठाया। नरगिस से दो-तीन साल ही बड़ी होगी। छप्पर पर बिठाकर धीरे-से बोला–

"तुम्हारे पिताजी का नाम?"

"रामखिलावन।" लड़की ने काँपते हुए कहा।

"नुक्कड़वाली पंचूरिया की दुकान?"

"हाँ, वह हमारे बापू की है।" लड़की ने उत्साहित होकर कहा।

"अच्छा! अब इस भयानक माहौल में तुम्हें घर तक कैसे पहुँचाऊँ?"

"हमार चचा पुलिस में सिपइया हैं।" लड़की ने भोलेपन से कहा।

"होंगे।" लापरवाही से रेहान ने कहा। उसके दिमाग़ में एक ही बात थी कि लड़की की बदनामी न हो। सामने एक ही रास्ता है। छप्पर-छप्पर चलता उधर जाये, मगर यह लड़की...?

"तुम चल पाओगी छप्पर पर बिना शोर किये।" रेहान ने पूछा।

"काहे नाहीं!" लड़की उसी उत्साह से बोली।

घण्टाघर से तीन का गजर गूँजा।

"चलो।" रेहान उठा।

"मगर भैया! बीच में गली पड़िये, ओका कैसे लाँघब?"

"चलो उठो तो!" रेहान ने लड़की के सिर पर चपत मारी।

ख़ामोश क़दम छप्परों पर उठ रहे थे। खपरैल के बीच में रास्ता बनाते हुए। काम जोखिम का था। तैश में भी रेहान को लड़की की बदनामी का डर लगा हुआ था। नीचे गलियों में गश्त करती पुलिस भी ऊँघ रही थी।

लड़की को उसके घर की छत पर चढ़ाकर रेहान जब लौटने लगा तब सुबह का उजाला फैलने वाला था। सामने सुरैया का मकान गर्दन ऊँची किये खड़ा था। रेहान ने नफ़रत से मुँह फेर लिया।

दावतनामा अम्मा की पलंग पर पड़ा था। सुनहरे हर्फों से सुरैया और एमतेयाज का नाम लिखा हुआ था। परसों सुरैया की शादी थी। नायन ने बताया कि चौथी के दूसरे दिन सुरैया पाकिस्तान चली जायेगी।

नायन के जाने के बाद अम्मा चुपचाप हाथ में पकड़े कपड़े की बखिया उधेड़ती रहीं, मगर दद्दा ने कोसना शुरू कर दिया। नरगिस को एक ही बात समझ में नहीं आ रही थी कि हर एक से भिड़ने वाले निडर रेहान भैया सुरैया आपा से क्यों डरकर बैठ गये? उनका सारा जुल्म सह रहे हैं, जबकि हमेशा ख़ुद कहते थे, "अम्मा! जुल्म सहने वाला जालिम के हाथ और मजबूत करता है।" तो क्या रेहान भाई की खामोशी सुरैया आपा के हाथ और मजबूत कर देगी? बहुत बड़े और भारी हो जायेंगे उनके हाथ क्या?

"उस हुराफा के सीने में मर्द का दिल है, इस निगोड़े के सीने में लड़की का दिल है। उल्टी गंगा बह रही है।" दद्दा सुरमेदानी में सुरमा भरती हुई बोलीं।

पलंग पर सोये रेहान भाई के पास दबे पाँव नरगिस पहुँची। धीरे-धीरे उनके बाजुओं पर हाथ फेरा। मछलियों की सख़्ती का अन्दाज़ा लगाया। पत्थर-है-पत्थर, नरगिस ने सोचा। मुड़कर सामने गयी, ताकि चेहरे का मुआयना करे। गाल अब भी लाल हैं। बीमार कमजोर होते तो चेहरा पीला होता। मुँह पर बैठी मक्खी हँकाते हुए नरगिस को इतमीनान हुआ।

"क्या है, भाई के क्यों चक्कर लगा रही है? सोने दे उसे।" दद्दा ने नरगिस को झिड़का।

आँगन में चबूतरे पर बैठकर नरगिस चुपचाप ऊपर आसमान को ताकने लगी। नीले आसमान पर पंख फैलाये चीलें उड़ रही थीं।

"होली जल रही है क्या?" हँसते हुए किसी का जुमला उछला।

"हाँ, खयाल और परवाज की होली नहीं, बल्कि चिता कहें।" रेहान ने काग़ज़ के ढेरों से लपकते शोलों को देखकर कहा।

"किसके ख़याल और परवाज की चिता है?" सड़क से गुज़रते हुए किसी ने पूछा।

"इंकबाल! शायरे अजीम, जिसने पाकिस्तान बनने का ख्वाब देखा था!" रेहान ने किताब के और पन्ने फाड़े और ढेर पर डाले। शोले लपके।

"अरे-अरे रेहान! यार, तुम वाकई पागल हो गये हो? क्या इसीलिए सुबह-सुबह इंकबाल का दीवान माँगने आये थे?" परेशान-सा परवेज कह उठा।

"सब घरों से इंकबाल को बटोर लाया हूँ।" रेहान ने शोलों को ताकते हुए कहा।

"मगर क्यों?" परवेज ने पूछा।

"जो शायर दिलों को काटने की बात करते हैं, इन्सानी रिश्तों को तोड़ने की बात करते हैं, उनका अदब कोयला है जिसे छू कर हाथ काले होते हैं और दिमाग़ तारीक़। समझे मियाँ परवेज!" रेहान ने वहीं गली में उकड़ूँ बैठते हुए कहा।

"खुद इंकबाल आये थे कहने तुमसे क्या?" सलीम ने उसे झिंझोड़ा। गली में चारों तरफ इंकबाल के शेर काला काग़ज़ बनकर उड़ रहे थे।

"नहीं! मगर जो कहते हैं और समझते हैं वह यह जान लें कि ऐसे इल्जाम के कटघरे में खड़ा करके कोई उस शायर की शख्सियत के परखचे भी उड़ा सकता है।" रेहान ने गोद में रखे काग़ज़ उसमें फेंके।

"कौन उड़ा सकता है सिवाय जनाब रेहान, दीवाने नम्बर वन के! इतने अहमक होंगे यार, मुझे मालूम न था? निरे पागल ही हो उठे हो क्या?" असलम ने गम और ग़ुस्से से कहा।

"सुरैया का गम इंकबाल को जलाकर कम हो जायेगा क्या?" परवेज ने धीरे-से कहा।

"कौन सुरैया?" रेहान ने हँसकर पूछा।

"तुम्हारी महबूबा और कौन?" असलम जलकर बोला।

"दीवाने हो क्या? मेरी महबूबा मेरे दिल के दायरे में होती। किस कम्बख्त का नाम ले रहे हो, जो अपनी सरहद का आर-पार भी नहीं समझती है अहमक!" रेहान ने क़हक़हा लगाते हुए कहा।

"अंग्रेजों ने हमें फसाद की शक्ल में पाकिस्तान तोहफे में दिया है और हम इस ज़ख़्म को जब तक जीयेंगे, पालते रहेंगे करें भी क्या? कर ही कुछ नहीं सकते हैं। अपाहिज जो ठहरे...।" रेहान ने बुझते, अधजले काग़ज़ों को डंडी से हिलाया। पूरी गली में जले छोटे-बड़े काग़ज़ के टुकड़े उड़ रहे थे।

"मेरे गम को सुरैया की सरहदों में क़ैद कर तुम सब हकीकत से फरारी चाहते थे।" रेहान ने हँसते हुए कहा।

जेब से सुनहरी डिबिया निकालकर बची राख उसमें अहतियात से भरी और डिबिया बन्द करके दोबारा जेब में रख ली।

"मगर दोस्त! यह फरारी कब तक? कहीं पर जाकर बन्द गली में सिर फूटेगा ही, तब इस दीवाने को याद कर लेना।" रेहान ने कहा और घर की तरफ़ चल पड़ा।

आलम और परवेज के साथ खड़े दूसरों ने नाउम्मीदी से सिर हिलाया, जैसे कह रहे हों "अब इसका ठीक होना नामुमकिन है...। बेचारा!"

राख से भरी डिबिया शादी के दिन सुरैया को भेजकर रेहान के दिल को करार आ गया था।

दद्दा को जितना डर था, वह सब धरा-का-धरा रह गया। पूरे दो दिन ऐसा घोड़ा बेचकर रेहान सोया जैसे उसी के घर से लड़की की डोली उठी है।

गली में कुछ लड़के अवश्य दुकानदारों से पूछ रहे थे कि क्या बात है, वह दीवाना रेहान नज़र नहीं आ रहा है?

दुकानदार चुप हो जाते। सबको रेहान से प्यार था। रामखिलावन तो जैसे रेहान के हाथों बिक ही गया था। सरस्वती वाली बात क्या भूलने वाली है?

घर में सबने ख़ुदा का शुक्र अदा किया कि यह ख़तरे के दिन ख़ैर और आफियत से टल गये। शकूर भी मुतमईन से शाम को बैडमिंटन खेलने जाने लगे।

दो दिन से रेहान का पता न था, घर नहीं लौटा था। जाता भी कहाँ था? या तो छप्पर पर बैठा चीख़ता-चिल्लाता रहता था या फिर गली में इधर-उधर घूमता-फिरता और फिर घर लौटकर चुपचाप पलंग पर पड़ जाता था।

शकूर चचा थककर दद्दा के पास आकर बैठ गये।

"अम्मा! तमाम ढूँढ़ लिया, अस्पताल, नदी, कुँआ...उस रेहान के बच्चे का कहीं पता नहीं है।"

"अपने हिफजा मान में रखना परवरदिगार!" दद्दा ने कहा।

"अजीब-अजीब उन्हें शौक हुए हैं। कुछ दिन पहले रामखिलावन के घर से हाथ में राखी बँधवाये, माथे पर टीका लगवाये निकल रहे थे। अभी भी किसी डिसूज या गुरमीतसिंह के यहाँ पड़े होंगे सेकुलर इंडिया का जाम पिये! हम यहाँ खूने-जिगर पीयें, उनकी बला से!" शकूर चचा ने ग़ुस्से से उबलते हुए कहा। परसों उनका मैच है। प्रेक्टिस पर जा नहीं पा रहे हैं। उनकी बीवी रजिया भी मायके गयी हुई हैं। वहाँ उनके भाई की तबीयत ख़राब है। उनकी कभी की झुँझलाहट भी इस ग़ुस्से में मौजूद थी।

अम्मा चुपचाप काम में लगी थीं। रेहान भाई के मामले में उनकी कोई राय नहीं रहती है।

घर में हंगामा है। अम्मा की लम्बी ख़ामोशी उनकी अपनी चीख़ों से छनाकेदार आवाज़ के साथ टूटी है। शीशे-ही-शीशे बिखर रहे हैं। चीख़ें हैं कि रुकने का नाम नहीं ले रही हैं। शकूर चचा घुटनों के बल रेहान भाई की लाश के पास बैठे हैं। अब्बा दीवार से सिर टिकाये ख़ामोश खड़े हैं। दद्दा का हाल बुरा है। किसे-कौन सँभाले?

दो हफ़्ते बाद रेहान भाई की लाश नैनी के पास नाबदान से निकली है। बदन पर ढेरों चाकू के निशान हैं। ज़ख्मों से बदबू फूट रही है और पेट की अंतड़ियों में कीड़े रेंग रहे हैं!

घर में पूरा मोहल्ला उमड़ा है। सरस्वती और रामखिलावन का रोना तो रुक ही नहीं रहा। नरगिस सरस्वती की लाल आँखें देखकर सोचती है, अगर सुरैया आपा यहाँ होती तो क्या वह रोती? अगर सुरैया आपा यहाँ होती तो भैया मरते ही क्यों?

भीड़ में तीन लड़कों के बारे में कानाफूसी चल रही है। कुछ लोगों को उन्हीं पर शक है। कौन होंगे वह तीन लड़के? नरगिस सोचते-सोचते थक जाती है। परवेज

भाई, असलम भाई, शाहिद भाई तीनों तो भैया के पास बैठे रो रहे हैं। यह भैया को क्यों मारेंगे?

आधे आँगन में धूप भर गयी थी। भीड़ छँटने लगी थी। नरगिस अपने को बहुत तन्हा महसूस कर रही थी। उठकर चबूतरे पर उकड़ूँ बैठ गयी और आसमान की ओर ताकने लगी। नीले आसमान पर चीलें डैने फैलाये उड़ रही थीं। कहीं दूर से आवाज़ उभरी-अण्डे-बच्चे वाली चील चिलोरिया!

घबराकर नरगिस ने भैया को देखा। आज तो भैया सचमुच मर गये...कहीं चील...? वह तेजी से भैया से लिपटने भागी। आधी राह में ही दादी ने उसे पकड़ लिया, "कहाँ चली?"

नरगिस ने घबराकर दद्दा को देखा। उसे यह बात समझ में नहीं आ रही थी कि बदला भैया से चीलों को लेना था मगर यह कीड़े कहाँ से आ गये! भैया तो चींटियों, कीड़े-मकोड़ों को काग़ज़ से उठाकर घर में किनारे जाकर फेंकते थे कि कहीं किसी के पैर के नीचे दबकर मर न जायें। फिर यह सब कीड़े भैया के बदन को क्यों काट रहे हैं?

दद्दा ने उसे सीने से लिपटा लिया। सफ़ेद मलमल की जंपर से उठती ख़ुशबू में उसे भैया की महक आती लगी। दद्दा की आवाज दूर आती सुनाई पड़ी, "सुरैया का गम इसे घुन की तरह चाट गया।" घुन तो गेहूँ में लगता है, खलिकुन गेहूँ पछोड़ते हुए शिकायत करती थी। नरगिस को याद आया घुन का चाटा खोखला गेहूँ का दाना। दद्दा के सीने से मुँह हटाकर उसने भैया की तरफ देखा, "तो क्या सुरैया आपा घुन थीं?"

पंकज मित्र

पंकज मित्र का जन्म 15 जनवरी, 1965 को राँची, झारखण्ड में हुआ। उन्होंने भागलपुर विश्वविद्यालय से एम.ए. किया और विनोबा भावे विश्वविद्यालय से अंग्रेज़ी साहित्य में पी-एच.डी. की है। उनकी प्रकाशित कृतियाँ हैं—'क्विज मास्टर', 'हुडुक-लुल्लू', 'ज़िद्दी रेडियो', 'बाशिन्दा', 'तीसरी दुनिया' (कथा-संग्रह)। उन्हें इंडिया टुडे के 'युवा लेखन पुरस्कार', भारतीय भाषा परिषद् के 'युवा सम्मान', 'मीरा स्मृति सम्मान', 'वनमाली कथा सम्मान', 'रेवान्त मुक्तिबोध सम्मान', 'जयशंकर प्रसाद सम्मान', 'बनारसी प्रसाद भोजपुरी सम्मान' और 'कथाक्रम सम्मान' से सम्मानित किया जा चुका है।

बाशिन्दा यह तीन मित्रों की कहानी है, जिनका जीवन, शिक्षा और परिवार के प्रति दृष्टिकोण अलग-अलग है। आत्मप्रकाश झा, जिसे सभी मित्र करेला झा कहकर सम्बोधित करते हैं। करेला झा का रहन-सहन, खान-पान, विचार, आचरण आदि अजीबो-ग़रीब था, इसलिए सभी को करेला झा दूसरी दुनिया का बाशिन्दा लगता था। आत्मप्रकाश झा का नाम करेला झा कैसे पड़ा, इसके बारे में कहानीकार कहता है, "उसका टिफिन देखकर तो हमें उल्टी आ जाती थी। हर दिन वही रोटी और करेले की भुजिया, जिसकी पौष्टिकता एवं रोग विनाशी गुणों के बारे में बाकायदा हमें समझाने की भी कोशिश करता था। उसी करेला खाने की प्रतिभा से पूरे क्लास को चमत्कृत कर दिया था—एक दिन जब एक कच्चे करेले को बिना एक बार भी मुँह बिचकाये कचर-कचर कर खा गया था वह। हमें तो सोचकर ही उल्टी आ रही थी। ऐसी विकट प्रतिभा के कारण ही हमने उसे 'करेला झा' बुलाना शुरू कर दिया।" करेला झा और उसके मित्र नौकरी के बाद बिछड़ जाते हैं और कहीं वर्षों के बाद झूलन का आता-पता फेसबुक पर ढूँढ़ते समय करेला झा के फ़ोटो पर नज़र पड़ती है और झूलन के साथ करेला झा के घर पर वे जाते हैं। वहाँ करेला झा का परिवार सब कुछ होने के बावजूद अभावग्रस्त जीवन जीने को मजबूर है।

करेला अपनी सारी कमाई बचाकर एफ.डी. करता है और बदहालीपूर्ण जीवन जीता है। पैसे बचाने के चक्कर में भोजन भी नहीं करता था। करेला झा के बीवी-बच्चों की न तो कोई इच्छा पूरी होती, न पिताजी का इलाज ठीक से होता, न घूमने के लिए गाड़ी थी और जो भी खटारा थी, वह भी भाई से मुफ्त में मिली थी और न ही ठीक से कपड़े पहनता। करेला झा केवल पैसे बचाने के लिए जीता था। उसके और परिवार की दयनीय हालत देखकर दोनों मित्र अचम्भित हो जाते हैं। करेला झा दोनों से मिलकर भावशून्य व्यवहार करता है और करेले तोड़ने के लिए बगीचे के तरफ़ निकल पड़ता है। भविष्य की चिन्ता में वर्तमान बर्बाद करने वाले लोगों पर करारा व्यंग्य करने वाली यह कहानी है।

बाशिन्दा

•

पंकज मित्र

वह जब हमारी क्लास में पहली बार आया था, तब उसे हमने किसी दूसरी दुनिया का बाशिन्दा समझा था। मतलब एलियन जैसा कुछ हमउम्र बच्चों में सबसे छोटा क़द, काला रंग (हालाँकि इससे हमें ऐतराज नहीं था, क्योंकि क्लास में कई बच्चों का रंग काला था, मगर उसका काला कुछ अलग था, चिक-चिक करता-सा, जैसे करैत साँप अचानक गुज़र गया हो आपके सामने से और बस ज़रा-सी झलक देख ली हो आपने) पर सबसे ज़्यादा ऐतराज जिस चीज़ से हमें था और जो सबसे ज़्यादा लुभावनी भी लगती थी, वह थी उसकी मोटी-सी चुटिया। उस ज़माने में भी, जबकि बच्चे कैसे-कैसे बालों का डिजाइन बनवाने लगे थे, उसमें वह उसकी चुटिया बड़ी आकर्षक लगती थी हमें। कभी कलम उठाने, कभी पैसे उठाने और कभी कॉपी लेने के बहाने हम उसकी चुटिया खींच लेते थे। पर उसने कभी प्रतिवाद नहीं किया–सिर्फ़ उँह! करता और मुलुर-मुलुर देखता था।

दूसरी दुनिया का बाशिन्दा होने की धारणा और पुख्ता तब हो गयी जब संस्कृत टीचर (जिन्हें वह गुरुजी कहता था) को संस्कृत के श्लोकों का सस्वर पाठ करके चमत्कृत कर दिया था और वह बोल पड़े थे–वाह बटुक! वाह! और हम लोगों की तरफ़ हिकारत से देखते हुए बोले–सीखो कुछ! इसे कहते हैं संस्कार! डेहंडल सब कहीं का! इस पर बटुक और उत्साहित हो गया और संस्कृत टीचर के पैरों को छूकर प्रणाम किया उसने। इस पर गुरुजी और गद्गद!–आह ह! शतं जीवेत! कहकर पूरे मन से आशीर्वाद दिया और हमारी ओर ज़हर बुझी नज़रों से देखा, जैसे कि वह हमेशा देखते ही रहते थे। उसी दिन से बटुक से (यह नाम नहीं था, उसका जबकि हम शुरू से यही समझते थे। नाम तो आत्मप्रकाश झा जैसा कुछ था पर हम 'करेला झा' बुलाते थे, जिसके लिए हमारे पास युक्तिसंगत कारण थे) हमारी स्थायी दुश्मनी हो गयी थी। वैसे यह दुश्मनी एकतरफ़ा ही थी, क्योंकि वह तो बस

निरीह भाव से मुस्कुराता रहता था। हम कुछ भी, कैसे भी बोलें बस वही मुस्कान और इससे हम और चिढ़ जाते थे। फुटबॉल खेलने के दौरान जो हमारे लिए दुश्मनी निकालने का एक बड़ा अवसर था। वैसे लड़कों से जिन्हें हम पीटना चाहते थे, हमें कभी मौक़ा नहीं मिला, क्योंकि वह खेलता ही नहीं था, बस मैदान के चारों ओर 'इवनिंग वॉक' जैसा कुछ करता रहता था। निशाना लगाकर उसकी तरफ़ मारे गये फुटबॉल से कभी चोट लग भी गयी, तो बस मुस्कुराकर बॉल हमारी तरफ़ फेंक देता था और फिर 'इवनिंग वॉक' करने लगता। हद तो तब हो जाती थी, जब कभी वह मेरे घर पहुँच जाता शाम को। मेरे पिता उस वक़्त घर में होते थे और हम पढ़ने की तैयारी (झूठमूठ ही) करते होते थे। मेरे पिता का प्रिय शगल था ट्रांसलेशन पूछना–तो बताओ तो बाबू–'मैं जाने को हूँ', का क्या होगा? हमारे सोचने-बोलने से पहले ही वह गोल-आँखें कर टप से बोल देता। 'देखो कितना अच्छा लड़का है एक तुम हो, ऐं-ऐं करते रह गये।' हम जलती नज़रों से उसको धमकाते मगर वह नज़रें झुकाये मुस्कुराता रहता। अब आप ही सोचिए ऐसे में गुस्सा भला किसे नहीं आयेगा।

उसका टिफिन देखकर तो हमें उल्टी आ जाती थी। हर दिन वही रोटी और करेले की भुजिया, जिसकी पौष्टिकता एवं रोगविनाशी गुणों के बारे में बाकायदा हमें समझाने की भी कोशिश करता था। उसी करेला खाने की प्रतिभा से पूरे क्लास को चमत्कृत कर दिया था–एक दिन जब एक कच्चे करेले को बिना एक बार भी मुँह बिचकाये कचर-कचर कर खा गया था वह। हमें तो सोचकर ही उल्टी आ रही थी। ऐसी विकट प्रतिभा के कारण ही हमने उसे 'करेला झा' बुलाना शुरू कर दिया। अब आप ही बताइए नाम का कारण युक्तिसंगत था या नहीं। तो करेला झा तीन भाइयों में बीचवाला था। बड़े और छोटे के नाम भी लम्बे-लम्बे थे। हमें याद नहीं रहते थे तो हम उन्हें बड़ा करेला और छोटा करेला कहते थे। तीनों लेकिन पढ़ाई-लिखाई में जिसे कहते हैं 'बिक्ख'। हम लोग पता करने की कोशिश करते थे, कब कैसे पढ़ते हैं, लेकिन ए.जी. कॉलोनी की दीवारें-खिड़कियाँ-दरवाज़े कुछ बताने को तैयार ही नहीं। करेला झा के पिता भी एजी ऑफिस में ही थे और हमारे पिताओं की बातचीत से पता चला था हमें कि 'बड़ा काबिल बनता है झाजीवा पूरा माहौल ख़राब कर दे रहा है। जादे हरिशचन्दर है तो बैठे घर में, एजी में क्या कर रहा है। आजकल सूखल तनखा में चलता है कहीं?' हमें लगा था कि शायद झा परिवार की प्रतिभा का स्रोत करेले में हो। एकाध बार कोशिश भी की परीक्षा के समय करेला-भक्षण की, मगर बेकार। लेकिन उस दिन भ्रम टूटा हमारा जब खिड़की से हमने झा परिवार की बातें सुनीं। करेला झा के पिता करेले के अनश्वर-अविनाशी-अविकारी गुणों के बारे में बता रहे थे, मगर बड़ा करेला और छोटा करेला इससे इत्तेफाक नहीं रख रहे थे,

'घर में होता है तो रोज़ खायेंगे?' दूसरी सब्ज़ियों के अवगुणों पर रोशनी डाल रहे थे कि गोभी वायुविकार देता है और आलू चर्बी बढ़ाता है, दिमाग़ को भोथर करता है वग़ैरह-वग़ैरह। मगर दोनों के प्रतिरोधी स्वर हवा में थे। नहीं था तो सिर्फ़ हमारे करेला झा का स्वर। उत्सुकतावश रसोईघर की खिड़की से हमने झाँका तो बरामदे पर हमारा करेला झा निर्विकार भाव से करेले की सब्जी के साथ चावल खा रहा था। उसी भुवन मोहिनी मुस्कान के साथ और बाहर किचन गार्डन में बहुत-सी करेले की लतरें हँस रही थीं ज़ोर-ज़ोर से। अद्भुत प्रतिभा वाले उसके पिता को साइकिल पर दफ़्तर जाते देख हम खिसक लिये थे। अद्भुत प्रतिभा इसलिए कि उसके पिता को बहुत सारे कामों में महारत हासिल था। जैसे कभी भी हमने उसके घर में टूथपेस्ट-ब्रश का इस्तेमाल होते नहीं देखा। नीम के दतुवनों का एक छोटा गट्ठर हमेशा पड़ा रहता। उसके यहाँ जो उसके पिता एकदम समान साइज में काटकर बनाते थे। नाई कभी नहीं आता था, वे लोग नाई के यहाँ भी नहीं जाते, सारे बच्चों के बाल उसके पिता ख़ुद सफ़ाई से काटते थे। कॉपी के बचे हुए पन्नों से एक सुन्दर कॉपी तैयार कर देना, डिग-डिग, ढब-ढब बोलने वाले खिलौने बना देना, जिसमें कोई प्लास्टिक या टीन का डब्बा, थोड़ी रस्सी और लकड़ी के टुकड़ों का इस्तेमाल होता था। बिना साबुन-क्रीम की ही दाढ़ी बना लेना, एक ही थान कपड़े से ख़ुद के एवं बच्चों के कपड़े बनवा लेना (सारे कपड़े अन्त में हमारे करेला झा के ही हिस्से में आते थे क्योंकि बड़े करेले और छोटे करेले की उम्र एवं क़द दोनों बढ़ जाते थे। बस हमारे करेले की सिर्फ़ उम्र बढ़ती थी)। पायजामा रूपान्तरित होकर झोले में बदल जाता था। पैकिंग बक्सों से बुकशेल्फ, पढ़ने की मेज़-कुर्सी बना लेना, सब उसके पिता कर लेते थे–खुद अपने हाथों से। साबुन वग़ैरह को फ़िज़ूलख़र्ची समझते हुए गंगा मिट्टी, जिसे वे मृत्तिका कहते थे, रगड़-रगड़कर ख़ूब नहाते थे। ए.जी. कॉलोनी में उन दिनों ख़ूब पानी आता था और निःशुल्क था। गंगा-मिट्टी (मृत्तिका) का एक बड़ा ढेर बग़ीचे के एक किनारे पड़ा रहता था, जिसमें समय-समय पर उसके पिता, घर मतलब अपने गाँव से लाकर ढेर की वृद्धि करते रहते। एक दिन अलसुबह कॉलोनी के सारे डेहंडल लड़कों की नींद अपने-अपने पिता की फटकार से खुली, जो पानी पी-पीकर कोस रहे थे अपने पुत्रों को 'सात बजे तक सोया रहेगा, तो का करेगा जिनगी में', 'सीखो झा जी के बेटा लोग से', 'बिना एक भी ट्यूशन के आईआईटी में निकल गया', 'यहाँ हर सब्जेक्ट का ट्यूशन...नालायक सब!' ओह हो! तो हमारे इस सामूहिक अपमान की जड़ में करेला झा का परिवार था। हर माँ-बाप के स्वप्नद्वीप का रास्ता जो ढूँढ़ लिया था बड़े करेले ने। करेला झा और छोटा करेला क्लासों में फर्स्ट करते हुए बढ़ते रहे और कॉलोनी में नालायकों

को डाँट सुनवाते रहे। यहाँ तक कि एक दिन छोटा करेला भी युगधर्म वाली नौकरी मतलब मैनेजमेंट की तरफ़ निकल लिया। इसके बाद से हमारा करेला झा थोड़ा कम मुस्कुराने लगा। बड़ा करेला एक कम्पनी में बड़े पद पर पहुँच गया और छोटा करेला भी विदेशमुखी हुआ पर हमारा करेला हमारे साथ रहा और इसका हमें घोर आश्चर्य भी था। बैंकिग, यूपीएससी, बीपीएससी, एसएससी तरह-तरह के ठीहे थे, हमारी गर्दन कई बार कट चुकी थी। वह एजी मोड़ की चाय दुकान पर चाय-सिगरेट के दिन थे और ज्योतिषियों के यहाँ सलाह लेने के। ऐसी ही एक निकम्मी दोपहरी को हमारे करेला ने कहा, "जानते हो, मेरी कुण्डली में केमद्रुम योग है।" "अच्छा! क्या होता है इससे?"–प्रश्न कुण्डली थी मण्डली की, "सब कुछ रहते हुए भी आदमी ख़ूब सफल नहीं होता।" हमने सामूहिक रूप से मान लिया हम सबकी कुण्डली में भी केमद्रुम योग ज़रूर होगा। सिर्फ़ झूलन नहीं माना। उसने कहा, "तुम्हारा तो आलरेडी करेलाद्रुम योग है ही।" पाँचू की चाय-सिगरेट फिर उधार में पी गयी। वह भी हमारे आश्वासन पर यकीन करता था कि नौकरी लगते ही दस गुना चुकाया जायेगा। वैसे कभी-कभी हाथ आने पर कुछ दे भी दिया जाता था। ऐसा कोई कमिटमेंट न तो हमारे करेला ने किया था, न उसके हाथ में कुछ रहता था जो देता। अलिखित समझौता यह भी था कि वह हमारे पिताओं को हमारी चाय-सिगरेट के बारे में नहीं बतायेगा और हम भी एजी के किसी कर्मचारी को उसके संध्याकालीन गाँजे के धन्धे के बारे में नहीं बतायेंगे। करेला ख़ूब सुड़क-सुड़क कर पूरे चालीस मिनट में एक गिलासिया चाय पीता। जैसे पूरा रस चूस ले रहा हो और हम जब नौकरियों में ख़ूब पैसे कमाने की बात करते, तब वह हमें प्रवचन देता, "पैसे की आवश्यकता आदमी को एक सीमा तक ही पड़ती है। यह सिर्फ़ एक मानसिक आवश्यकता है। असल चीज़ है आत्मा का उन्नयन।" अपने भाइयों का उदाहरण देता–"बड़े भैया को देखो, देसी कारपोरेट की नौकरी कर रहे हैं। भगवान ने सब कुछ दिया, मगर अपने पिता को ही नहीं देख पा रहे। दिन-रात बस मीटिंग-पैसा और छोटा-विदेशी कारपोरेट का दास–बस लैपटॉप और मीटिंग।"

"तुम भी तो नौकरी करना चाहते हो कि बथुआ कबाड़ना?" झूलन ने प्रश्न जड़ा।

"सरकार और देश की सेवा और आत्मसन्तुष्टि", भुवनमोहिनी मुस्कान के साथ कहा करेले ने।

"भोरे से कोय मिला नै है? आत्मसनतुष्टि!–जय हो आत्मा बाबा!" झूलन बोला।

"शॉर्ट में–एटीएम बाबा की जय", मेरी टीप थी।

एटीएम में एक 'ए' जुड़ता है यानी आत्मा का आलोक तभी आत्मा...। हम सबने एक साथ मिलकर करेले को धकिया दिया था पाँचू की दुकान से।

आख़िर केमद्रुम योग भी कितने दिन पीछा करता हमारा। उसकी नज़र ज़रा-सी इधर-उधर हुई कि हम अन्तिम सवारी की तरह नौकरियों के पायदान पर लटक गये। झूलन और करेला ग्रामीण बैंक में और मैं एक ऐसे विभाग में जहाँ हवा में शब्दों और आवाज़ों की खेती होती थी। हम लोग स्ट्राइकर लगने पर कैरमबोर्ड की गोटियों की तरह बिखर चुके थे और अपने-अपने पाकेट्स के गड्ढों में गिर चुके थे लम्बे समय के लिए।

कई बरस बाद फेसबुक पर झूलन का अता-पता ढूँढ़ते हुए जब एक फ़ोटो पर नज़र पड़ी तो ये तो अपना करेला लग रहा है, लेकिन बाल ऐसे सन की तरह सफ़ेद! चेहरा तो वही है जिसे देखकर स्कूल के ही शिक्षक रामसिंगार झा कहते थे, "कियो झा जी! करिया बामन गोरा शूद्र, तकरा से कांपे ब्रह्मा-रुद्र।" सभी हँस पड़ते थे, मगर हमारे करेला के चेहरे पर वही भुवनमोहिनी मुस्कान रहती। मगर इस फ़ोटो में मुस्कान गायब थी। आँखें थोड़ी जलती-सी थीं, कुछ असामान्य। क्या हुआ होगा? झूलन से ही पता लगेगा। कुछ चैट, कुछ फ़ोन, कुछ एसएमएस के जरिये जो मालूम हुआ वह...साथ में झूलन की टीपें भी...

"वहाँ तक तो तुमको मालूम ही है। हम लोग ग्रामीण बैंक में लग गये थे अगल-बग़ल के गाँव के ब्रांच में। शुरू में एक साथ ही खूँटी तक जाते थे। फिर वह अपनी ब्रांच हम अपनी। लेकिन कुछ ही दिन में करेला ग़ायब–मतलब मालूम हुआ वह वहीं रहने लगा। शादी हो गयी थी। एक बच्चा भी–इसमें भी कंजूसी की (झूलन की टीप)। पत्नी से कहा–बाबू जी माँ की सेवा के लिए तुम वहीं रहो, हम यहाँ सरकार की सेवा करते हैं। एक बार भेंट हुई थी भाभी जी से। बड़ी उखड़ी-उखड़ी थीं– "महीने में भी एक बार नहीं आते। कितना दूर है राँची से खूँटी? कहते हैं ख़र्च करने से क्या फ़ायदा? क्या-क्या जोड़ते रहते हैं–एफडी, आरडी, पैसा भी कभी-कभार ही...मतलब बाबू जी की पेंशन से ही समझिए घर चलता है। जमा करने का हवस हो गया है। हेड ऑफिस जाता रहता हूँ तो मालूम है–हमारे करेला झा के नाम से ही लोग मुस्कुराने लगा–पूरा सेलरी एफडी, आरडी...।"

"और दाना-पानी?" मेरा स्वाभाविक सवाल था।

"अरे गाँव में ही किसी लोनी के यहाँ सुबह पहुँच गया। कभी अमरूद, कभी पपीता, कभी कटहल। दिनभर निश्चिन्त। रात में भात डभका लिया, आलू के साथ। ब्रांच में दू टेबल जोड़ के सो जाता है–भोरे निकल जाता है, खेत की तरफ़ फिर नहा धो के ड्यूटी।"

"करेलवा पगला गया क्या?" फ़ोटो से तो ऐसा ही लगता है।

झूलन कुछ निश्चित जवाब तो नहीं दे पाया, लेकिन कुछ हद तक सहमत था मेरे सवाल से।

"हमको भी लगा था, इसलिए मोबाइल से फ़ोटो खींच लिये उसका। जानते हो सहम-सहम कर बाज़ार में चल रहा था। दुकान सब के तरफ़ देख के। लड़कन को मालूम हो गया है, उसकी हालत के बारे में तो कोई टोक देता है।"

"क्या अंकल! करेला साठ रुपया हो गया, बताइए।"

"हाँ देखो न बाबू! कैसा समय आ गया चारों तरफ लुटेरा घूम रहा है। ख़र्च नहीं करोगे तो सीधे (गरदन पर चाकू चलाने की भंगिमा) प्रधानमन्त्री, वित्तमन्त्री सब बोल रहा है ख़र्चा कर, ख़र्चा कर। पता नहीं देश का वित्तमन्त्री है कि अंबानी का।' सहमी नज़र से चारों तरफ़ देख के, "बताना मत किसी को। ई दुकानदार सब को, सब लूट लेगा समझे। हम तो ख़रीदना ही छोड़ दिये हैं।"

"हाँ!" लड़के आश्चर्य से तो–करेला झा के चेहरे पर चालाकी का भाव। लड़का मुँह दबा कर हँसते हुए निकल जाता है। तब जाकर झा को समझ में आता है कि उसका मज़ाक़ उड़ाया जा रहा है और जलती-सी निगाह डालता है। कई रातों से न सोने की वजह से आँखें टेसू हो रही हैं। हेड ऑफ़िस में कुछ लोग कंसीडरेट हैं तो नौकरी बचा हुआ है।

"काम-वाम कर लेता है, मतलब कम्प्यूटर वग़ैरह" मेरी उत्सुकता थी।

"नहीं! लेजर लिखता है। हैंडराइटिंग बना-बनाकर। कहता है जब एकदम ज़रूरी हो जायेगा तो एक आदमी रख लेगा, बताओ?"

क्या बताता मैं? बड़ी इच्छा थी इस नये करेले को देखने की। शाम को तय किया। घर पर पहुँचे हम, मतलब मैं और झूलन। मालूम हुआ आया नहीं है, शायद कल आयेगा। भाभी जी थीं। चाचा थे–बीमार, क़रीब-क़रीब मरणासन्न। बड़ा ही धूसर-सा माहौल था। गमगीन हवा। अलबत्ता घर के सामने एक खटारा काइनेटिक होंडा स्कूटी और एक पुरानी फिएट कार खड़ी थी, जिसकी हालत चूहों ने ख़राब कर रखी थी।

"कैसी हैं भाभी जी? झा ने क्या हालत बना रखी है घर की?" मैंने बहुत दिनों के बाद भेंट होने का फ़ायदा उठाते हुए कहा हालाँकि हम भाभी के सामने उसे करेला नहीं कहते थे। भाभी आँसू पोंछने लगीं। हम अप्रतिभ हो गये थे।

"क्या कहूँ, देख ही रहे हैं। अमीर आदमी का ग़रीब घर..."

"कहाँ है हमारा नन्हा?" करेला कहने की इच्छा मर चुकी थी। खुशनुमा माहौल होता तो कह भी देता।

"अन्दर लैपटॉप पर कुछ कर रहा होगा।" अनमनेपन से भाभी बोलीं।

"लैपटॉप!" हम कुछ कहने की हालत में न रहे। तो जो हम लोगों ने करेले के बारे में सुन रखा था या झूलन ने देखा था सब झूठ था।

"बाहर यह स्कूटी, कार?" हमारी उत्सुकता चरम पर थी।

"सब कबाड़ जमा कर लिये हैं।"

"मतलब?"

"बड़े भैया का ट्रांसफर हुआ तो अपना पुराना सामान दे दिये। एकाध शीशी पेट्रोल डालके चलाते हैं यहाँ से चौक तक जाते-जाते बन्द, फिर घुड़का के लाते हैं।"

"और कार?" झूलन ने पूछ ही डाला।

"उ नहीं चलता है। दान का बैल है मतलब भैया का ही। भैया होंडा सिटी ले लिये तो रखने का जगह नहीं बचा। कबाड़ी में बेच दें, उ नहीं हो रहा हिम्मत। थोड़ा चाय बनाते हैं इतना दिन बाद आये हैं।"

हम किसी तरह ना-ना करके निकले, "कल फिर आके झा से मिलेंगे।" तभी करेला का बेटा कमरे से निकला, "माँ! चाचू का लैपटॉप काम नहीं कर रहा है। कब से बोल रहे हैं पापा को ठीक करवाइए, सुनते ही नहीं।" जाते-जाते सुना हमने, "नहीं सुनेंगे। पहले कंजूस थे अब काँइयाँ भी हो गये हैं।" झा चा की आवाज़ दूसरे कमरे से आयी–"बहू! आत्मा आया?"

"नहीं, बाबू जी!" भाभीजी ने कहा था।

दूसरी शाम फिर पहुँचे हम। हमारी करेले से मिलने की इच्छा बहुत बढ़ी हुई थी। जाड़ों की शाम थी, करेला कहीं से आया। टह-टह लाल रंग की जर्सीनुमा चीज़ पहने जैसी आम तौर पर दिखती नहीं। "तो भाइ लोग, आप लोगों ने दर्शन दिया?" वही भुवनमोहिनी मुस्कान, सिर्फ़ सन से सफ़ेद बालों की वजह से करेला अपनी उम्र से ज़्यादा बुद्धिमान लग रहा था।

"तो आत्मा बाबू!" करेला कहना सम्भव नहीं था, भाभी जी थीं बेटा था। जर्सी उतार रहा था। अन्दर से उल्टी पहनी गयी शर्ट नमूदार हुई। हमारी आँखों में आश्चर्य देखकर मुस्कुराया करेला। "गन्दा हो गया था उधर तो इधर से पहन लिया, जाड़े में कुछ तो ऊपर रहता ही है।" "जर्सी बड़ा जँच रहा है तुम्हारे पर। मतलब लग रहा है कोयला खान में आग लग गया है।" झूलन चूकने वाला नहीं था। "हांगकांग से छोटका भेज दिया है। अनुदान के रूप में।"

तभी करेला का बेटा लैपटॉप लिये प्रकट हुआ। पुराना तोशिबा का लैपटॉप जिससे दीवार में काँटी भी ठोकी जा सकती थी।

"कब ठीक करवायेंगे इसको?" प्रश्न था सीधा।

"होगा-होगा सब होगा बेटा। अंकल लोग को प्रणाम किया?" उत्तर था टेढ़ा-मेढ़ा।

"इ सब क्या है आत्मा बाबू?" मैंने घर की खस्ता हालत के बारे में सवाल पूछा था। पर जवाब दूसरी चीज़ का आया।

"टेक्नॉलाजी ट्रांसफर टू थर्ड वर्ल्ड कंट्री!" चबा-चबाकर करेला बोला उसी भुवनमोहिनी मुस्कान के साथ।

"चाचा जी का इलाज वग़ैरह?" झूलन ने घेरने की कोशिश की।

"सब चल रहा है अनुदान पर," करेला निकल गया घेरे से।

फिर बोला सरगोशी में हमारे एकदम नजदीक आकर, आँखों में वही तस्वीर वाली असामान्यता, "जानते हो एटीएम में 'ए' लगाने का भी ज़रूरत नहीं है। एटीएम का आलोक ही प्रकाशित कर देता है आत्मा को।" काँइयाँपन से मुस्कुराने लगा हमारा करेला।

"आत्मा! आ गये क्या?"

"हाँ बाबू जी।"

"करेला कैसे मिला आज? लाये क्या?"

"अभी लाते हैं बाड़ी से," कहकर करेला झा बगीचे में हँसती हुई लतरों से करेला तोड़ने चला गया बिना हमारी तरफ़ देखे। आत्मा का मतलब 'एटीएम' का आलोक फैला था उसके चेहरे पर। एक अशरीरी आलोक, जैसा शायद किसी और दुनिया के बाशिन्दे के चेहरे पर होता होगा।

ओमप्रकाश वाल्मीकि

ओमप्रकाश वाल्मीकि का जन्म 30 जून, 1950 को उत्तर प्रदेश के मुजफ्फरनगर के बरला गाँव में हुआ। इनके पिता का नाम छोटनलाल और माँ का नाम मुकुन्दी देवी था। ओमप्रकाश वाल्मीकि ने बरला से प्रारम्भिक शिक्षा एवं देहरादून से आगे की पढ़ाई की। उन्होंने हिन्दी साहित्य में एम.ए. किया। उनकी पत्नी का नाम चन्दा है, जो गृहिणी हैं। 'सदियों का सन्ताप', 'बस!' 'बहुत हो चुका' (कविता-संग्रह), 'जूठन' (आत्मकथा) विविध भाषाओं में अनूदित, 'सलाम', 'घुसपैठिये' (कहानी-संग्रह), 'दलित साहित्य का सौन्दर्यशास्त्र', 'मुख्यधारा और दलित साहित्य' (आलोचना), 'सफाई देवता' (समाजशास्त्रीय अध्ययन) इनकी प्रकाशित कृतियाँ हैं। इन्होंने लगभग 60 नाटकों में अभिनय एवं निर्देशन किया। वे प्रथम हिन्दी दलित लेखन साहित्य सम्मेलन, नागपुर 1993 के अध्यक्ष रहे तथा 28वें अस्मिता दर्श साहित्य सम्मेलन, चन्द्रपुर 2008 के भी अध्यक्ष रहे। इन्हें 1993 में 'अम्बेडकर राष्ट्रीय पुरस्कार', 1995 में 'परिवेश' सम्मान, 2001 में 'कथाक्रम' सम्मान, 2004 में 'न्यू इंडिया बुक' पुरस्कार और 2008 में 'साहित्य भूषण' सम्मान प्राप्त हुए।

'मुम्बई काण्ड' यह कहानी 'घुसपैठिये' कहानी-संग्रह से है। डॉ. बाबा साहेब अम्बेडकर दलितों की अस्मिता के प्रतीक हैं। प्रस्थापित समाज व्यवस्था द्वारा दलितों की अस्मिता को ठेस पहुँचाने का काम निम्नस्तर पर किया जाता है। अक्सर खबरें मिलती हैं कि डॉ. बाबा साहेब अम्बेडरकर की मूर्ति को अपमानित किया गया। इस कहानी का नायक सुमेर बेचैन, जो क्रोध से भरा है, क्योंकि मुम्बई में डॉ. बाबा साहेब अम्बेडकर की मूर्ति को अपमानित किया गया था और बाद में उनके समर्थकों पर गोलियाँ चलायी गयी थीं। सुमेर इस अपमान का बदला लेने के लिए गाँधी जी की मूर्ति के पास जूतों का हार लेकर जाता है। पर वहाँ पहुँचकर उसमें यह भाव बोध जागृत होता है कि 'वहाँ बाबा कहने वाले मारे गये, यहाँ बापू कहने वाले मारे जायेंगे, जो भी हो मारे जायेंगे तो निर्दोष ही।' सुमेर यह सोचता है कि यह रास्ता

न बुद्ध का है, न अम्बेडकर का। एक गुनाह का बदला दूसरे गुनाह से नहीं लिया जा सकता। यह भावबोध दलित विमर्श से उपजी परिपक्व और सार्थक सोच का जीवन्त प्रमाण है। बुद्ध दर्शन से प्रभावित यह कहानी मानवीय मूल्यों की स्थापना करती है, क्योंकि दलित साहित्य के केन्द्र में मानव है। यह कहानी दलित आक्रोश की अगली मंजिल है तथा सवर्ण मानसिकता को करारा जवाब भी। नायक के प्रगल्भ विचार कहानी को प्रगल्भ बनाते हैं।

मुम्बई काण्ड

ओमप्रकाश वाल्मीकि

सुबह से ही कुछ-न-कुछ ऐसा घटित हो रहा था जिसने उसे तनावग्रस्त कर रखा था। दफ्तर जाते ही गुप्ता से झड़प हो गयी थी। वह तो चुप ही था लेकिन गुप्ता ने ही ऐसा कुछ कह दिया था कि वह आपे से बाहर हो गया था। दफ्तर न होता तो शायद मारपीट हो जाती।

पूरा दिन तनाव में ही बीता था। आजकल दफ्तरों में राजनीतिक चर्चाएँ कुछ ज्यादा ही होने लगी हैं। वह अक्सर इन चर्चाओं से दूर रहता है फिर भी लोग घसीट ही लेते हैं। आज भी गुप्ता ने उसे नाम लेकर कहा था, "क्यों सुमेर, आजकल तो धड़ाधड़ शहरों के नाम बदले जा रहे हैं। अपने शहर का नाम कब बदलवा रहे हो?"

सुमेर उसका इशारा समझ गया था। जब से प्रदेश में उसकी जाति की मुख्यमन्त्री बनी है, गुप्ता इसी तरह की भाषा बोलता है। उसके लहजे में छिपा कटाक्ष सुमेर को तिलमिला देता है।

उसने गुप्ता की ओर आँखें तरेरी। एक-एक शब्द पर जोर देते हुए बोला, "गुप्ता, जबान मेरे मुँह में भी है। बेहतर यही है उसे खुलने के लिए उकसाओ मत।"

उसकी मुद्रा और भाव-भंगिमा देखकर गुप्ता ने खीसें निपोर दीं। कुछ देर के लिए दफ्तर में खामोशी छा गयी थी। लेकिन उसका मूड उखड़ गया था। किसी काम में मन नहीं लग रहा था।

शाम को घर लौटने पर भी वह अन्यमनस्क-सा था। बार-बार गुप्ता का चेहरा सामने आ रहा था। उसे लगता था, जैसे गुप्ता जान-बूझकर उससे इस तरह की बातें करता है।

रात के समाचारों ने उसे और ज्यादा क्षुब्ध कर दिया था। वह आक्रोश से भर उठा था। समाचारों में पुलिस फायरिंग में मारे गये लोगों की लाशें देखकर वह हतप्रभ रह गया था। उसने अपनी साँसें घुटती हुई-सी महसूस की थीं। गोलियों के जख्म उसने अपने जिस्म पर महसूस किये थे।

दूरदर्शन से लेकर टी.वी. के अन्य सभी चैनलों पर उसने बारी-बारी से समाचार सुने थे। जुलाई का महीना था। बाहर तेज बारिश हो रही थी। मौसम ठण्डा था। फिर भी उसे पसीना आ रहा था। उसने पंखे की स्पीड बढ़ा दी। लेकिन तपिश ज्यों-की-त्यों थी।

वह किसी भी राजनीतिक दल का समर्थक नहीं था, न किसी का विरोधी ही था। उसकी राजनीतिक जागरूकता सिर्फ वोट डालने तक ही सीमित थी। लेकिन पिछले कुछ वर्षों की हलचलों ने उसे बेचैन कर रखा था। मण्डल, अयोध्या और उत्तराखण्ड मुद्दों ने उसके विश्वास को ही तोड़ा था।...

अयोध्या प्रकरण के प्रारम्भिक दिनों में उसने इस समस्या को ज्यादा गम्भीरता से नहीं लिया था, बल्कि एक बार तो वह कारसेवकों के साथ अयोध्या जाने के लिए भी तैयार हो गया था। कारसेवकों की सूची में अपना नाम भी उसने दर्ज करा लिया था।

लेकिन अयोध्या जाने के पूर्व एक नेता का भाषण सुनकर उसके मन में तरह-तरह की शंकाएँ उठने लगी थीं। इन्हीं शंकाओं ने उसके मन में इस सवाल को भी जन्म दिया था कि उन्होंने 6 दिसम्बर का दिन ही क्यों चुना, जबकि उसके लिए यह प्रेरणा और विश्वास का दिन था। वह अयोध्या नहीं गया था।

मुम्बई-काण्ड ने एक बार फिर अयोध्या की याद ताजा कर दी थी। वह मुम्बई से हजारों मील दूर था। फिर भी उस हादसे की प्रतिध्वनियाँ उसे बेचैन कर रही थीं। वह अपने अन्दर एक तूफान महसूस कर रहा था, एक ऐसा तूफान जिसे इससे पूर्व उसने कभी महसूस नहीं किया था। मुम्बई में डॉक्टर अम्बेडकर की मूर्ति को अपमानित किया जाना और फिर अम्बेडकर समर्थकों पर गोली चलाना, उसके बचे-खुचे विश्वास को तोड़ रहा था।

...उस रात वह ठीक से सो नहीं पाया था। रह-रहकर मुम्बई में मारे गये लोगों के रक्त-रंजित चेहरे उसके सामने आ रहे थे। पुलिस फायरिंग के बाद की चीख-पुकार वह अपने भीतर साफ-साफ सुन रहा था। उसे गुप्ता का चेहरा याद आने लगा। गुप्ता उसे हमेशा नीचा दिखाने की कोशिश में रहता था। उसे लगा इस षड्यन्त्र में कहीं गुप्ता भी शामिल है।

उसके मन में कई सवाल उठ खड़े हुए थे। जिनके उत्तर वह ढूँढ़ना चाहता था। इसी जद्दोजहद में मुम्बई काण्ड का विरोध करने का विचार उसके मन में आया था। इस विचार को वह अपने मन से बाहर निकालने की कोशिश करने लगा। आखिरकार उसने दृढ़ निश्चय कर लिया था कि वह इस घटना का विरोध करेगा।

लेकिन समस्या थी, विरोध किस प्रकार किया जाये। कई विचार मन में आ रहे थे। कलेक्टर के कार्यालय में जाकर विरोध दर्ज करे, लेकिन वहाँ पहुँचना ही एक मुश्किल काम था। एक विचार यह भी आया कि बड़े-बड़े अखबारों में अपना

वक्तव्य दे। लेकिन अखबारों का रवैया उसने पिछले कई मौकों पर अच्छी तरह देखा था। उनकी विश्वसनीयता सन्दिग्ध थी।

एक विचार यह भी आया कि सांसद और विधायक से मिलकर अपना विरोध दर्ज करे, सांसद मन्त्री बनने के बाद अक्सर दौरों और उद्घाटनों में व्यस्त था। विधायक उसी सत्ता पक्ष से था जिसकी मुम्बई में सरकार थी। एक विचार आत्मदाह का भी आया था। लेकिन उसे अन्तिम रास्ता मानकर उसने फिलहाल मुल्तवी कर दिया था।

अन्त में जो विचार आया वह था, नगर में लगी किसी मूर्ति को अपमानित कर बदला चुकाये ताकि विरोध की अनुगूँज दूर तक सुनाई पड़े। इससे उत्पन्न दुष्परिणामों पर भी उसने विचार किया था। लेकिन वह अपने निर्णय पर अडिग था।

अब समस्या थी कि मूर्ति को अपमानित किस तरह किया जाये? मुँह काला करे या अंग-भंग करे या फिर जूतों की माला पहनाये। मुँह काला करने का विचार उसे कुछ जँचा नहीं था। अंग-भंग करने के लिए किसी हथौड़े या सरिये की जरूरत थी जिसे लेकर मूर्ति के पास पहुँचने में ज्यादा जोखिम था।

काफी सोच-विचार के बाद वह इस निर्णय पर पहुँचा कि जूतों की माला ही पहनायी जाये।

सुबह होते ही उसने जूतों की तलाश शुरू कर दी थी। आज वह दफ्तर भी नहीं गया था। योजना को सफल बनाने की धुन सवार थी। जो पारस्परिक सम्बन्धों की जटिलता से उपजी वैमनस्य की भावना का चरम बिन्दु थी। इसीलिए मुम्बई की घटना उसके लिए कोई साधारण घटना नहीं थी।

घर में उसे एक भी ऐसा जूता नहीं मिला था जिसे वह ले सके। जूतों की तलाश में वह घर से बाहर निकल पड़ा।

घर से बाहर निकलते ही उसे जयराम मिल गया था। जयराम रवि जो अभी-अभी हाल में नेता बना था। नेता दिखने के चक्कर में उसने अपना हुलिया बदल लिया था। जयराम रवि को देखते ही वह रुक गया था। छूटते ही उसने सवाल दागा, “मुम्बई की घटना पर आपकी क्या प्रतिक्रिया है?” जयराम चुप ही रहा। उसी ने बात लोग आगे बढ़ायी, “डॉक्टर अम्बेडकर की मूर्ति का मुम्बई में अपमान हुआ है, तुम क्या कर रहे हो? दलितों पर पुलिस ने गोलियाँ बरसायीं। लोग मारे गये, घायल हुए... कुछ-न-कुछ तो आप लोगों को भी करना चाहिए...’

“सुमेरजी, मैं थोड़ा जल्दी में हूँ...शाम को आकर बात करूँगा अभी मीटिंग में जाना है। मुख्यमन्त्री नगर में आ रही हैं। रैली करनी है। बस उसी के लिए जाना है...जयराम ने अपनी व्यस्तता दिखाई। वह उखड़ गया, “जाओ, रैलियाँ करो... वे सब तुम्हारा इस्तेमाल कर रहे हैं। वक्त आने पर कीड़े-मकोड़े की तरह गोलियों से भून दिये जाओगे।”

रवि आगे बढ़ गया था। सुमेर ने चिल्लाकर उसे सुनाया, "देख लेना यहाँ भी गोलियाँ चलेंगी एक दिन। तब तुम्हें पता चलेगा।" उसकी नसें फूल गयी थीं। चेहरे पर आक्रोश उबलने लगा था। सड़क के किनारे पड़े एक डिब्बे को उसने ठोकर मारी। टन-टन्न-न-न की आवाज के साथ डिब्बा सड़क पर लुढ़कता रहा।

उसने जगह-जगह जूतों की तलाश की। काफी देर इधर से उधर भटकता रहा। किसी मोची से जूते लेने से भेद खुल जाने की आशा थी। अपनी योजना को वह अकेले ही गोपनीय ढंग से करना चाहता था।

काफी भटकने के बाद भी उसे जरूरत लायक जूते नहीं मिले थे। शहर की सड़कें, गलियाँ, कूड़ेदान छान लेने के बाद भी उसके थैले में ज्यादा जूते नहीं थे!

शाम का धुँधलका फैलने में अभी देर थी। घूमते-घूमते वह घण्टाघर की ओर निकल आया था। डॉक्टर अम्बेडकर की मूर्ति के पास खड़े होकर उसने इधर-उधर नजरें दौड़ायी, भीड़-भाड़ बहुत ज्यादा थी। उसने गहरे आत्मविश्वास से अम्बेडकर की मूर्ति की ओर देखा।

घण्टाघर की रेलिंग के पास उसे एक पुराना जूता दिखाई पड़ा। जिसे देखते ही वह फुर्ती से जूते की ओर लपका। इस हड़बड़ी में एक स्कूटर से टकराते-टकराते बचा। जूते के पास पहुँचकर उसने जूते को पाँव से ऊपर की ओर उछाला। जूता हाथ में आने के बजाय और दूर छिटक गया था। उसकी इस हरकत पर आते-जाते लोग हँसने लगे।

उसने जूते के ऊपर अपना पाँव रखकर उसे घसीटना शुरू किया। यातायात के बीच से किसी तरह स्वयं को बचाते हुए, वह इलाहाबाद बैंक की सीढ़ियों तक आ गया था। वहाँ पहुँचते ही उसने जूता उठाकर थैले में रख लिया। हाथ से टटोलकर उसने जूतों की गिनती की। थैले में सात जूते थे। उसे लगा इतने जूते काफी हैं।

वह घर की ओर चल दिया। सुबह से उसने कुछ खाया पिया नहीं था। गुस्से के उफान में भूख-प्यास दब गयी थी।

उसने घर के कोने में जूते छिपाकर रख दिये थे। अब वह रस्सी की खोज में लग गया था। पड़ोस की दुकान में उसे रस्सी मिल गयी थी।

रस्सी मिलते ही उसने माला बनाने का काम शुरू कर दिया था आज रात ही वह अपनी योजना पूरी कर लेना चाहता था। माला बनाने का काम उसने पूरी गोपनीयता से किया था।

माला बनाते-बनाते उसे खयाल आया कि वह इस माला का उपयोग किस मूर्ति के लिए करेगा, इस पर तो विचार किया ही नहीं। शहर में कुल चार मूर्तियाँ थीं–डॉ. अम्बेडकर, गाँधी, नेहरू और पटेल की।

काफी मगज़पच्ची के बाद भी वह तय नहीं कर पा रहा था कि अपना आक्रोश किस मूर्ति पर उतारे। माला बनाकर उसे थैले में रख दिया था। सुबह से कुछ भी खाया नहीं था। कुछ खा-पीकर वह लेट गया था। रात होने की प्रतीक्षा करने लगा था। शरीर में थकावट थी। आँखों में नींद की हल्की-हल्की खुमार दस्तक दे रही थी। लेकिन मस्तिष्क में बवण्डर उठा हुआ था। जो नींद को पास आने से रोक रहे थे। रह-रहकर मुम्बई काण्ड के दृश्य सामने आ रहे थे। जो उसे गहरे अपमान बोध से भर रहे थे।

उसे 'हरिजन' शब्द पर होने वाली बहस याद आने लगी। पुस्तकों में पढ़ी गोलमेज परिषद्, पूना पैक्ट, अम्बेडकर का महाड-आन्दोलन याद आने लगा। दफ्तर में गुप्ता का चेहरा उसकी स्मृति को झकझोर रहा था। उसे लगा गांधी की मूर्ति को ही अपना निशाना बनायेगा। इस विचार के आते ही वह उठ खड़ा हुआ। जल्दी से थैला उठाया और चुपके से अभियान पर निकल पड़ा।

वह तेज कदमों से चल रहा था। जैसे पैरों में पहिये लग गये हों। सड़कें लगभग सुनसान थीं। आसमान में बादलों की गरज तेज बारिश का संकेत दे रही थी।

गांधी पार्क के प्रवेश द्वार के ठीक सामने पहुँचकर उसने इधर-उधर देखा। इक्का-दुक्का वाहनों के बावजूद रास्ता सुनसान ही था। रात के लगभग ग्यारह बजे थे। उसने गेट के सामने खड़े होकर गांधी की मूर्ति पर एक नजर डाली। गेट के उस ओर दूधिया रोशनी में सफेद रंग की यह मूर्ति और अधिक उजली दिखाई पड़ रही थी। उसे लगा जैसे मूर्ति का भोलापन और अधिक उभर आया है। उसे झटका-सा लगा, 'अरे, इस मूर्ति के गले में जूतों की माला।' उसे क्षण-भर को स्वयं पर ग्लानि होने लगी। लेकिन यह अहसास ज्यादा देर तक टिक नहीं पाया। अपमान और प्रतिशोध की भावना ने जोर मारा। अखबारों की सुर्खियाँ और समाचारों में देखे रक्त-रंजित चेहरे सामने आने लगे। उसने मन कड़ा किया। घृणा से मूर्ति की ओर देखा। मूर्ति के चेहरे पर उसे उपेक्षा भाव दिखाई देने लगा।

गांधी के हाथ में लाठी और आँखों पर ऐनक वह बचपन से ही देख रहा था। दोनों चीजें गांधी की पहचान थीं। उसके खयाल में आया, 'यदि मूर्ति से लाठी और ऐनक हटा दिये जायें तो पहचानना मुश्किल होगा।' अखबारों में छपेगा, 'बिना लाठी और ऐनक के गाँधी।' अपनी इस कल्पना पर उसे हँसी आ गयी। काफी देर वह गांधी की मूर्ति को इस रूप में देखने की कल्पना में खोया रहा। पास से गुजरती कार के हार्न से वह चौंका। उसे अपना अभियान याद आ गया। वह सतर्क होकर इधर-उधर सड़क पर टहलने लगा। चौराहे के पास से वह ओरिएंट सिनेमा की ओर मुड़ा। चौराहे के पास नेहरू की मूर्ति पर उसने एक उड़ती-सी नजर डाली और आगे बढ़

गया। उस ओर अँधेरा था। पार्क की रेलिंग टूटी हुई थी। दिन-भर विक्रम टेम्पो की भीड़-भाड़ से वह जगह चहल-पहल से भरी होती है। इस वक्त सुनसान थी। सिनेमा का आखिरी शो भी छूट चुका था।

ऊपर से वह शान्त दिखाई पड़ रहा था। लेकिन उसका दिल जोर-जोर से धड़क रहा था। दिमाग में अजीब-सी उथल-पुथल मची थी। रह-रहकर मुम्बई में मारे गये लोगों की चीखें उसे उकसा रही थीं।

रेलिंग पार कर वह गांधी पार्क में घुस गया था। उसने चारों ओर नजर दौड़ायी दूर-दूर तक कोई नहीं था। वह सधे कदमों से चलकर पेड़-पौधों के झुरमुट में पहुँच गया था। वह कुछ इस तरह से छिपकर बैठ गया था कि बाहर से नजर ही नहीं आ सकता था।

वह काफी सतर्क था। उसकी नजरें मूर्ति के एकदम पास मुख्य द्वार पर लगी थीं। उसने थैले से माला निकाली। एक-एक जूते और उसके बन्धन का मुआयना किया। माला लेकर वह उठकर खड़ा हो गया था। अब वह आगे बढ़ने के लिए एकदम तैयार था।

उसने जैसे ही कदम आगे बढ़ाया, उसके मस्तिष्क में एक विचार कौंधा। क्षण-भर के लिए उसे लगा जैसे विद्युत तरंगें उसके जिस्म में तैर गयी हैं। वह ठिठक गया, "अरे! मैं यह क्या कर रहा हूँ। मुम्बई में किसी ने मेरे विश्वास पर चोट की और मैं यहाँ किसी की आस्था पर चोट करने जा रहा हूँ। कुछ गांधी को 'बापू' कहते हैं कुछ अम्बेडकर को 'बाबा' : वहाँ 'बाबा' कहने वाले मारे गये, यहाँ 'बापू' वाले मारे जा सकते हैं। 'बाबा' कहने वालों पर भी गाज गिर सकती है। जो भी हो मारे तो निर्दोष ही जायेंगे।"

उसकी सोच में तेज घोड़े हिनहिनाने लगे थे। कनपटियाँ गर्म हो गयी थीं। उसने मन-ही-मन दोहराया, "नहीं...यह रास्ता न बुद्ध का है और न ही अम्बेडकर का।"

वह पसीने-पसीने हो गया था। उसके हाथ से माला छूटकर गिर गयी। उसने तय किया, "नहीं, मैं एक गुनाह का बदला दूसरे गुनाह से नहीं लूँगा।"

अँधेरे से निकलकर वह अब रोशनी में आ गया था। पार्क के बाहर सड़क पर खड़े होकर उसने एक बार फिर पीछे मुड़कर गांधी की मूर्ति की ओर देखा। आँखों पर ऐनक और हाथ में लाठी टेके गांधी की मूर्ति उसी मुद्रा में यथावत खड़ी थी।

उसने गहरी साँस ली और लम्बे-लम्बे डग भरता हुआ घर की ओर वापस मुड़ा। वह तनावरहित था। अम्बेडकर में उसका विश्वास और अधिक गहरा हो गया था।

स्वयं प्रकाश

स्वयं प्रकाश का जन्म सन् 1947 में इन्दौर (मध्य प्रदेश) में हुआ। मैकेनिकल इंजीनियरिंग की पढ़ाई कर एक औद्योगिक प्रतिष्ठान में नौकरी करने वाले स्वयं प्रकाश का बचपन और नौकरी का बड़ा हिस्सा राजस्थान में बीता। फ़िलहाल स्वैच्छिक सेवानिवृत्ति के बाद वे भोपाल में रहते हैं और 'वसुधा' पत्रिका के सम्पादन से जुड़े हैं। आठवें दशक में उभरे स्वयं प्रकाश आज समकालीन कहानी के महत्त्वपूर्ण हस्ताक्षर हैं। उनके 13 कहानी-संग्रह प्रकाशित हो चुके हैं जिनमें 'सूरज कब निकलेगा', 'आयेंगे अच्छे दिन भी', 'आदमी जात का आदमी' और 'सन्धान' उल्लेखनीय हैं। उनके बीच में 'विनय' और 'ईंधन' उपन्यास चर्चित रहे हैं। उन्हें 'पहल' सम्मान, 'बनमाली पुरस्कार', 'राजस्थान साहित्य अकादेमी' पुरस्कार आदि से सम्मानित किया जा चुका है। मध्यवर्गीय जीवन के कुशल चितेरे स्वयं प्रकाश की कहानियों में वर्ग-शोषण के विरुद्ध चेतना है, तो हमारे सामाजिक जीवन में जाति, सम्प्रदाय और लिंग के आधार पर हो रहे भेदभाव के ख़िलाफ़ प्रतिकार का स्वर भी है। रोचक क़िस्सागोई शैली में लिखी गयीं उनकी कहानियाँ हिन्दी की वाचिक परम्परा को समृद्ध करती हैं। चारों ओर सीमाओं से घिरे भूभाग का नाम ही देश नहीं होता। देश बनता है उसमें रहने वाले सभी नागरिकों, नदियों, पहाड़ों, पेड़-पौधों, वनस्पतियों, पशु-पक्षियों से और इन सबसे प्रेम करने तथा इनकी समृद्धि के लिए प्रयास करने का नाम देशभक्ति है। 'नेताजी का चश्मा' कहानी कैप्टन चश्मे वाले के माध्यम से देश के करोड़ों नागरिकों के योगदान को रेखांकित करती है, जो इस देश के निर्माण में अपने-अपने तरीके से सहयोग करते हैं। कहानी यह कहती है कि बड़े ही नहीं बच्चे भी इसमें शामिल हैं।

'नेताजी का चश्मा' एक रोचक कहानी है, जो हमें एक महान स्वतन्त्रता सेनानी नेताजी सुभाषचन्द्र बोस की साहसिकता और निर्णायकता का परिचय देती है। कहानी में हालदार साहब को एक कम्पनी के काम से एक छोटे से कस्बे से गुजरना पड़ता

है। उस कस्बे में एक ओर लड़कों का स्कूल तो दूसरी ओर लड़कियों का स्कूल होता है। वही पर एक सीमेंट कारखाना और एक नगरपालिका भी रहती है। एक बार नगरपालिका के उत्साही प्रशासनिक अधिकारी ने शहर के मुख्य बाज़ार के चौराहे पर नेताजी सुभाषचन्द्र बोस की एक संगमरमर की प्रतिमा लगवा दी। लोगों के पास बजट अधिक न होने के कारण नेताजी की मूर्ति बनाने का काम हाईस्कूल के एक शिक्षक को सौंपा गया। शिक्षक ने मूर्ति को सुन्दर बनाया था। परन्तु उसमें एक चीज की कमी थी। नेताजी की आँख पर चश्मा नहीं था। सचमुच के एक चश्मे का चौड़ा काला फ्रेम मूर्ति को पहनाया गया था। मूर्ति पत्थर की पर चश्मा रियल। एक दिन जब हालदार साहब मूर्ति के पास आये तो उन्हें मूर्ति पर तार के फ्रेम वाला गोल चश्मा लगा दिखा। जब-जब हालदार साहब मूर्ति के पास आते, तब-तब उन्हें मूर्ति पर बदलते हुए चश्मे दिखते। एक बार वे पान वाले से पूछ बैठे कि नेता जी का चश्मा हर दिन बदल कैसे जाता है? पान वाले ने बताया कि यह काम कैप्टन चश्मे वाला करता है। हालदार साहब ने पान वाले से जानना चाह कि यह कैप्टन चश्मे वाला नेता जी का साथी है या आजाद हिन्द सेना का भूतपूर्व सिपाही। पान वाला कहता है कि वह लंगड़ा क्या फौज में जायेगा? वह पागल है, इसलिए ऐसा करता है। हालदार साहब को एक देशभक्त का मजाक बनाते देखना अच्छा नहीं लगा। दो साल के भीतर हालदार साहब ने नेताजी की मूर्ति पर कई चश्मे लगे हुए देखे। वे एक दिन कस्बे के चौराहे से गुजर रहे थे, तब मूर्ति पर कोई चश्मा नहीं दिखाई दिया। वहाँ पूछने पर पता चला कि कैप्टन मर गया। उन्हें बहुत दुख हुआ। पन्द्रह दिन के बाद वे उस मूर्ति के पास से गुजरे तो सोचा कि वहाँ नहीं रुकेंगे, पान भी नहीं खायेंगे और और उस मूर्ति की ओर भी देखेंगे नहीं। मजबूर हालदार साहब की नजर चौराहे पर आते ही आँखें मूर्ति की ओर उठ गयीं। तब उन्हें मूर्ति की आँखों पर सरकंडे से बना हुआ छोटा-सा चश्मा रखा दिखा, जैसे बच्चे बना लेते हैं। इसे देखकर हालदार साहब की आँखें नम हो गयीं। देशभक्ति का सम्बन्ध मन की भावना से होता है। देशभक्ति प्रकट करने के लिए न फौजी होना जरूरी है और न ही शरीर से बलशाली होना। कोई भी मनुष्य चाहे बच्चा हो या बूढ़ा देशप्रेमी हो सकता है। यदि कोई मनुष्य अपने महापुरुषों के सम्मान के लिए एक छोटा-सा त्याग करता है, तो भी वह देशभक्त ही है। यही इस कहानी की मूल संवेदना है।

नेता जी का चश्मा

स्वयं प्रकाश

हालदार साहब को हर पन्द्रहवें दिन कम्पनी के काम के सिलसिले में उस कस्बे से गुज़रना पड़ता था। कस्बा बहुत बड़ा नहीं था। जिसे पक्का मकान कहा जा सके, वैसे कुछ ही मकान और जिसे बाज़ार कहा जा सके वैसा एक ही बाज़ार था। कस्बे में लड़कों का एक स्कूल, लड़कियों का एक स्कूल, सीमेंट का छोटा-सा एक कारखाना, दो ओपन एयर सिनेमाघर और एक नगरपालिका भी थी। नगरपालिका थी तो कुछ-न-कुछ करती भी रहती थी। कभी कोई सड़क पक्की करा दी, कभी कुछ पेशाबघर बनवा दिये, कभी कबूतरों की छतरी बनवा दी, तो कभी कवि सम्मेलन करा दिया। इसी नगरपालिका के किसी उत्साही बोर्ड या प्रशासनिक अधिकारी ने एक बार 'शहर' के मुख्य बाज़ार के मुख्य चौराहे पर नेताजी सुभाषचन्द्र बोस की संगमरमर की एक प्रतिमा लगवा दी। यह कहानी उसी प्रतिमा के बारे में है, बल्कि उसके भी एक छोटे-से हिस्से के बारे में।

पूरी बात तो अब पता नहीं, लेकिन लगता है कि देश के अच्छे मूर्तिकारों की जानकारी नहीं होने और अच्छी मूर्ति की लागत अनुमान और उपलब्ध बजट से कहीं बहुत ज़्यादा होने के कारण काफ़ी समय ऊहापोह और चिट्ठी-पत्री में बरबाद हुआ होगा और बोर्ड की शासनावधि समाप्त होने की घड़ियों में किसी स्थानीय कलाकार को ही अवसर देने का निर्णय किया गया होगा और अन्त में कस्बे के इकलौते हाई स्कूल के इकलौते ड्राइंग मास्टर-मान लीजिए मोतीलाल जी को ही यह काम सौंप दिया गया होगा, जो महीने भर में मूर्ति बनाकर 'पटक देने' का विश्वास दिला रहे थे।

जैसा कि कहा जा चुका है, मूर्ति संगमरमर की थी। टोपी की नोक से कोट के दूसरे बटन तक कोई दो फुट ऊँची। जिसे कहते हैं बस्ट और सुन्दर थी। नेताजी सुन्दर लग रहे थे। कुछ-कुछ मासूम और कमसिन। फ़ौजी वर्दी में। मूर्ति को देखते ही 'दिल्ली चलो' और 'तुम मुझे ख़ून दो...' वगैरह याद आने लगते थे। इस दृष्टि

से यह सफल और सराहनीय प्रयास था। केवल एक चीज़ की कसर थी, जो देखते ही खटकती थी। नेताजी की आँखों पर चश्मा नहीं था यानी चश्मा तो था, लेकिन संगमरमर का नहीं था। एक सामान्य और सचमुच के चश्मे का चौड़ा काला फ्रेम मूर्ति को पहना दिया गया था। हालदार साहब जब पहली बार इस कस्बे से गुज़रे और चौराहे पर पान खाने के लिए रुके तभी उन्होंने इसे लक्षित किया और उनके चेहरे पर एक कौतुकभरी मुस्कान फैल गयी। वाह भई! यह आइडिया भी ठीक है। मूर्ति पत्थर की, लेकिन चश्मा रियल!

जीप कस्बा छोड़कर आगे बढ़ गयी तब भी हालदार साहब इस मूर्ति के बारे में ही सोचते रहे और अन्त में इस निष्कर्ष पर पहुँचे कि कुल मिलाकर कस्बे के नागरिकों का यह प्रयास सराहनीय ही कहा जाना चाहिए। महत्त्व मूर्ति के रंग-रूप या क़द का नहीं, उस भावना का है वरना तो देशभक्ति भी आजकल मज़ाक़ की चीज़ होती जा रही है।

दूसरी बार जब हालदार साहब उधर से गुजरे तो उन्हें मूर्ति में कुछ अन्तर दिखाई दिया। ध्यान से देखा तो पाया कि चश्मा दूसरा है। पहले मोटे फ्रेम वाला चौकोर चश्मा था, अब तार के फ्रेमवाला गोल चश्मा है। हालदार साहब का कौतुक और बढ़ा। वाह भई! क्या आइडिया है। मूर्ति कपड़े नहीं बदल सकती, लेकिन चश्मा तो बदल ही सकती है। तीसरी बार फिर नया चश्मा था।

हालदार साहब की आदत पड़ गयी, हर बार कस्बे से गुज़रते समय चौराहे पर रुकना, पान खाना और मूर्ति को ध्यान से देखना। एक बार जब कौतूहल दुर्दमनीय हो उठा तो पान वाले से ही पूछ लिया, क्यों भई! क्या बात है? यह तुम्हारे नेताजी का चश्मा हर बार बदल कैसे जाता है?

पान वाले के खुद के मुँह में पान ठुँसा हुआ था। वह एक काला मोटा और खुशमिजाज़ आदमी था। हालदार साहब का प्रश्न सुनकर वह आँखों-ही-आँखों में हँसा। उसकी तोंद थिरकी। पीछे घूमकर उसने दुकान के नीचे पान थूका और अपनी लाल-काली बत्तीसी दिखाकर बोला, "कैप्टन चश्मे वाला करता है।"

क्या करता है? हालदार साहब कुछ समझ नहीं पाये। चश्मा चेंज कर देता है। पान वाले ने समझाया। क्या मतलब? क्यों चेंज कर देता है? हालदार साहब अब भी नहीं समझ पाये।

"कोई गिराकर आ गया समझो। उसको चौड़े चौखट चाहिए। तो कैप्टन किदर से लायेगा? तो उसको मूर्ति वाला दे दिया। उदर दूसरा बिठा दिया।"

अब हालदार साहब को बात कुछ-कुछ समझ में आयी। एक चशमे वाला है जिसका नाम कैप्टन है। उसे नेताजी की बगैर चशमे वाली मूर्ति बुरी लगती है, बल्कि आहत करती है, मानो चशमे के बगैर नेताजी को असुविधा हो रही हो। इसलिए वह अपनी छोटी-सी दुकान में उपलब्ध गिने-चुने फ्रेमों में से एक नेताजी की मूर्ति पर फिट कर देता है। लेकिन जब कोई ग्राहक आता है और उसे वैसे ही फ्रेम की दरकार होती है जैसा मूर्ति पर लगा है तो कैप्टन चशमे वाला मूर्ति पर लगा फ्रेम-सम्भवत: नेताजी से क्षमा माँगते हुए लाकर ग्राहक को दे देता है और बाद में नेताजी को दूसरा फ्रेम लौटा देता है। वाह! भई ख़ूब! क्या आइडिया है। लेकिन भाई! एक बात अभी भी समझ में नहीं आयी। हालदार साहब ने पान वाले से फिर पूछा, "नेताजी का ओरिजिनल चश्मा कहाँ गया?"

पान वाला दूसरा पान मुँह में ठूँस चुका था। दोपहर का समय था, 'दुकान' पर भीड़-भाड़ अधिक नहीं थी। वह फिर आँखों-ही-आँखों में हँसा। उसकी तोंद थिरकी। कत्थे की डण्डी फेंक, पीछे मुड़कर उसने नीचे पीक थूकी और मुस्कराता हुआ बोला, "मास्टर बनाना भूल गया।"

पान वाले के लिए यह एक मजेदार बात थी, लेकिन हालदार साहब के लिए चकित और द्रवित करने वाली यानी वे ठीक ही सोच रहे थे। मूर्ति के नीचे लिखा 'मूर्तिकार मास्टर मोतीलाल' वाकई कस्बे का अध्यापक था। बेचारे ने महीने भर में मूर्ति बनाकर पटक देने का वादा कर दिया होगा। बना भी ली होगी, लेकिन पत्थर में पारदर्शी चश्मा कैसे बनाया जाये या काँच वाला, यह तय नहीं कर पाया होगा या कोशिश की होगी और असफल रहा होगा या बनाते-बनाते 'कुछ और बारीकी' के चक्कर में चश्मा टूट गया होगा या पत्थर का चश्मा अलग से बनाकर फिट किया होगा और वह निकल गया होगा। उफ़..!

हालदार साहब को यह सब कुछ बड़ा विचित्र और कौतुकभरा लग रहा था। इन्हीं खयालों में खोये-खोये पान के पैसे चुकाकर, चश्मे वाले की देशभक्ति के समक्ष नतमस्तक होते हुए वह जीप की तरफ़ चले, फिर रुके, पीछे मुड़े और पान वाले के पास जाकर पूछा, "क्या कैप्टन चशमे वाला नेताजी का साथी है? या आज़ाद हिन्द फ़ौज का भूतपूर्व सिपाही?"

पान वाला नया पान खा रहा था। पान पकड़े अपने हाथ को मुँह से डेढ़ इंच दूर रोककर उसने हालदार साहब को ध्यान से देखा, फिर अपनी लाल-काली बत्तीसी दिखाई और मुस्कराकर बोला, "नहीं साब! वो लँगड़ा क्या जायेगा फ़ौज में। पागल है पागल! वो देखो, वो आ रहा है। आप उसी से बात कर लें। फ़ोटो-वोटो छपवा दें उसका कहीं।"

हालदार साहब को पान वाले द्वारा एक देशभक्त का इस तरह मज़ाक़ उड़ाया जाना अच्छा नहीं लगा। मुड़कर देखा तो अवाक् रह गये। एक बेहद बूढ़ा मरियल-सा लँगड़ा आदमी सिर पर गांधी टोपी और आँखों पर काला चश्मा लगाये एक हाथ में एक छोटी-सी सन्दूकची और दूसरे हाथ में एक बाँस पर टँगे बहुत-से चश्मे लिये अभी-अभी एक गली से निकला था और अब एक बन्द दुकान के सहारे अपना बाँस टिका रहा था। तो इस बेचारे की दुकान भी नहीं! फेरी लगाता है! हालदार साहब चक्कर में पड़ गये। पूछना चाहते थे, इसे कैप्टन क्यों कहते हैं? क्या यही इसका वास्तविक नाम है? लेकिन पान वाले ने साफ़ बता दिया था कि अब वह इस बारे में और बात करने को तैयार नहीं। ड्राइवर भी बेचैन हो रहा था। काम भी था। हालदार साहब जीप में बैठकर चले गये।

दो साल तक हालदार साहब अपने काम के सिलसिले में उस कस्बे से गुज़रते रहे और नेताजी की मूर्ति में बदलते हुए चश्मों को देखते रहे। कभी गोल चश्मा होता, तो कभी चौकोर, कभी लाल, कभी काला, कभी धूप का चश्मा, कभी बड़े काँचों वाला गोगो चश्मा...पर कोई-न-कोई चश्मा होता ज़रूर...उस धूलभरी यात्रा में हालदार साहब को कौतुक और प्रफुल्लता के कुछ क्षण देने के लिए। फिर एक बार ऐसा हुआ कि मूर्ति के चेहरे पर कोई भी, कैसा भी चश्मा नहीं था। उस दिन पान की दुकान भी बन्द थी। चौराहे की अधिकांश दुकानें बन्द थीं।

अगली बार भी मूर्ति की आँखों पर चश्मा नहीं था। हालदार साहब ने पान खाया और धीरे से पान वाले से पूछा, "क्यों भई, क्या बात है? आज तुम्हारे नेताजी की आँखों पर चश्मा नहीं है?" पान वाला उदास हो गया। उसने पीछे मुड़कर मुँह का पान नीचे थूका और सिर झुकाकर अपनी धोती के सिरे से आँखें पोंछता हुआ बोला, "साहब! कैप्टन मर गया।" और कुछ नहीं पूछ पाये हालदार साहब। कुछ पल चुपचाप खड़े रहे, फिर पान के पैसे चुकाकर जीप में आ बैठे और रवाना हो गये।

बार-बार सोचते, क्या होगा उस कौम का जो अपने देश की खातिर घर-गृहस्थी-जवानी-जिन्दगी सब कुछ होम देने वालों पर भी हँसती है और अपने लिए बिकने के मौके ढूँढ़ती है। दुखी हो गये। पन्द्रह दिन बाद फिर उसी कस्बे से गुज़रे। कस्बे में घुसने से पहले ही खयाल आया कि कस्बे की हृदयस्थली में सुभाष की प्रतिमा अवश्य ही प्रतिष्ठापित होगी, लेकिन सुभाष की आँखों पर चश्मा नहीं होगा।...क्योंकि मास्टर बनाना भूल गया।...और कैप्टन मर गया। सोचा, आज वहाँ रुकेंगे नहीं, पान भी नहीं खायेंगे, मूर्ति की तरफ़ देखेंगे भी नहीं, सीधे निकल जायेंगे। ड्राइवर से कह दिया, चौराहे पर रुकना नहीं, आज बहुत काम है, पान आगे कहीं खा लेंगे।

लेकिन आदत से मजबूर आँखें चौराहा आते ही मूर्ति की तरफ़ उठ गयीं। कुछ ऐसा देखा कि चीख़े, "रोको!" जीप स्पीड में थी, ड्राइवर ने जोर से ब्रेक मारा। रास्ता चलते लोग देखने लगे। जीप रुकते-न-रुकते हालदार साहब जीप से कूदकर तेज़-तेज़ क़दमों से मूर्ति की तरफ़ लपके और उसके ठीक सामने जाकर अटेंशन में खड़े हो गये।

मूर्ति की आँखों पर सरकण्डे से बना छोटा-सा चश्मा रखा हुआ था, जैसा बच्चे बना लेते हैं। हालदार साहब भावुक हैं। इतनी-सी बात पर उनकी आँखें भर आयीं।

धन्यकुमार बिरादार

धन्यकुमार जिनपाल बिराजदार समकालीन हिन्दी साहित्य के नव लेखक के रूप में परिचित हैं। शिक्षण प्रसारक मण्डल, पुणे में विगत चौबीस वर्षों से कार्यरत धन्यकुमार बिराजदार के 'समाज धन' तथा 'लॉकडाउन', 'जनमन्थन', 'साहित्य के नये प्रतिमान', 'प्रतियोगिता परीक्षा पुस्तक' प्रकाशित हैं। भारतीय ज्ञानपीठ प्रकाशन दिल्ली से प्रकाशित 'लॉकडाउन' कोरोना कालीन परिस्थितियों पर लिखा गया हिन्दी का पहला कहानी-संग्रह है। यह कहानी-संग्रह महाराष्ट्र राज्य हिन्दी साहित्य अकादमी द्वारा तथा मुंशी प्रेमचन्द एवं तुलसी साहित्य संस्कृति अकादमी द्वारा पुरस्कृत है। आपने कहानियों में किसानों, महिलाओं, मज़दूरों की विभिन्न सामाजिक समस्याओं का चित्रण करते हुए उनका समाधान ढूँढ़ने का प्रयास भी किया है। आपकी कुल 10 सम्पादित पुस्तकें प्रकाशित हैं। वर्तमान में आप अखिल भारतीय हिन्दी महासभा, दिल्ली के राष्ट्रीय महामन्त्री, महाराष्ट्र हिन्दी परिषद्, नागरी लिपि परिषद्, हिन्दी विकास मंच के सदस्य के रूप में हिन्दी की सेवा कर रहे हैं तथा महाराष्ट्र राज्य पाठ्यपुस्तक निर्मिति और संशोधन मण्डल, महाराष्ट्र बालभारती हिन्दी समिति के अध्यक्ष के रूप में सेवा कर रहे हैं।

'वसीयतनामा' कहानी 'लॉकडाउन' कहानी-संग्रह से ली गयी है। यह कहानी वर्तमान समय में विशेषकर कोरोना काल में वृद्धों के प्रति बढ़ती संवेदनहीनता को व्यक्त करती है। धन लोलुपता और भौतिकता के प्रभाव से परिवार में वृद्धों के प्रति उपेक्षा बढ़ रही है और छल से उन्हें घर से बाहर कर दिया जा रहा है। परिणाम स्वरूप ऐसे वृद्ध एक तो वृद्धाश्रम या फिर अस्पताल में ही अपना जीवन समाप्त कर देते हैं।

कहानी में पचहतार साल के वृद्ध वल्लभदास तीन सन्तानों के पिता हैं, जिनमें रमेश इंजीनियर और विवाहित है, तो नागेश व्यापारी। उनकी एक पुत्री है समीक्षा कोरोना काल में उनकी पत्नी का देहान्त हो जाता है। पैसे होने के बावजूद

वल्लभदास अपनी पत्नी को नहीं बचा सके। दोनों बेटे हमेशा वल्लभदास से सम्पत्ति के बँटवारे की माँग कर झगड़ा करते हैं। उन्हें डर है कि उनकी बहन समीक्षा पूरी सम्पत्ति न हड़प ले। पिता को पता है कि इस पूरी सम्पत्ति को समीक्षा ने ही बढ़ाया है। उसी के कारण कारख़ाने से व्यापार में तरक्की हुई है। पुत्री के विवाह के बाद वल्लभदास ने अपने कारख़ाने की ओर ध्यान देना शुरू किया। काम के चलते वे अपने स्वास्थ की ओर ज़्यादा ध्यान नहीं दे सके। वल्लभदास इतने दरिया दिल थे कि उन्होंने अपने मज़दूरों को लॉकडाउन में कारख़ाना बन्द होने के बावजूद वेतन बढ़ाकर दिया, ताकि घर के लोग भूखे न मर सकें। ऐसे में एक दिन वल्लभदास खाँसी और तेज़ बुखार से पीड़ित हो गये और वे कोरोना पॉजीटिव हो गये। तब से घर में दोनों बेटे उनकी उपेक्षा कर घर में बन्द कर देते हैं और न दवाई दी और न ही अस्पताल में भर्ती कराया। आधी रात को करहाते हुए वे कमरे से निकल कर सड़क पर पहुँचे। और उन्हें डॉ. रितेश ने अस्पताल में भर्ती कराया और पैसे भी अस्पताल में जमा किये और घर पर सन्देश भेजा पर कोई नहीं आया। लम्बे इलाज के बाद वे कोरोनामुक्त हो गये। पर घर जाने से इनकार किया। उन्होंने कसम खा ली, "मैं अस्पतात में मर जाऊँगा पर घर नहीं जाऊँगा।" डॉ. रितेश से उन्होंने वार्तालाप कर दोनों बेटों की मक्कारी के बारे में बताया। डॉ. रितेश ने उन्हें अपने बारे में भी बताया कि कैसे पिता की मृत्यु के बाद वल्लभदास जी ने उसके परिवार की मदद की, जिसके कारण वह आज डॉक्टर बन गया। रितेश ने ही अस्पताल में उनकी सेवा की और वह उन्हें पिताजी का दर्जा भी दिया। वल्लभदास रितेश की सेवाभाव और अपने बेटे के व्यवहार के कारण अस्पताल में ही वकील को बुलवाकर वसीयत लिखते हैं, जिसमें डॉ. रितेश को बड़ा बेटा मान उसके नाम से सम्पत्ति का चौथा हिस्सा किया। उन्होंने अपनी सम्पत्ति को चार भागों में बाँट दिया, परन्तु डॉ. रितेश ने सम्पत्ति लेने से इनकार कर दिया। और अचानक दिल का दौरा पड़ने से वल्लभदास की मृत्यु हो जाती है। वसीयतनामा लेकर वह वल्लभदास के घर पहुँचता है, जहाँ पर रमेश और नागेश डॉक्टर द्वारा कोरोना फैलाये जाने की ग़लतफ़हमी में उसे मार-मार कर बेहोश कर देते हैं और अन्त में रितेश की मृत्यु हो जाती है और रमेश तथा नागेश वसीयतनामा पढ़ते रहे। कहानी यही सन्देश देती है कि हमारा असली 'वसीयतनामा' हमारी अपनों के प्रति संवेदनशीलता, भाईचारा, ईमानदारी और अपने माता-पिता है। धन का क्या आज है...कल का क्या पता?

वसीयतनामा

•

धन्यकुमार बिरादार

"हेलो भाई साहब, दरवाज़ा खोलो!"

"अरे कहा न, हमें कोई टेस्ट नहीं करानी है और न ही हम कोरोना पेशेंट हैं!"

"प्लीज दरवाज़ा खोलोगे तो कुछ आपको बताऊँगा, सुनते हो प्लीज़!"

शाम के सात बज गये थे। बार-बार दरवाज़ा खोलने की आवाज़ सुनते ही रमेश डण्डा लेकर आया और उसके पीछे-पीछे नागेश भी और डॉक्टर रितेश की पिटाई करने लगे। उसकी पिटाई यहाँ तक हो गयी कि वह बेहोश पड़ा। थोड़ी देर बाद कॉलोनी के बहुत सारे लोग आ गये। सब में यही चर्चा थी कि रैपिड टेस्ट के लिए घर-घर घूमने वाले इन डॉक्टरों की वजह से ही कोरोना संक्रमण फैलने की सम्भावना रहती है। अत: कोई भी डॉक्टरों को देखकर दरवाज़ा न खोले। पर बात कुछ और ही थी जो डॉक्टर के अन्तिम शब्दों से समझ में आ गयी।...वल्लभदास 75 साल के थे। घर में दो बेटे और एक कन्या। बड़ा बेटा रमेश सिविल इंजीनियर था और छोटा नागेश व्यापार सँभाल रहा था। रमेश की शादी हो गयी थी, पत्नी श्रावणी बी.कॉम उत्तीर्ण थी। नागेश गाँव में ही कपड़े का व्यवसाय सँभालता था। हर तरह से सम्पन्न होने के बावजूद रमेश और उसकी पत्नी वृद्ध वल्लभदास की देखभाल नहीं कर सके। वल्लभदास जानते थे कि पूरी इस्टेट उन्हीं के अपने नाम से है। दोनों बेटों ने सम्पत्ति के विभाजन के लिए पिता जी के साथ कई बार झगड़ा भी किया था। "बाबू जी! जब तक आप हैं सम्पत्ति का विभाजन कर दें वरना बहन कब आयेगी और कब सम्पत्ति पर अपना हक बतायेगी बोल नहीं सकते।" बेटों की इन बातों को सुनते हुए वल्लभदास के मन में विचार आया कि आज उनके पास जो भी सम्पत्ति है वह बेटी समीक्षा की कृपा से है। वह दुकान में बैठती, दुकान के साथ कारख़ाने की ओर पूरा ध्यान देती, कारख़ाने का उत्पन्न बढ़ाने की दृष्टि से प्रयास करती। लगभग

छह-सात वर्ष उसने दुकान और कारख़ाने की ओर ध्यान दिया था। यही कारण था कि व्यापार में तरक्की हो रही थी। उसका विवाह एक व्यापारी के साथ हुआ जिसने मुम्बई में अपना व्यवसाय शुरू किया था, परन्तु गोडाउन में अचानक लगी। आग से उनका व्यवसाय चौपट हो गया था। वल्लभदास के दोनों बेटे इस बात से अच्छी तरह परिचित थे। बार-बार उनके मन में यही विचार आता कि बहन आयेगी और सम्पत्ति पर अपना हक़ बतायेगी। वल्लभदास ने भी एक-दो बार अपने दोनों बेटों को बुलाते हुए बहन की सहायता करने की बात भी कही थी, जिसका विरोध रमेश और नागेश ने किया था।

दोनों बेटों ने पिता जी द्वारा सम्पत्ति का विभाजन न करने के कारण उनसे छल शुरू किया। वल्लभदास की पत्नी का देहान्त तीन महीने पहले ही हुआ था। भारत में जैसे ही कोरोना ने क़दम रखा था, उसमें वल्लभदास की पत्नी संक्रमित हो गयी थी और कई दिन अस्पताल में भर्ती थी। बढ़ती उम्र, कमजोर शरीर तथा दामाद के गोडाउन में लगी आग से हुई हानि का मन पर परिणाम होने से भगवान के घर चली गयी थी। वल्लभदास ने अस्पताल में कोरोना के संक्रमित मरीजों की दयनीय अवस्था देखी थी। डॉक्टर, नर्स तथा सफ़ाई कर्मचारियों के समर्पण और त्याग को भी नजदीकी से देखा था। कई डॉक्टर घर भी नहीं जा पाते थे। पत्नी तथा बच्चों से फ़ोन पर ही बातचीत करते थे। जो भी घर जाते, घर के बाहर रास्ते में स्नान करते और बाहर ही बैठकर भोजन करते और थोड़ी देर बाद अस्पताल लौट जाते।... डॉक्टरों की देखभाल के बाद भी वल्लभदास अपनी पत्नी को बचा नहीं पाये थे। मृत्यु के बाद लाश भी घर ले नहीं जा सके। पत्नी की मृत्यु का सदमा और दोनों बेटों के स्वार्थ को देखते हुए वल्लभदास चिन्तित हो गये थे।

रमेश और नागेश के मन में एक ही विचार था–सम्पत्ति। रमेश का विवाह हुआ था, नागेश के लिए कन्या भी देखी थी। उसकी ससुराल वाले सामान्य होने के कारण रमेश ने भविष्य का विचार करते हुए सम्पत्ति का तुरन्त विभाजन करने की माँग की थी। वल्लभदास ने इन सारी बातों का विचार करते हुए तय किया कि अभी सम्पत्ति का विभाजन कर दूँ तो भविष्य में मुझे ख़ुद भूखा मरना होगा। इसीलिए उन्होंने सम्पत्ति के विभाजन का विचार तक नहीं किया था। वे अपनी बात पर अडिग थे, जबकि रमेश और नागेश को बार-बार पिता की सम्पत्ति मात्र दिखाई देती थी, इसलिए दोनों आलसी बनकर काम न करते हुए घर में ही बैठकर खाते रहे और पैसे उड़ाते रहे। आख़िर वल्लभदास ने अपने अतीत को याद करते हुए स्वयं कारख़ाना जाना शुरू किया। वे कारख़ाना चले तो जाते थे, परन्तु बढ़ते काम के कारण अपने स्वास्थ्य की ओर ज़्यादा ध्यान नहीं दे सके। सरकार द्वारा दिये गये निर्देश के

अनुसार ही उन्होंने दो महीने बाद कारख़ाना शुरू किया था। ऐसे दरिया दिल थे कि लॉकडाउन में कारख़ाना बन्द होने के बावजूद अपने मजदूरों को कारख़ाने में रहने के लिए जगह देने के साथ-साथ भोजन की भी व्यवस्था की। यहाँ तक कि उनके वेतन में कटौती न करते हुए वेतन बढ़ाकर दिया। वल्लभदास जानते थे कि इन मज़दूरों के गाँव में उनके भाई-बहन बेरोज़गार बने हुए हैं। कोरोना के कारण उनके मालिक ने उन्हें काम से निकाल दिया है, यदि मैं भी इनकी सहायता न करूँ तो गाँव में मज़दूरों का परिवार भूखा रहेगा, इसीलिए वल्लभदास ने मज़दूरों को निर्धारित वेतन से भी हज़ार रुपये ज़्यादा देना ही उचित माना।

एक-एक पैसे को जोड़ते हुए वल्लभदास ने कारख़ाना शुरू किया था। अब उन्हें मजबूरन ख़ुद कारख़ाना जाना पड़ा। परन्तु अचानक एक दिन वल्लभदास खाँसी और तेज़ बुखार से पीड़ित हो गये। सिर में भी भारी दर्द महसूस करते रहे। सिर दर्द और सर्दी का विचार करते हुए घर में वे ख़ुद मास्क पहने ही बैठे थे, उन्होंने मास्क निकाला भी नहीं। बार-बार उनके खाँसने और नाक से पानी बहने को देखते हुए दोनों बेटों के मन में सन्देह हुआ। उनका सन्देह भी सच ही हुआ, वल्लभदास कोरोना पॉजिटिव पाये गये। तब से वे घर में उपेक्षित रह गये। दो बेटे और एक बहू घर में होने के बावजूद किसी ने उनसे आत्मीयता नहीं दिखाई, छूना तो दूर की बात। उनसे अस्पताल ले जाने की प्रार्थना की थी फिर भी किसी ने भी दया नहीं दिखाई। वल्लभदास से खड़े होना भी सम्भव नहीं रहा, इसलिए सबके सोने के बाद रात ग्यारह बजे रेंगते हुए घर से बाहर रास्ते पर आ गये। पड़ोसी भी सो गये थे। वल्लभदास बुरी तरह कराह रहे थे, गर्मी के दिनों में घर में कूलर और पंखा तेज़ चलने के कारण उनकी कराह की ओर किसी का ध्यान नहीं गया, परन्तु रात ठीक एक बजे किसी राही की नज़र उनकी ओर गयी। उसने अपनी गाड़ी रोकी और वल्लभदास से पूछताछ की। वल्लभदास ने रोते हुए अस्पताल ले जाने के लिए कहा। उसने वल्लभदास को तुरन्त अपनी गाड़ी में बिठाकर अस्पताल ले जाना उचित समझा। अस्पताल में टेस्ट के बाद वल्लभदास कोरोना पॉजिटिव पाये गये। सुबह फ़ोन करने पर भी दवा दारू के लिए आवश्यक पैसे, उनके भोजन आदि की व्यवस्था करने के लिए कोई भी नहीं गया। वल्लभदास ने भी अपने दोनों बेटों के साथ बहू से भी एक बार अस्पताल में मिलने की प्रार्थना की, “शायद मेरा अन्तिम समय आ गया है। मैं चाहता हूँ कि तुमसे कुछ बात करूँ।” इतना कहने पर भी किसी ने दया नहीं दिखाई। कारण यह था कि चार-पाँच दिन पहले ही दोनों बेटों ने सम्पत्ति के विभाजन पर बहस करते हुए काग़ज़ पर बहुत कुछ लिखवा लिया था, यद्यपि उन्होंने सब कुछ अपने हाथ से लिखा था, परन्तु हस्ताक्षर के अभाव में वह काग़ज़

बेकार साबित हो सकता था, शायद इसीलिए वल्लभदास ने रमेश और नागेश को अपने पास बुलाया होगा। परन्तु दोनों बेटों ने अब पिता से मिलना अनावश्यक माना था। वल्लभदास का इलाज चल तो रहा था, परन्तु डॉक्टर द्वारा लिखकर दी गयी दवाइयाँ न लाने के कारण स्वास्थ्य ढलता जा रहा था। आख़िर डॉ. रितेश को ख़बर मिलते ही वे तुरन्त अपने ओपीडी से कोविड अस्पताल चले गये और वल्लभदास की दवाइयाँ मँगवाते हुए उनके नाम से एक लाख रुपये एडवांस जमा कर दिये। पन्द्रह दिन तक अस्पताल में ट्रीटमेंट ले रहे वल्लभदास कोरोना नेगेटिव पाये गये और अस्पताल से उन्हें छुट्टी दे दी गयी। वल्लभदास ने रोना शुरू किया, डॉक्टर कुछ समझ नहीं पाये। उन्होंने डॉ. रितेश को फ़ोन कर कहा, "सर, हमने आपके साथ हुई बातचीत के अनुसार आपके बारे में कुछ कहा नहीं, पर उनके पूछने पर रमेश और नागेश द्वारा ख़र्च करने की बात कही है, फिर भी वे घर जाने के लिए तैयार नहीं। हमने आपके साथ हुई चर्चा के अनुसार अजनबी व्यक्ति को उन्हीं का नया मज़दूर होने की बात भी कही है। पर वे भरोसा करने के लिए तैयार नहीं। कहते हैं कि इसी अस्पताल में मर जाऊँगा, पर घर नहीं जाऊँगा।"

"ठीक है, राज को राज ही रहने दो। मैं अभी आ जाता हूँ, ओके!"

"ओके सर!"

डॉ. रितेश थोड़ी देर बाद अस्पताल पहुँचे तथा वल्लभदास से घर जाने की प्रार्थना की। वल्लभदास का रुदन और भी बढ़ गया। रितेश कुछ समझ नहीं पाये। वल्लभदास ने डॉक्टर रितेश से कहा, "आप हमारे लिए डॉक्टर ही नहीं ईश्वर हैं। पाँच-दस मिनट भी मास्क लगाते हुए घूमना और काम करना कितना कठिन है हम जानते हैं, पर आप जैसे डॉक्टर कोरोना के इतने मरीजों के बीच जान ख़तरे में डालकर काम करते हैं, पीपीई पहने दिनभर कैसे काम करते होंगे, मैं इसकी कल्पना भी नहीं कर पाता हूँ। आपने पुत्र के रूप में मेरी ओर ध्यान दिया है। समय-समय पर दवाइयाँ देना, बीपी-शुगर जाँच करने के साथ आत्मीयता से वार्तालाप करना, मैं यह कभी भूल नहीं सकता हूँ। मैं जानता हूँ कि मेरी दवाइयों का ख़र्च आप में से ही किसी ने किया है। बच्चों के पास मेरी ओर ध्यान देने के लिए भी समय नहीं है। उनके लिए धन महत्त्वपूर्ण है पिता नहीं। यदि मेरी ज़रूरत होती तो स्वयं देखभाल के लिए आते और पूछताछ करते। उनकी ज़रूरत तो वसीयतनामा के साथ पूर्ण हो गयी है। काश! तुम जैसा मेरा एक भी पुत्र हुआ होता..." आँखों में आँसू लाकर डॉ. रितेश के पैरों में गिर पड़े। डॉ. रितेश ने उन्हें हिम्मत देते हुए कुर्सी पर बैठाया और कहने लगे, "आप यह मत समझना कि आपका कोई बेटा यहाँ नहीं है। पर मैं ज़रूर बताऊँगा कि आपके सामने आप ही का बेटा आज हाथ जोड़े खड़ा हो गया

है। सात वर्ष पहले आपके कारख़ाने में काम करता मज़दूर आज आपके यहाँ नहीं है, परन्तु आपके पचास हज़ार रुपये की अनमोल सहायता से डॉक्टर बना उसका बेटा आपके सामने है। पुत्र की तरह स्नेह देते हुए आपने जो सहायता की है, मैं उसे कभी भूल नहीं सकता हूँ। आपने मुझे जीवन देते हुए मेरा घर बसाया है। अब इससे बढ़कर क्या सहायता हो सकती है।...पिता जी!...हाँ, बोलने दीजिए मुझे, आज मेरे पिता तो दुनिया में नहीं हैं। लेकिन पिता की तरह स्नेह दिया आपने मुझे। मैंने आपके लिए कुछ भी नहीं किया।"...वल्लभदास कुछ समझ नहीं पाया। डॉ. रितेश के पिता वल्लभदास के कारख़ाने में मज़दूरी करते थे। विगत बीस वर्षों से मज़दूरी करने वाले व्यक्ति की मृत्यु ट्रक से बोरियाँ उतारते समय शरीर पर बोरियाँ गिरने से हुई थी। उस मज़दूर की विधवा पत्नी ने वल्लभदास के सामने रोना शुरू किया था। वल्लभदास ने मज़दूर की पत्नी को समझाते हुए कारख़ाने की ओर से आर्थिक सहायता की थी। इसके साथ ही एलआईसी के पैसे भी पत्नी के हवाले कर दिये, जिसका पता मज़दूर की पत्नी को भी नहीं था। वल्लभदास मज़दूरों की पॉलिसी के रुपये ख़ुद भरते थे। उन्हीं रुपये से मज़दूर की पत्नी ने अपने दो कमरों का घर बनवाया था। बाद में मज़दूर की विधवा ने वल्लभदास के कारख़ाने में ही काम करना शुरू किया था। सात वर्ष पहले जब रोते हुए उसने रितेश की पढ़ाई के लिए सहायता माँगी थी, तब वल्लभदास ने पचास हज़ार रुपये की आर्थिक सहायता की थी। उन रुपये से रितेश अपनी चिकित्सा की शिक्षा पूर्ण कर सका था।

वही रितेश डॉक्टर बनकर आज वल्लभदास का अस्पताल का ख़र्च देख रहा था। उसने पीपीई किट वैसे ही रखते हुए अपना परिचय दिया था। अपनी मेडिकल शिक्षा पूर्ण करते ही डॉ. रितेश ने अपनी विधवा माँ को कारख़ाने में काम पर जाने से रोका था। रितेश का घर वल्लभदास के घर से दो किलोमीटर दूरी पर था। डॉक्टर रितेश उनके घर के सामने से गुज़रते थे। हाँ, कुछ वर्ष पहले वल्लभदास का पुराना घर कारख़ाना के पास ही था। अब उन्होंने ओपन प्लॉट लेकर बड़ा तीन मंज़िला घर बनवाया लिया था और उनके घर से होते हुए डॉ. रितेश अपने घर की ओर जाते थे। पन्द्रह दिन पहले डॉ. रितेश ने अस्पताल से घर की ओर जाते समय रात एक बजे वल्लभदास को कराहते हुए देखा था और अस्पताल में भर्ती करते हुए उनका पूरा ख़र्चा उठाया था।

यह सब सुनते हुए वल्लभदास के मन में विचारों की लहरें उठने लगीं। वे कुछ निर्णय नहीं ले पा रहे थे। उन्होंने तुरन्त सौ रुपये का स्टॉम्प पेपर मँगवाया और एकान्त में बहुत कुछ लिखते रहे। थोड़ी देर बाद उन्होंने डॉ. रितेश को अपने पास बुलाते हुए काग़ज़ उनके हाथ में दिया। डॉ. रितेश ने स्टॉम्प पेपर खोल कर पढ़ना

शुरू किया तो आँखों से आँसू बहने लगे। वल्लभदास ने अपनी सम्पत्ति का चौथा हिस्सा डॉ. रितेश के नाम से किया था। उन्होंने अपनी सम्पत्ति को चार भागों में बाँटते हुए पुत्र के रूप में जिम्मेदारी निभाने वाले रितेश को सबसे बड़ा बेटा मानकर उसके बाद रमेश, नागेश और समीक्षा के नाम जोड़ दिये थे। यहाँ तक कि उन्होंने अस्पताल में ही वकील को भी बुलवा लिया था और बाकायदा अपनी सम्पत्ति के हकदार के रूप में डॉ. रितेश का नाम लिखा था। डॉ. रितेश यह कुछ जानते नहीं थे। अत: डॉ. रितेश को यह बात स्वीकार नहीं थी। यद्यपि वे वल्लभदास के घर नहीं जाते होंगे फिर भी उनके परिवार के इतिहास, बच्चों के व्यवहार आदि से परिचित थे। वल्लभदास का वसीयत लिखना उन्हें उचित नहीं लगा। उन्होंने वल्लभदास द्वारा की गयी सहायता पर विचार करते हुए अस्पताल में उनके इलाज की व्यवस्था की थी। इसका अर्थ सम्पत्ति में हक माँगना तो नहीं हो सकता था। वल्लभदास को बड़ी विनम्रता से समझाते हुए डॉ. रितेश ने उस प्रस्ताव को स्वीकार करने से इनकार किया। इसी दरमियान वल्लभदास को अचानक अपने दोनों स्वार्थी बेटे तथा दामाद की दयनीय अवस्था याद आने पर दिल का दौरा पड़ गया और उसी में उनकी मृत्यु हो गयी थी। यों कोरोना से मृत्यु होने के बाद लाश रिश्तेदारों के हाथ में दी नहीं जाती है, परन्तु परिवार के सदस्य आकर अन्तिम दर्शन कर सकते थे, लेकिन वल्लभदास तो कोरोना मुक्त हो गये थे, इसलिए उन्हें घर पहुँचाना आवश्यक था। पर वल्लभदास तो अपने घर जाने के लिए तैयार नहीं थे और दिल के दौरे से अस्पताल में ही मृत्यु हो गयी थी। उनकी मृत्यु का समाचार सुनाने ही डॉ. रितेश उनके घर गया था, परन्तु रमेश और नागेश की मार खाकर बेहोश पड़ गया था। वहाँ आये लोगों ने उसे प्रलाप करते देखा, "पिता जी की लिखी वसीयत को सच मत मानना, वे तो बस उनकी सन्तुष्टि के लिए थी। इसे फाड़ देना और...और आप सभी एक साथ अस्पताल जाकर उनकी अन्त्येष्टि करना...मैं आपको अस्पताल ले जाना और अन्त्येष्टि की व्यवस्था करना चाहता था।"...अन्तिम साँस लेते हुए कहा, "अब...अब पिता जी की अन्त्येष्टि करना...और हाँ, मैंने अस्पताल का बिल भर दिया है।...आप सिर्फ़ वहाँ चले जाना बाकी व्यवस्था मैंने...की...है।" कहते हुए रितेश ने अन्तिम साँस ली और रमेश तथा नागेश वसीयतनामा पढ़ते रहे।

(खण्ड-ख) हिन्दी कविताएँ

मैथिलीशरण गुप्त

मैथिलीशरण गुप्त का जन्म 3 अगस्त, 1886 को झाँसी के निकट चिरगाँव में हुआ था। उनकी माता का नाम काशी बाई और पिता का नाम सेठ रामचरण है। हिन्दी सहित्य के इतिहास में वे खड़ी बोली के प्रथम महत्त्वपूर्ण कवि हैं। 'साकेत', 'रंग में भंग', 'जयद्रथ वध', 'पंचवटी', 'शकुन्तला', 'किसान', 'यशोधरा', 'पत्रावली', 'विकट भट' तथा 'भारत भारती' उनकी महत्त्वपूर्ण रचनाएँ हैं। उन्हें 'साकेत' महाकाव्य के लिए 'मंगला प्रसाद पारितोषिक' प्रदान किया गया। राष्ट्रपति ने उन्हें राज्यसभा का सदस्य मनोनीत किया था। भारत सरकार ने उन्हें 'पद्म भूषण' से अलंकृत किया। उनकी जयन्ती 3 अगस्त को हर वर्ष 'कवि दिवस' के रूप में मनाया जाता है।

प्रस्तुत कविता 'नर हो न निराश करो मन को' कवि मैथिलीशरण गुप्त की रचना है। यह कविता मनुष्य को कर्मशील बनने की प्रेरणा दे रही है। अपने गौरव और स्वाभिमान की रक्षा करते हुए मनुष्य को सदा अच्छे कर्म करना चाहिए। यह कविता संघर्ष के क्षणों में हमें सम्बल प्रदान करती है। यह कविता मानव को मानव होने का एहसास दिलाती है। 'नर हो न निराश करो मन को' प्रेरणादायी कविता है। यह कविता निराश व्यक्ति के जीवन में आशा का संचार करती है। इस कविता में कवि ने मानव को कहा है कि तुम मानव हो, तुम्हें इस बात का ज्ञान होना चाहिए, मानव होने पर गर्व होना चाहिए। इसलिए इस संसार में आये हो तो कुछ ऐसा काम करो, जिससे पूरी दुनिया में तुम्हारा नाम हो। सही समय का उपयोग करो और संसार को सपना न समझो, अपना रास्ता स्वयं चुनो। इस संसार में तुम्हारी ज़रूरत की सभी चीज़ें हैं तुमसे तुम्हारा अस्तित्व कहाँ दूर जा सकता है। इसलिए उठो और सफलता प्राप्त करो, तुम्हें अपने मानव होने का गर्व होना चाहिए। सफलता और किसी लक्ष्य को प्राप्त करने का एकमात्र तरीक़ा आपके द्वारा किया गया प्रयास है। सफलता का एकमात्र रास्ता कड़ी मेहनत है। कड़ी मेहनत ही सुख और वैभव प्राप्त करने का एक

मात्र तरीक़ा है। अपने लक्ष्य को पाने के लिए निरन्तर प्रयास और कड़ी मेहनत करते रहने से भगवान भी आपका साथ देते हैं। यदि आप अपने लक्ष्य को प्राप्त करने के लिए कड़ी मेहनत नहीं कर रहे हैं, तो आपका जीवन आपके लिए अभिशाप है। आप ऐसा कर्म करें कि मरने के बाद भी आपका नाम गूँजता रहे। इस कविता से मनुष्य होने का सही अर्थ मिलता है, यह मानव-जीवन के अस्तित्व को उजागर करती है...

यदि आपका जीवन गतिहीन और क्रियाहीन है तो आपको ऐसे जीवन को अपने लिए अभिशाप मानना चाहिए। मानव को निरन्तर कर्मशील होने का सन्देश मैथलीशरण गुप्त जी देते हैं।

नर हो, न निराश करो मन को

मैथिलीशरण गुप्त

नर हो, न निराश करो मन को
कुछ काम करो, कुछ काम करो
जग में रह कर कुछ नाम करो
यह जन्म हुआ किस अर्थ अहो
समझो जिसमें यह व्यर्थ न हो
कुछ तो उपयुक्त करो तन को
नर हो, न निराश करो मन को

सँभलो कि सुयोग न जाय चला
कब व्यर्थ हुआ सदुपाय भला
समझो जग को न निरा सपना
पथ आप प्रशस्त करो अपना
अखिलेश्वर है अवलंबन को
नर हो, न निराश करो मन को

जब प्राप्त तुम्हें सब तत्त्व यहाँ
फिर जा सकता वह सत्त्व कहाँ
तुम स्वत्त्व सुधा रस पान करो
उठके अमरत्व विधान करो
दवरूप रहो भव कानन को
नर हो, न निराश करो मन को

निज गौरव का नित ज्ञान रहे
हम भी कुछ हैं यह ध्यान रहे
मरणोत्तैर गुंजित गान रहे
सब जाय अभी पर मान रहे
कुछ हो न तज़ो निज साधन को
नर हो, न निराश करो मन को

प्रभु ने तुमको दान किए
सब वांछित वस्तु विधान किए
तुम प्राप्त करो उनको न अहो
फिर है यह किसका दोष कहो
समझो न अलभ्य किसी धन को
नर हो, न निराश करो मन को

किस गौरव के तुम योग्य नहीं
कब कौन तुम्हें सुख भोग्य नहीं
जान हो तुम भी जगदीश्वर के
सब है जिसके अपने घर के
फिर दुर्लभ क्या उसके जन को
नर हो, न निराश करो मन को

करके विधि वाद न खेद करो
निज लक्ष्य निरन्तर भेद करो
बनता बस उद्यम ही विधि है
मिलती जिससे सुख की निधि है
समझो धिक् निष्क्रिय जीवन को
नर हो, न निराश करो मन को
कुछ काम करो, कुछ काम करो

भवानीप्रसाद मिश्र

भवानी प्रसाद मिश्र का जन्म 29 मार्च 1913 को मध्य प्रदेश के होशंगाबाद जिले के टिगरिया गाँव में हुआ था। वे हिन्दी साहित्य के प्रसिद्ध कवि, लेखक और समाजसेवी थे। मिश्र की प्रारम्भिक शिक्षा जबलपुर में हुई और उन्होंने अपनी उच्च शिक्षा बनारस हिन्दू विश्वविद्यालय से प्राप्त की।

उन्होंने महात्मा गांधी के विचारों से प्रभावित होकर स्वतन्त्रता संग्राम में भाग लिया और जेल भी गये। उनके साहित्य में गांधीवादी विचारधारा और सरलता का प्रभाव स्पष्ट रूप से दिखाई देता है।

भवानी प्रसाद मिश्र का काव्य लेखन सरल, सहज और प्रभावशाली था। उनकी प्रमुख रचनाओं में 'बुनी हुई रस्सी', 'गीत फरोश', 'त्रिवेणी' और 'ख़ुशबू के शिलालेख' शामिल हैं। उनकी कविताओं में ग्रामीण जीवन, प्रकृति और मानव मूल्यों का सुन्दर चित्रण मिलता है। मिश्र को साहित्य के क्षेत्र में उनके योगदान के लिए कई पुरस्कारों से सम्मानित किया गया, जिनमें 'साहित्य अकादमी पुरस्कार' भी शामिल है। भवानी प्रसाद मिश्र का निधन 20 फरवरी 1985 को हुआ। उनके साहित्यिक योगदान को हिन्दी साहित्य में सदैव याद किया जायेगा।

मिश्र जी की कविता सरल भाषा में होती थी, जो आम जनता को आसानी से समझ में आ सके। उनकी कविताओं में एक अनोखी संवेदना और मानवीयता का सन्देश होता था।

भवानी प्रसाद मिश्र की कविता 'गीत फरोश' एक सरल और संवेदनशील कविता है, जिसमें कवि ने अपनी भावनाओं और विचारों को बहुत ही सहज और प्रभावशाली ढंग से प्रस्तुत किया है। इस कविता में कवि ख़ुद को एक गीत बेचने वाला (गीत फरोश) मानता है, जो अपने गीतों के माध्यम से लोगों को जीवन की सच्चाइयों और संवेदनाओं से परिचित कराता है।

गीत-फ़रोश गीत के रूप में लिखा गया है, जिसमें एक नया प्रवाह और नया भाव-बोध देखा जा सकता है। आत्म स्वीकृति और पूँजीवाद ने कैसे हर चीज़ को

बिकाऊ कर दिया है। इसी बात को इस गीत में व्यंजित किया गया है। यह कविता कविकर्म के प्रति समाज और स्वयं कवि के बदलते हुए दृष्टिकोण को उजागर करती है। व्यंग्य के साथ-साथ इसमें वस्तु स्थिति का मार्मिक निरूपण भी है। 'गीत-फरोश' कविता में कवि ने अपनी फ़िल्मी दुनिया में बिताये समय को याद कर कवि के गीतों का विक्रेता बनने की विडम्बना को मार्मिकता के साथ कविता में ढाला है।

गीत-फरोश कविता की पृष्ठभूमि के विषय में कवि ने स्वयं कहा है कि– 'गीत-फरोश' शीर्षक हँसाने वाली कविता मैंने बड़ी तकलीफ़ में लिखी थी। मैं पैसे को कोई महत्त्व नहीं देता, लेकिन पैसा बीच-बीच में अपना महत्त्व स्वयं प्रतिष्ठित करा लेता है। मुझे अपनी बहन की शादी करनी थी। पैसा मेरे पास था नहीं, तो मैंने कलकत्ता में बन रही एक फ़िल्म के लिए गीत लिखे। गीत अच्छे लिखे गये। लेकिन मुझे इस बात का दु:ख था कि मैंने पैसे लेकर गीत लिखे।"

यह कविता भवानी प्रसाद मिश्र द्वारा रचित है। वे इस कविता में गीत के चरित्र को दर्शाना चाहते हैं कि आज की कविता का कर्म और कवि की मनोदशा कैसी है। आज का कवि किस प्रकार से लाचार और विवश हो गया है। आज के कवि की कविता में लाचारगी परिलक्षित होती है और यहाँ कवि लोगों को स्पष्ट कर देना चाहते हैं कि वह किसी शौक़ के लिए इस कार्य को नहीं कर रहे हैं, बल्कि उसे मजबूरी में इस कार्य को करना पड़ रहा है, इसलिए कवि कहता है कि वह हर तरह के गीत बेचता है।

कवि अपनी कविता को लेकर चिन्तित और विवश हो गया है कि गीत कई बार बाज़ारू उत्पाद की तरह देखे जाते हैं तथा कई बार उन्हें काम के साथ जोड़कर देखा जाता है। कभी कोई गीत ख़ुशी में लिखा जाता है तो कई बार जीवन में आने वाली मुश्किल क्षणों में लिखा जाता है। कभी-कभी गीत शरीर के कष्टों से राहत दिलाने में भी सहायक होते हैं।

वह अपने गीतों को बेचने के लिए ग्राहकों को अपने पास बुला रहा है और कहता है, "जी हाँ! हुजूर मैं गीत बेचता हूँ। मैं तरह-तरह के गीत बेचता हूँ। मैं सभी क़िस्म के गीत बेचता हूँ। मेरे पास गीतों का अथाह भण्डार है। आप ज़रा गीत पसन्द कीजिए। जो भी उठायेंगे उसका कोई-न-कोई अर्थ होगा, वह निरर्थक नहीं होगा। यह मेरे गीत आपके किसी-न-किसी काम आ जायेंगे। आपका सुख-दु:ख हो, सभी प्रकार का वातावरण हो, उसके अनुकूल, उसकी परिस्थितियों के अनुकूल, यहाँ आपको गीत मिल जायेगा। यह निरर्थक नहीं है। इन सभी का कोई-न-कोई अर्थ है। कोई-न-कोई काम है। अगर आपको मेरे गीत नहीं पसन्द आते या उनकी विशेषता

नहीं पता तो मैं बता दूँगा, मेरा हर गीत काम का है।" कवि इन पंक्तियों में स्पष्ट और सरल भाषा में कहना चाहते हैं कि कवि कर्म कैसे परिवर्तित हो गया है।

कवि, समाज की स्थिति पर करारा व्यंग्य करते हुए कहता है कि लोगों ने अर्थ की लालसा में अपना धैर्य और ईमान तक बिक्री के लिए बाज़ार में रख दिया है, वह तो अपना ईमान बचाने के लिए केवल अपने गीत बेच रहा है। व्यंग्य के साथ-साथ इस कविता में वस्तु की मार्मिक स्थिति का निरूपण भी किया गया है।

कवि इस कविता के माध्यम से स्पष्ट करता है कि इस भौतिकवादी युग में साहित्य प्रेमी अब नहीं रहे, साहित्य के भोक्ता रह गये हैं, जो साहित्य को भी अपनी ज़रूरत के अनुसार अन्य वस्तुओं की तरह आँकते और ख़रीदते हैं।

भवानी प्रसाद मिश्र एक कवि के स्वाभिमान और विवशता का चित्रण करते हैं। कवि का मानना है कि आदमी की साधना का जो विषय है, वह उसकी आजीविका का विषय नहीं होना चाहिए। मैं कुछ लिखूँ, इसका पैसा मिल जाये, यह अलग बात है, लेकिन कोई मुझसे कहे कि इतने पैसे देता हूँ, तुम गीत लिख दो, यह स्थिति मुझे नापसन्द है। परन्तु उन्होंने मजबूरी एवं आर्थिक विवशता के फलस्वरूप अपने गीत बेचे हैं, जिनका जीवन-भर उन्हें मलाल रहेगा।

निष्कर्षतः यह कहा जा सकता है कि तकलीफ़ और बेबसी की पृष्ठभूमि में लिखी गयी 'गीत फरोश' कविता कवि के कर्म के प्रति समाज और स्वयं के बदलते हुए दृष्टिकोण को उजागर करती है।

गीत-फ़रोश

•

भवानीप्रसाद मिश्र

जी हाँ हुज़ूर, मैं गीत बेचता हूँ,
मैं तरह-तरह के गीत बेचता हूँ,
मैं क़िसिम-क़िसिम के गीत बेचता हूँ!

जी, माल देखिए, दाम बताऊँगा,
बेकाम नहीं हैं, काम बताऊँगा,
कुछ गीत लिखे हैं मस्ती में मैंने,
कुछ गीत लिखे हैं पस्ती में मैंने,
यह गीत सख़्त सर-दर्द भुलाएगा,
यह गीत पिया के पास बुलाएगा!

जी, पहले कुछ दिन शर्म लगी मुझको;
पर बाद-बाद में अक़्ल जगी मुझको,
जी, लोगों ने तो बेच दिए ईमान,
जी, आप न हों सुनकर ज़्यादा हैरान–
मैं सोच-समझ कर आख़िर

अपने गीत बेचता हूँ,
जी हाँ हुज़ूर, मैं गीत बेचता हूँ,
मैं तरह-तरह के गीत बेचता हूँ,
मैं क़िसिम-क़िसिम के गीत बेचता हूँ!

यह गीत सुबह का है, गाकर देखें,
यह गीत ग़ज़ब का है, ढाकर देखें,
यह गीत ज़रा सूने में लिक्खा था,
यह गीत वहाँ पूने में लिक्खा था,
यह गीत पहाड़ी पर चढ़ जाता है,
यह गीत बढ़ाए से बढ़ जाता है!

यह गीत भूख और प्यास भगाता है,
जी, यह मसान में भूख जगाता है,
यह गीत भुवाली की है हवा हुज़ूर,
यह गीत तपेदिक की है दवा हुज़ूर,
जी, और गीत भी हैं दिखलाता हूँ,
जी, सुनना चाहें आप तो गाता हूँ।

जी, छन्द और बेछन्द पसन्द करें,
जी, अमर गीत और वे जो तुरन्त मरें!
ना, बुरा मानने की इसमें क्या बात,
मैं ले आता हूँ क़लम और दावात,
इनमें से भाए नहीं, नये लिख दूँ,
जी, नए चाहिए नहीं, गए लिख दूँ!
मैं नये, पुराने सभी तरह के
गीत बेचता हूँ,
जी हाँ हुज़ूर, मैं गीत बेचता हूँ,
मैं तरह-तरह के गीत बेचता हूँ,
मैं क़िसिम-क़िसिम के गीत बेचता हूँ!

जी, गीत जनम का लिखूँ, मरण का लिखूँ,
जी, गीत जीत का लिखूँ, शरण का लिखूँ,
यह गीत रेशमी है, यह खादी का,
यह गीत पित्त का है, यह बादी का!
कुछ और डिज़ाइन भी हैं, यह इल्मी,
यह लीजे चलती चीज़, नई फ़िल्मी,

यह सोच-सोचकर मर जाने का गीत,
यह दुकान से घर जाने का गीत!

जी नहीं, दिल्लगी की इसमें क्या बात,
मैं लिखता ही तो रहता हूँ दिन-रात,
तो तरह-तरह के बन जाते हैं गीत,
जी, रूठ-रूठकर मन जाते हैं गीत!
जी बहुत ढेर लग गया, हटाता हूँ,
ग्राहक की मर्जी, अच्छा जाता हूँ;
या भीतर जाकर पूछ आइए आप,
है गीत बेचना वैसे बिल्कुल पाप,
क्या करूँ मगर लाचार हार कर गीत बेचता हूँ!
जी हाँ हुजूर, मैं गीत बेचता हूँ,
मैं तरह-तरह के गीत बेचता हूँ,
मैं क़िसिम-क़िसिम के गीत बेचता हूँ!

हरिवंशराय बच्चन

हालावादी काव्यधारा के प्रमुख कवि हरिवंशराय बच्चन का जन्म इलाहाबाद के एक कायस्थ परिवार में 27 नवम्बर 1907 को हुआ। उन्हें नाम दिया गया 'हरिवंशराय' और घर में उन्हें प्यार से 'बच्चन' पुकारा जाता था। आरम्भिक शिक्षा-दीक्षा के बाद इलाहाबाद विश्वविद्यालय से अंग्रेज़ी साहित्य में एम.ए. की परीक्षा पास की और वहीं अध्यापन करने लगे। 1952 में विलियम बटलर के साहित्य पर शोध के लिए कैंब्रिज विश्वविद्यालय गये। स्वदेश वापसी पर आकाशवाणी में प्रोड्यूसर बने, फिर 1955 में विदेश मन्त्रालय में 'हिन्दी विशेषाधिकारी' के रूप में नियुक्त किये गये। 1966 में राष्ट्रपति ने उन्हें राज्यसभा का सदस्य मनोनीत किया। उनका प्रथम विवाह श्यामा से 1927 में हुआ। श्यामा की मृत्यु के पश्चात उनका दूसरा विवाह 1942 में तेज़ी सूरी से हुआ। ऐसे कालजयी साहित्यकार का देहान्त 18 जनवरी, 2003 को हुआ।

हरिवंशराय बच्चन की 'मधुबाला', 'मधुकलश', 'सतरंगीनी', 'एकान्त संगीत', 'निशा निमन्त्रण', 'विकल विश्व', 'खादी के फूल', 'सूत की माला', 'मिलन दो चट्टानें भारतीं', 'अंगारे' आदि हरिवंशराय बच्चन की मुख्य कृतियाँ हैं। हरिवंशराय बच्चन की गद्य रचनाओं में 'क्या भूलूँ क्या याद करूँ', 'टूटी छूटी कड़ियाँ', 'नीड़ का निर्माण फिर-फिर' आदि श्रेष्ठ रचनाएँ हैं।

'जो बीत गयी सो बात गयी!' उपदेशात्मक और बोधगम्य कविता हैं। काव्य में कवि जीवन के महत्त्वपूर्ण सत्य को उद्घाटित करते हैं कि ज़िन्दगी में भूतकाल और भविष्यकाल की मायाजाल से मुक्त होकर अपने वर्तमान में जीवन-यापन करना चाहिए। व्यक्ति अपनी जीवन-यात्रा के दौरान विभिन्न जीवनानुभवों से गुज़रता हैं। दुःख और पीड़ा के समय में आदमी जल्दी सँभल नहीं सकता। इसमें अगर किसी अपने प्रिय को असमय गँवाने की नौबत आ गयी तो पूरे जीवन को दुःखी बनाता हैं। कवि इस कविता के माध्यम से यही विचार व्यक्त करता है कि जो ज़िन्दगी

में बीत गया है उसको भूलकर, चिन्ता छोड़कर एवं मुक्त होकर अपने वर्तमान के जीवन को अच्छे से जीना चाहिए। कवि बच्चन ने यह बात समझाने के लिए अम्बर, मधुवन और मधुशाला का उदाहरण दिया है। बीती बातें कितनी भी प्रिय हों परन्तु जीवन दोबारा नहीं आता। उसके लिए आप कितने आँसू बहायें, प्रलाप करें या पश्चात्ताप करें, किन्तु जीवन में कल कभी लौटकर नहीं आता और आनेवाला कल भी अनिश्चित होता है। इसलिए कवि वर्तमान में जीवन जीने को महत्त्व देते हैं।

आकाश में चमकने वाले सितारे को अम्बर बेपनाह प्यार करता है। सितारे अम्बर के लिए ख़ास और दिल के क़रीब होते हैं। किन्तु सितारों के टूटने और बिछड़ने का अम्बर शोक मनता नहीं है। जिस फूल पर मधुवन नित्य समय न्योछावर रहते थे। जब प्यारे कुसुम मधुवन में सुख जाते हैं, कलियाँ असमय मुरझा जाती हैं परन्तु सुखे फूल को और कलियों को देखकर कभी भी मधुवन दुःखी नहीं होता है और न ही अपने वर्तमान को बर्बाद करता है। मधुवन तो सब भूलकर अपने कर्तव्य को निभाता रहता है। मधुशाला या मदिरालय के प्यारे प्यालें टूटकर मिट्टी में मिल जाते हैं, लेकिन मदिरालय कभी पछतावा नहीं करता। सच्चे हृदय-मन से जो जीता है, वह रोता-चिल्लाता नहीं। अतः जीवन में घटित अप्रिय घटनाएँ और अपने प्यारे जो दिल के क़रीब हैं, उनके चले जाने के दुःख को भूलकर जीवन में नये रंग भरते रहने चाहिए। मनुष्य को प्रकृति से सीख लेकर अपने जीवन को सहज और सुन्दर बनाने का सन्देश कवि देते हैं।

जो बीत गई सो बात गई

•

हरिवंशराय बच्चन

जीवन में एक सितारा था
माना वह बेहद प्यारा था
वह डूब गया तो डूब गया
अम्बर के आनन को देखो
कितने इसके तारे टूटे
कितने इसके प्यारे छूटे
जो छूट गए फिर कहाँ मिले
पर बोलो टूटे तारों पर
कब अम्बर शोक मनाता है
जो बीत गई सो बात गई

जीवन में वह था एक कुसुम
थे उस पर नित्य निछावर तुम
वह सूख गया तो सूख गया
मधुवन की छाती को देखो
सूखी कितनी इसकी कलियाँ
मुर्झाई कितनी वल्लरियाँ
जो मुर्झाई फिर कहाँ खिली
पर बोलो सूखे फूलों पर
कब मधुवन शोर मचाता है
जो बीत गई सो बात गई

जीवन में मधु का प्याला था
तुमने तन मन दे डाला था
वह टूट गया तो टूट गया
मदिरालय का आँगन देखो
कितने प्याले हिल जाते हैं
गिर मिट्टी में मिल जाते हैं
जो गिरते हैं कब उठते हैं
पर बोलो टूटे प्यालों पर
कब मदिरालय पछताता है
जो बीत गई सो बात गई

मृदु मिट्टी के हैं बने हुए
मधु घट फूटा ही करते हैं
लघु जीवन लेकर आए हैं
प्याले टूटा ही करते हैं
फिर भी मदिरालय के अन्दर
मधु के घट हैं मधु प्याले हैं
जो मादकता के मारे हैं
वे मधु लूटा ही करते हैं
वह कच्चा पीने वाला है
जिसकी ममता घट प्यालों पर
जो सच्चे मधु से जला हुआ
कब रोता है चिल्लाता है
जो बीत गई सो बात गई

सर्वेश्वर दयाल सक्सेना

सर्वेश्वर दयाल सक्सेना का जन्म 15 सितम्बर 1927 को उत्तर प्रदेश के बस्ती ज़िले में हुआ था। वे हिन्दी साहित्य के एक प्रमुख कवि, लेखक और पत्रकार थे। उन्होंने अपनी शिक्षा इलाहाबाद विश्वविद्यालय से प्राप्त की।

सक्सेना ने साहित्य की कई विधाओं में महत्त्वपूर्ण योगदान दिया, जिनमें कविता, नाटक, उपन्यास और कहानियाँ शामिल हैं। उनकी लेखनी में समाज की समस्याओं, मानवीय संवेदनाओं और समकालीन परिस्थितियों का प्रभावी चित्रण मिलता है।

उनकी प्रमुख कृतियों में 'खूँटियों पर टँगे लोग', 'जंगल का दर्द', 'सपने तुम संग-संग चलो' और 'बबूल और कैक्टस', 'बकरी' और 'हँसो हँसो जल्दी हँसो' शामिल हैं।

सर्वेश्वर दयाल सक्सेना का निधन 24 सितम्बर, 1983 को हुआ। उनके साहित्यिक योगदान के लिए उन्हें कई पुरस्कारों से सम्मानित किया गया, 'खूँटियों पर टँगे लोग' रचना के लिए 'साहित्य अकादमी पुरस्कार' मिला।

उनकी रचनाएँ सामाजिक मुद्दों, मानवता और अस्तित्व के प्रश्नों को गहराई से छूती हैं। उनकी कविताएँ समाज की वास्तविकताओं और संवेदनाओं का सजीव चित्रण करती हैं। उनके साहित्य में मानवीय सम्बन्धों और संघर्षों का विश्लेषण मिलता है।

सर्वेश्वर दयाल सक्सेना कुली और नेताओं में समानता दिखाते हुए लिखते हैं कि दोनों की ही बातों में आम आदमी को बहकाने और अपनी बातों के जाल में फँसाने की अद्भुत क्षमता होती है। कुली जिस स्थान बस अड्डों पर खड़ा होकर हमें हमारे सामान सहित मंज़िल तक पहुँचाने की आवाज़ें लगाता है, उसी तरह एक नेता भी मंच पर खड़े होकर अपने भाषण में ज़ोर-ज़ोर से यही बात चिल्लाता है कि 'हम ले चलेंगे' अर्थात् यदि आप हमें अपना नेता चुनते हैं, तो हम आपकी हर

समस्या का हल करेंगे तथा आपको आपकी सही मंज़िल तक पहुँचायेंगे। जिस तरह किसी अकाल और सूखे से बर्बाद हो चुके गाँव की सीमा पर एक कुत्ता भूख और प्यास से दम तोड़ देता है, उसी तरह आज भारतीय समाज में जनता के सवाल और उनकी समस्याएँ उपेक्षित-सी दम तोड़ती रहती हैं। उस लावारिस कुत्ते की मौत की तरह जनता की समस्याओं की परवाह किसी को नहीं होती है। नेता लोग जनता से कहना चाहते हैं कि प्रश्न पूछकर या समस्याएँ बताकर उनके राजनीतिक आनन्द के वातावरण को गन्दा न करें समस्याओं से जूझते हुए पीड़ित जनता के सवाल भूखे कुत्ते की तरह उपेक्षित होकर मरते रहें, इससे उन्हें कोई फ़र्क़ नहीं पड़ने वाला है।

हम ले चलेंगे

•

सर्वेश्वर दयाल सक्सेना

"हम ले चलेंगे
चिल्लाते मिलते हैं बस अड्डे पर
कुली और मंच पर नेता"

"देखते ही देखते
सिर पर से बक्स ग़ायब
हो जाता है
और मंच से जवाव"

"किसी सूखाग्रस्त गाँव के
कुत्ते की तरह
सिवान पर दम तोड़ता
मिलता है हर सवाल,
जहाँ लिखा है
यह जगह आपकी है
कृपया इसे गन्दा न कीजिए"

केदारनाथ सिंह

समकालीन कविता के सशक्त कवि केदारनाथ सिंह का जन्म 7 जुलाई, 1934 में उत्तर प्रदेश के बलिया ज़िले के चकिया गाँव में हुआ था। इन्होंने बनारस हिन्दू विश्वविद्यालय से हिन्दी में एम.ए. और पीएच.डी की। उन्होंने अपना शोध ग्रन्थ 'आधुनिक हिन्दी कविता में बिम्बविधान' आचार्य हजारी प्रसाद द्विवेदी के मार्गदर्शन में पूरा किया। केदारनाथ सिंह ने कई कॉलेजों में पढ़ाया और अन्त में जवाहरलाल नेहरू विश्वविद्यालय में हिन्दी विभाग के अध्यक्ष पद से सेवानिवृत्त हुए। इन्होंने कविता और गद्य की अनेक पुस्तकें रची हैं और उन्हें अनेक पुरस्कारों से सम्मानित किया गया। उनकी कविताओं का अनुवाद सभी प्रमुख भारतीय भाषाओं के साथ ही अंग्रेज़ी, जर्मन, रूसी, स्पेनिश आदि विदेशी भाषाओं में भी हुआ है। 'अभी बिल्कुल अभी', 'ज़मीन पक रही है', 'यहाँ से देखो', 'अकाल में सारस', 'उत्तर कबीर और अन्य कविताएँ', 'बाघ', 'ताल्स्ताय और साइकिल' और 'सृष्टि पर पहरा' उनके काव्य-संग्रह हैं। कल्पना और छायावाद, आधुनिक हिन्दी कविता में बिम्बविधान, मेरे समय के शब्द, मेरे साक्षात्कार इनके आलोचनात्मक ग्रन्थ है। उन्हें 'अकाल में सारस' के लिए 1989 के 'साहित्य अकादमी पुरस्कार' से सम्मानित किया गया। उन्हें 2013 में प्रतिष्ठित 'ज्ञानपीठ पुरस्कार' से सम्मानित किया गया। केदारनाथ सिंह की कविता में गाँव और शहर का द्वन्द्व साफ़ नज़र आता है। 'बाघ' इनकी प्रमुख लम्बी कविता है, जो मील का पत्थर मानी जाती है।

केदारनाथ सिंह की कविता 'फर्क नहीं पड़ता' एक गहन और विचारोत्तेजक कविता है, जिसमें कवि ने जीवन के विभिन्न पहलुओं और परिस्थितियों पर अपने दृष्टिकोण को प्रस्तुत किया है। उनकी कविता 'फर्क नहीं पड़ता' जीवन की कटु वास्तविकताओं का चित्रण करती है। 'फर्क नहीं पड़ता' कवि के शब्दों में वर्तमान युग का मुहावरा ही बन गया है। यह कविता आधुनिक कहलाये जाने वाले मनुष्य के भावहीन और संवेदनविहीन होने की व्यथा को अंकित करती है। आज का मनुष्य अपने घर में, अपनों के बीच भी एक अजनबीपन महसूस करता है।

'फर्क नहीं पड़ता' कविता वर्तमान समय में मनुष्य द्वारा सही जा रही अजनबीपन की पीड़ा की व्याख्या करती है। आज का व्यक्ति अपनी प्रकृति और संस्कृति से ही दूर नहीं हो रहा है, अपितु अपनों से और सबसे अधिक अपने आप से कटता जा रहा है। यह अलगाव की स्थिति अत्यन्त कष्टदायक है। मनुष्य भरी सड़कों, महफिलों में भी अजनबी-सा घूमता रहता है। अपने घर लौटकर भी उसे किसी तरह का अपनापन महसूस नहीं हो पाता है और न ही शान्ति मिल पाती है। घर में सभी उपभोक्तावादी सभ्यता की चपेट में आकर यन्त्रवत् जीवनयापन करने के लिए अभिशप्त हैं। कवि को अपना घर किसी अपरिचित आगन्तुक की तरह बधाई देता हुआ नज़र आता है। यह स्थिति किसी भी संवेदनशील मनुष्य के लिए अत्यन्त कष्टप्रद है। एक मशीन की भाँति उसने अपनी जीवन शैली बना ली है। समाज के साथ उसके दिनोदिन टूटते रिश्ते के परिणाम स्वरूप चाहे वह सड़कों पर हो या महफ़िलों में बस अकेला पड़ गया है। राह चलते हर व्यक्ति के लिए एक-दूसरे का चेहरा अनजाना प्रतीत होता है।

आज का मनुष्य सभी तरह के जीवन मूल्यों के प्रति उदासीन है। आज 'सड़क' और 'प्यार' दोनों एक से हैं अर्थात 'प्यार' भी सड़क की तरह सपाट और भावशून्य हो चुके हैं। जिस दौर में इन्सान और इन्सानी रिश्ते वस्तु में बदल जाये, वहाँ मानवीय नाते-रिश्तों का बिखरना, टूटना स्वाभाविक है। संवेदनशील जीवन, भावरहित भाषा और व्यवहार आज के दौर की पहचान बन गये है। 'फर्क नहीं पड़ता' हमारे युग का नारा बन चुका है। यह सर्वाधिक चिन्ता का विषय है।

मित्र, परिवार सभी से एक अजनबीपन की स्थिति बनी हुई है। यह अपने समय की सबसे बड़ी विडम्बना है। वर्तमान में मनुष्य की जीवन शैली बनावटी और दिखावटी हो गयी है। व्यक्ति के मन के भीतर जो बात होती है, वह उसे व्यक्त नहीं करता। मुँह से बाहर जो बात निकलती है, वह बनावटी और झूठी होती है। तमाम विसंगतियों और विडम्बनाओं के बीच मनुष्य घुटता-पीसता, कराहता हुआ जीवन निर्वाह कर रहा है। रक्त विहीन शरीर का कोई महत्त्व नहीं होता है, उसी तरह संवेदनहीन जीवन की कोई अहमियत नहीं रह जाती। अपनी जड़ से जुड़कर ही मनुष्य अपने आपको बचाये रख सकता है। मौजूदा स्थिति जूते के अन्दर की एक नन्ही-सी 'कील' के समान गड़ने लगती है। उम्मीद करनी चाहिए कि मनुष्य उस नन्ही-सी कील को निकाल कर फेंक देगा और मानवता की विजय होगी।

फ़र्क नहीं पड़ता

•

केदारनाथ सिंह

हर बार लौटकर
जब अन्दर प्रवेश करता हूँ
मेरा घर चौंककर कहता है 'बधाई'

ईश्वर
यह कैसा चमत्कार है
मैं कहीं भी जाऊँ
फिर लौट आता हूँ

सड़कों पर परिचय-पत्र माँगा नहीं जाता
न शीशे में सबूत की ज़रूरत होती है
और कितनी सुविधा है कि हम घर में हों
या ट्रेन में
हर जिज्ञासा एक रेलवे टाइम टेबुल से
शान्त हो जाती है

आसमान मुझे हर मोड़ पर
थोड़ा-सा लपेटकर बाक़ी छोड़ देता है
अगला क़दम उठाने
या बैठ जाने के लिए

और यह जगह है जहाँ पहुँचकर
पत्थरों की चीख़ साफ़ सुनी जा सकती है

पर सच तो यह है कि यहाँ
या कहीं भी फ़र्क़ नहीं पड़ता
तुमने जहाँ लिखा है 'प्यार'
वहाँ लिख दो 'सड़क'
फ़र्क नहीं पड़ता

मेरे युग का मुहाविरा है
फ़र्क़ नहीं पड़ता
अक्सर महसूस होता है
कि बग़ल में बैठे हुए दोस्तों के चेहरे
और अफ़्रीका की धुँधली नदियों के छोर
एक हो गये हैं

और भाषा जो मैं बोलना चाहता हूँ
मेरी जिह्वा पर नहीं
बल्कि दाँतों के बीच की जगहों में
सटी है

मैं बहस शुरू तो करूँ
पर चीजें एक ऐसे दौर से गुज़र रही हैं
कि सामने की मेज़ को
सीधे मेज़ कहना
उसे वहाँ से उठाकर
अज्ञात अपराधियों के बीच में रख देना है

और यह समय है
जब रक्त की शिराएँ शरीर से कटकर
अलग हो जाती हैं
और यह समय है
जब मेरे जूते के अन्दर की एक नन्ही-सी
कील
तारों को गड़ने लगती है।

अटल बिहारी वाजपेयी

अटल बिहारी वाजपेयी का जन्म 25 दिसम्बर, 1924 को मध्य प्रदेश के ग्वालियर में निम्न मध्यवर्गीय परिवार में हुआ। उनकी प्रारम्भिक शिक्षा-दीक्षा ग्वालियर के विक्टोरिया (अब लक्ष्मीबाई) कॉलेज और कानपुर के डीएवी कॉलेज में हुई। उन्होंने राजनीतिशास्त्र में एम.ए. किया और पत्रकारिता में अपना करियर शुरू किया। 'साथ ही राष्ट्रधर्म', 'पाँचजन्य', 'वीर अर्जुन' आदि पत्रिकाओं का सम्पादन किया। 1996 तथा 1998 से मई 2004 तक भारत के प्रधानमन्त्री थे। वे तीन बार प्रधानमन्त्री बने। 1957 में वह पहली बार भारतीय संसद के लि एचुने गये। 1980 में जनता पार्टी से असन्तुष्ट होकर जनता पार्टी छोड़ दी और भारतीय जनता पार्टी (BJP) की स्थापना कर पहले अध्यक्ष नियुक्त हुए। वे राजनीतिज्ञ होने के साथ-साथ एक कवि भी थे। 'मेरी इक्यावन कविताएँ' अटल बिहारी वाजपेयी का प्रसिद्ध काव्य-संग्रह है। वे जीवनभर भारतीय राजनीति में सक्रिय रहते हुए भी रचनात्मकता के लिए पहचाने जाते रहे। देश और साहित्य की सेवा करते-करते 16 अगस्त, 2018 को 93 वर्ष की आयु में उनका दिल्ली में देहान्त हुआ। अटल बिहारी वाजपेयी की कविता 'कदम मिलाकर चलना होगा' एक प्रेरणादायक और उत्साहवर्धक कविता है, जो सामूहिक एकता, दृढ़ संकल्प और समर्पण का सन्देश देती है। कविता में वाजपेयी कहते हैं कि हमें कदम मिलाकर चलना होगा अर्थात सभी को एक साथ चलना होगा। यह सन्देश समाज में एकता और समानता की आवश्यकता को दर्शाता है, जहाँ सभी लोग एकजुट होकर किसी भी चुनौती का सामना कर सकते हैं। कवि इस बात पर ज़ोर देते हैं कि किसी भी कठिनाई का सामना करने के लिए दृढ़ संकल्प और आत्मविश्वास आवश्यक हैं। वे कहते हैं कि "चाहे कितनी भी मुश्किलें आयें, हमें अपने लक्ष्य की ओर निरन्तर बढ़ते रहना चाहिए।" कविता में यह सन्देश भी निहित है कि अकेले व्यक्ति से कुछ बड़ा हासिल नहीं हो सकता। सफलता के लिए सामूहिक प्रयास की ज़रूरत होती है। यह विचार समाज और राष्ट्र निर्माण के सन्दर्भ में महत्त्वपूर्ण है।

वाजपेयी अपनी कविता में उम्मीद और आशा का सन्देश भी देते हैं। वे कहते हैं कि निराशा और हार मानना नहीं चाहिए, बल्कि हर परिस्थिति में आगे बढ़ने का प्रयास करना चाहिए। कविता में देशभक्ति और राष्ट्र के प्रति समर्पण का भाव भी प्रकट होता है। वाजपेयी अपने पाठकों को अपने देश के प्रति निष्ठा और समर्पण के साथ काम करने के लिए प्रेरित करते हैं। 'क़दम मिलाकर चलना होगा' कविता एक प्रेरणादायक रचना है जो एकता, संकल्प और समर्पण का सन्देश देती है। यह कविता लोगों को मिलकर काम करने, संघर्षों का सामना करने और सकारात्मक दृष्टिकोण रखने के लिए प्रेरित करती है।

क़दम मिलाकर चलना होगा

अटल बिहारी वाजपेयी

बाधाएँ आती हैं, आएँ,
घिरें प्रलय की घोर घटाएँ
पाँवों के नीचे अंगारे,
सिर पर बरसें यदि ज्वालाएँ
निज हाथों से हँसते-हँसते,
आग लगा कर जलना होगा।
क़दम मिलाकर चलना होगा।

हास्य रुदन में, तूफ़ानों में,
अमर असंख्यक बलिदानों में,
उद्यानों में, वीरानों में,
अपमानों में, सम्मानों में,
उन्नत मस्तक, उभरा सीना,
पीड़ाओं में पलना होगा।
क़दम मिलाकर चलना होगा।

उजियारे में, अन्धकार में,
कल कछार में, बीच धार में,
घोर घृणा में, पूत प्यार में,
क्षणिक जीत में, दीर्घ हार में,
जीवन के शत-शत आकर्षक,

अरमानों को दलना होगा।
क़दम मिलाकर चलना होगा।

सम्मुख फैला अमर ध्येय पथ,
प्रगति चिरन्तन कैसा इति अथ,
सुस्मित हर्षित कैसा श्रम श्लथ,
असफल-सफल समान मनोरथ,
सब कुछ देकर कुछ न माँगते,
पावस बनकर ढलना होगा।
क़दम मिलाकर चलना होगा।

कुश काँटों से सज्जित जीवन,
प्रखर प्यार से वंचित यौवन,
नीरवता से मुखरित मधुवन,
परहित अर्पित अपना तन-मन,
जीवन को शत-शत आहुति में,
जलना होगा, गलना होगा।
क़दम मिलाकर चलना होगा

दुष्यन्त कुमार

लोकप्रिय हिन्दी ग़ज़लकार दुष्यन्त कुमार का जन्म उत्तर प्रदेश के बिजनौर जनपद के राजपुर नवादा में 1 सितम्बर, 1933 को हुआ था। उनका मूल नाम दुष्यन्त कुमार त्यागी था। उन्हें इलाहाबाद विश्वविद्यालय में पढ़ाई के दिनों में नया आयाम मिला। उन दिनों वे 'परिमल' और 'नये पत्ते' जैसी संस्थाओं के साथ सक्रिय रहे और उन्हें इलाहाबाद में सक्रिय साहित्यकारों का सान्निध्य मिला। उन्होंने कविता, नाटक, एकांकी, उपन्यास आदि विधाओं में लेखन किया, लेकिन उन्हें कालजयी लोकप्रियता ग़ज़लों से प्राप्त हुई। 'सूर्य का स्वागत', 'आवाज़ों के घेरे', 'जलते हुए वन का वसन्त' उनके काव्य-संग्रह हैं, जबकि 'छोटे-छोटे सवाल', 'आँगन में एक वृक्ष' और 'दुहरी ज़िन्दगी' नामक उपन्यास लिखे। 'और मसीहा मर गया' उनका प्रसिद्ध नाटक है और 'मन के कोण' उनके द्वारा रचित एकांकी है। उन्होंने 'एक कण्ठ विषपायी' शीर्षक काव्य-नाटक की भी रचना की है। उनका इकलौता ग़ज़ल-संग्रह 'साये में धूप' है। 30 दिसम्बर, 1975 को महज 42 वर्ष की आयु में उनका निधन हो गया। भारत सरकार ने उनके सम्मान में डाक टिकट जारी किया है। 'दुष्यन्त कुमार स्मारक पाण्डुलिपि संग्रहालय' में उनकी धरोहरों को सँभालने का प्रयास किया गया है।

'हंगामा खड़ा करना मेरा मकसद नहीं' जैसी पंक्तियों के साथ समय की विडम्बनाओं को प्रश्नगत करती उनकी अभिव्यक्ति संसद से सड़क तक गूँजती है और आम आदमी उनमें अपनी आवाज़ की तलाश कर पाता है। लोगों की जुबाँ पर चढ़ी उनकी ग़ज़लें समय की परख करने और उससे लड़ने का हथियार बन सामने आती हैं। उनका साहित्य जनमानस में क्रान्ति का भाव निर्माण करने वाला है।

दुष्यन्त कुमार का ग़ज़ल-संग्रह 'साय में धूप' सन् 1975 के आपातकाल की पृष्ठभूमि में लिखा हुआ है। परिणामस्वरूप इस ग़ज़ल-संग्रह की लगभग सभी ग़ज़लें राजनीतिक चेतना से प्रेरित ग़ज़लें है। आपातकाल के परिणामस्वरूप जिस

प्रकार सत्ताधीशों द्वारा दमनतन्त्र का प्रयोग, सामान्य व्यक्ति के अधिकारों का हनन, विपक्षी नेताओं की आवाज़ बन्द करने की पृष्ठभूमि पर दुष्यन्त कुमार ने प्रस्तुत ग़ज़ल-संग्रह से अपनी वैचारिक भूमिका अभिव्यक्त की है।

प्रस्तुत ग़ज़ल के सात शेर लगभग राजनीतिक चेतना के शेर हैं। प्रथम शेर में शायर दुष्यन्त कुमार अपने समय की विसंगतियों का चित्रण कर रहे हैं। जिसमें गाना और चिल्लाना जैसी दो परस्पर विरोधी क्रियाएँ लोग एक साथ कर रहे हैं यानी हम कौन हैं? हमारे साथ क्या हो रहा है? इसका उन्हें न पता है, न चिन्ता। ऐसी स्थिति में लोग जी रहे हैं। इस बात की ओर दुष्यन्त कुमार संकेत करते हैं।

इसमें एक अर्थ यह भी लिया जा सकता है कि कुछ लोग गा रहे हैं यानी अच्छी भावना से अभिव्यक्त हो रहे है। उसी समय कुछ लोगों का चिल्लाना यानी अपनी दुष्ट प्रवृत्तियों को उजागर कर रहे हैं। कुछ लोग अपने हक माँग रहे हैं, तो कुछ उन अधिकारों को पैरों तले कुचल रहे हैं।

दूसरा शेर परिवर्तन को लेकर लिखा हुआ शेर है। तालाब का पानी बदलना यानी व्यवस्था में परिवर्तन ज़रूरी है। क्योंकि यहाँ कमल के फूल मुरझाने लगे हैं। आम आदमी के अधिकारों का हनन हो रहा है, आज़ादी के नाम पर उसे कुछ अधिकार नहीं मिल रहे है। ऐसी स्थिति में बदलाव की ज़रूरत की ओर दुष्यन्त कुमार संकेत कर रहे हैं।

तीसरे शेर में दुष्यन्त जी उन बातों को समझा रहे हैं जिसमें कुछ लोग अपने अधिकारों के प्रति सचेत होकर क़ानून हाथ में ले रहे हैं यानी फ़ाँसी के फन्दे तक (सलीब) यानी अपनी अन्तिम घड़ी तक पहुँचते हैं और ऐसी स्थिति में कुछ अवसरवादी लोग आकर उन्हें क़ायदे-क़ानून समझाने लगे हैं। ऐसा मत करो, वैसा मत करो, यह समझाने लगे हैं। एक वर्ग अपने अधिकारों को लेकर अत्याधिक सजग है, जो उसकी सज़ा भुगत रहा है, तो दूसरा वर्ग इससे दूर भागने की कोशिश कर रहा है।

अगला शेर 'कब्रस्तान में घर मिलना' यानी अत्यधिक अभाव में थोड़ी-सी सुविधा मिलने जैसा है। यह शेर भी राजनीतिक चेतना के साथ-साथ सामाजिक चेतना को स्पष्ट करने वाला है। अभावग्रस्त समाज व्यवस्था में थोड़ी-बहुत सुविधा मिल भी रही है, तो उस सुविधा में भी अनेक असुविधाएँ हैं। जैसे कब्रिस्तान में मिले हुए घर में भी तहख़ानों में तहख़ाने दिखाई दे रहे हैं यानी कहीं पर भी ख़ुशहाली, समाधान नहीं है।

अगला शेर आम आदमी बदलाव के प्रति जब कुछ कोशिश कर रहा है, तो उसका परिणाम सत्ताधीशों पर कैसे हो रहा है? इस पर कटाक्ष करने वाला यह शेर है।

मछलियों में थोड़ी-सी खलबली क्या मची अब मछली पकड़ने वाले अपनी नावें (सफीने) उस ओर ले जाने से डर रहे हैं। अभी आपातकाल व्यवस्था में कुछ लोग विद्रोह के लिए आगे बढ़ रहे थे, उसे देखकर सत्ताधीश डर रहे थे। इस बात की ओर दुष्यन्त इंगित करते हैं।

अगला शेर अपने आका यानी अपने वरिष्ठ नेता की डाँट-खाकर जो उनके चेले हैं वे फिर अपनी पार्टी, विचारधारा की बात करने लगते हैं, ऐसे लोगों पर यह शेर प्रहार करता है। अन्तिम शेर बदली हुई स्थिति की और इंगित करता है। इस नयी तहजीब यानी संस्कृति में आदमी को भुनकर खाना यानी आदमी का मनचाहा शोषण, उसको तकलीफ़ देना यह है। एक दौर ऐसा भी था, जब आदमी आदमी के बीच बराबरी के सम्बन्ध थे, लेकिन अब आदमी आदमी को भूनकर खाने लगा है। ये बदले हुए हालात का परिणाम है। दुष्यन्त कुमार ने राजनीतिक विकृतियों और विषमताओं को निर्भीकता से उद्घाटित किया है।

कैसे मंज़र सामने आने लगे हैं

•

दुष्यन्त कुमार

कैसे मंज़र सामने आने लगे हैं,
गाते-गाते लोग चिल्लाने लगे हैं।
अब तो इस तालाब का पानी बदल दो,
ये कँवल के फूल कुम्हलाने लगे हैं।
वो सलीबों के क़रीब आए तो हमको,
क़ायदे-क़ानून समझाने लगे हैं।
एक क़ब्रिस्तान में घर मिल रहा है,
जिसमें तहख़ानों से तहख़ानों लगे हैं।
मछलियों में खलबली है, अब सफ़ीने,
उस तरफ़ जाने से कतराने लगे हैं।
मौलवी से डाँट खाकर अहले-मक़तब,
फिर उसी आयत को दुहराने लगे हैं।
अब नई तहज़ीब के पेशे नज़र हम,
आदमी को भूनकर खाने लगे हैं।

निर्मला पुतुल

निर्मला पुतुल का जन्म 6 मार्च 1972 को झारखण्ड के दुमका ज़िले के दुधनी कुरुवा ग्राम में एक ग़रीब आदिवासी परिवार में हुआ। उनकी शिक्षा-दीक्षा सामान्य रही। उन्होंने आसानी से आजीविका पा सकने के लिए नर्सिंग का कोर्स किया। बाद में इग्नू से राजनीतिशास्त्र में स्नातक की डिग्री प्राप्त की। दो दशकों से अधिक समय से आदिवासी महिलाओं के विस्थापन, पलायन, उत्पीड़न, लैंगिक भेदभाव, मानवाधिकार, सम्पत्ति का अधिकार जैसे विषयों पर व्यक्तिगत, सामूहिक और संस्थागत स्तर पर सक्रिय रही हैं।

निर्मला पुतुल की प्रमुख कृतियों में उनके कविता-संग्रह और कहानियाँ शामिल हैं, जो आदिवासी समाज की आवाज़ को साहित्यिक मंच पर बुलन्द करते हैं। उनकी लेखनी में आदिवासी नारी की पीड़ा, उनके संघर्ष, उनके स्वाभिमान और उनके सामजिक स्थिति का वर्णन मिलता है। उनके साहित्यिक योगदान के लिए उन्हें कई पुरस्कारों से सम्मानित किया गया है। पुतुल की कविताओं और लेखों में संवेदनशीलता और सच्चाई की गहरी छाप देखने को मिलती है, जो पाठकों को आदिवासी समाज के क़रीब लाने में सक्षम हैं। उनकी रचनाएँ सामाजिक न्याय और समता की दिशा में एक महत्त्वपूर्ण क़दम मानी जाती हैं। 'अपने घर की तलाश में', 'नगाड़े की तरह बजते शब्द', 'बेघर सपने', 'फूटेगा एक नया विद्रोह' इनकी प्रमुख रचनाएँ हैं।

अपने 'घर की तलाश' कविता स्त्री कि पीड़ा, वेदना और सन्त्रास को अभिव्यक्त करती है। पुरुष प्रधान समाज व्यवस्था के कारण स्त्री अभावग्रस्त और उपेक्षापूर्ण जीवन व्यतीत करने को मजबूर है। सदियों से स्त्री को व्यवस्था ने परिवार के काम और उपभोग की वस्तु मात्र तक सीमित रखा है। प्रस्तुत कविता में कवयित्री तथाकथित व्यवस्था से सवाल पूछती है कि उसका परिवार और समाज में क्या स्थान है? सम्पूर्ण घर एक स्त्री पर निर्भर होता है सभी का पालन-पोषण करने का

और घर को सँभालने का दायित्व स्त्री पर होता है। स्त्री के बग़ैर एक परिपूर्ण घर की कल्पना भी बेमानी हो जाती है। स्त्री के अभाव में पूरा घर बिखर जाता है, परन्तु उसी घर में उसे कोई महत्त्व नहीं दिया जाता और न ही घर पर उसका अधिकार होता है। वह तो अपने कर्तव्य को निभाते-निभाते घर के किसी कोने में पड़ी रहती है। घर को घर बनाने वाली स्त्री का नाम भी घर की नेमप्लेट पर नहीं होता है। वह तो उपभोग की वस्तु मात्र बनी रहती है। एक स्त्री अपने में सम्पूर्ण धरती को समेटती है, परन्तु यह धरती स्त्री की नहीं होती। स्त्री तो सदियों से अपने घर और पहचान की तलाश में भटक रही है, परन्तु वह आज भी निरुत्तर है। अपने अस्तित्व की तलाश में भटकती स्त्री समाज से अपने होने का अर्थ पूछ रही है। प्रस्तुत कविता में स्त्री चेतना को अभिव्यक्त किया गया है। स्त्री को पुरुष की मानसिकता ने सदैव अपने स्वार्थ और उपभोग तक सीमित रख, उसे अपने अधीन किया है। इसी निर्दयी समाज से कवयित्री अपने होने का अर्थ पूछ रही है। निर्मला पुतुल की यह कविता उनके स्त्री के प्रति गहरी संवेदना और अपनी जड़ों से जुड़े रहने की आकांक्षा को प्रकट करती है।

अपने घर की तलाश

•

निर्मला पुतुल

अन्दर समेटे पूरा का पूरा घर मैं
बिखरी हूँ पूरे घर में
पर यह घर मेरा नहीं है

बरामदे पर खेलते बच्चे मेरे हैं
घर के बाहर लगी नेमप्लेट मेरे पति की है

मैं धरती नहीं पूरी धरती होती है मेरे अन्दर
पर यह नहीं होती मेरे लिए

कहीं कोई घर नहीं होता मेरा
बल्कि मैं होती हूँ स्वयं एक घर
जहाँ रहते हैं लोग निर्लिप्त
गर्भ से लेकर बिस्तर तक के बीच
कई-कई रूपों में...

धरती के इस छोर से उस छोर तक
मुट्ठी-भर सवाल लिये मैं
छोड़ती-हाँफती-भागती
तलाश रही हूँ सदियों से निरन्तर
अपनी जमीन, अपना घर
अपने होने का अर्थ!

ब्लॉग लेखन

ब्लॉग लेखन अर्थ एवं स्वरूप

ब्लॉग लेखन एक प्रकार का ऑनलाइन लेखन है, जो निजी डायरी की तरह होता है, जिसमें लेखक अपने व्यक्तिगत पेशेवर विचारों, अनुभवों, अभिरुचियों, अपने शौक़, यात्रा-वृतान्त और जानकारी को पाठकों के साथ साझा करता है। ब्लॉग पोस्ट नियमित रूप से अपडेट किये जाते हैं और इन्हें आम तौर पर एक वेबसाइट पर प्रकाशित किया जाता है, जिसे ब्लॉग कहते हैं। लेकिन इसके साथ ही कुछ ब्लॉग पेशेवर भी होते हैं, जहाँ कई लोगों के समूह के साथ ब्लॉगिंग करते हैं। ब्लॉग लेखन में विभिन्न विषयों जैसे कि यात्रा, शिक्षा, स्वास्थ्य, तकनीकी, कला, संस्कृति और अन्य कई प्रकार के विषय शामिल हो सकते हैं। इसका उद्देश्य पाठकों के साथ संवाद स्थापित करना, जानकारी प्रदान करना और विचारों को साझा करना होता है। ब्लॉग लेखन में सबसे महत्त्वपूर्ण है कि सामग्री पठनीय, सूचनाप्रद और पाठकों के लिए मूल्यवान होनी चाहिए।

सामान्य अर्थ में ब्लॉग को वेबसाइट प्लेटफॉर्म माना जाता है, लेकिन वास्तव में यह एक सॉफ्टवेयर प्लेटफॉर्म है, जो ब्लागर को एक वेबसाइट पर ऑनलाइन डायरी लिखने की सुविधा देता है। डायरी पर लिखी गयी सबसे आख़िरी टिप्पणी या विषय को पोस्ट कहा जाता है और यही पोस्ट ब्लॉग खोलते ही उसके होमपेज पर दिखती है। ब्लॉग की सबसे बड़ी विशेषता इसकी गतिशीलता होती है अर्थात् इसे लगातार अपडेट किया जा सकता है और इस पर लिखे गये पोस्ट पर पाठक अपनी प्रतिक्रिया भी दे सकता है।

एंड्रयू सल्विन–"पहला पत्रकारीय मॉडल जो वास्तव में वेब की लोकतान्त्रिक प्रकृति का महज दोहन नहीं करता, बल्कि इसे प्रोत्साहित भी करता है। यह एक नया माध्यम है, जो आख़िरकार एक विशेष आवाज़ हासिल करने लगा है।"

मेग हॉरिहन–"यह कई पोस्ट का एक संग्रह है...छोटे, अनौपचारिक, कभी-कभी विवादास्पद और कभी-कभी बेहद निजी...जिसकी शुरुआत किसी-न-किसी ताजी सूचना के साथ होती है।"

"ब्लॉग लेखन एक सृजनात्मक और सम्प्रेषणीय माध्यम है, जिसके माध्यम से लेखक अपने गहन विचारों, विश्लेषणों और अनुभवों को व्यापक दर्शकों तक पहुँचाता है। यह एक डिजिटल मंच है, जो लेखकों को अपने विचारों और धारणाओं को स्वतन्त्रता और ताजगी के साथ प्रस्तुत करने का अवसर प्रदान करता है। ब्लॉग लेखन विचारों के आदान-प्रदान और बौद्धिक विकास का एक महत्त्वपूर्ण साधन है, जो संवाद, आलोचना और चर्चा को प्रोत्साहित करता है।"

'ब्लॉग' अपना विचार, अपना मत व्यक्त करने का एक डिजिटल माध्यम है। ब्लॉग के माध्यम से हमें जो कहना है; उसके लिए, किसी की अनुमति लेने की आवश्यकता नहीं होती। ब्लॉग लेखन में शब्दसंख्या का बन्धन नहीं होता। अतः हम अपनी बात को विस्तार से रख सकते हैं। ब्लॉग, वेबसाइट, पोर्टल आदि डिजिटल माध्यम हैं। अख़बार, पत्रिका या पुस्तक हाथ में लेकर पढ़ने के बजाय उसे कम्प्यूटर, टैब या सेलफ़ोन से परदे पर पढ़ना डिजिटल माध्यम कहलाता है। इस प्रकार का वाचन करने वाली पीढ़ी इंटरनेट के कारण निर्माण हुई है। ब्लॉग के प्रयोग में युवा वर्ग अधिक संख्या में है। दुनिया की कोई भी जानकारी एक क्षण में ही प्राप्त हो जाती है। सोशल मीडिया के उदय के साथ, ब्लॉगिंग प्लेटफ़ॉर्म और सोशल मीडिया का मिश्रण देखने को मिला, जिससे सामग्री का वितरण और भी व्यापक हो गया।

आज ब्लॉग लेखन एक महत्त्वपूर्ण डिजिटल मार्केटिंग उपकरण है, जिसका उपयोग व्यक्तिगत ब्रांडिंग, व्यापारिक प्रचार और समुदाय निर्माण के लिए किया जाता है। ब्लॉग लेखन ने अपनी सादगी, सुलभता और विविधता के कारण डिजिटल युग में एक महत्त्वपूर्ण स्थान प्राप्त किया है।

हिन्दी ब्लॉगरों के लिए Blogger और Word Press जैसी प्रमुख ब्लॉगिंग प्लेटफ़ॉर्म उपलब्ध हुए, जिससे हिन्दी में ब्लॉगिंग को बढ़ावा मिला। हिन्दी ब्लॉगिंग समुदाय ने गति पकड़ी। विभिन्न विषयों पर ब्लॉग लिखे जाने लगे, जैसे साहित्य, कविता, राजनीति, तकनीक और दैनिक जीवन के अनुभव। 'हिन्दी ब्लॉग्स डॉट कॉम' और 'चिट्ठाजगत' जैसे ब्लॉग एग्रीगेटर साइट्स की शुरुआत हुई, जिन्होंने हिन्दी ब्लॉगों को एक मंच प्रदान किया और उन्हें एकजुट किया।

'ब्लॉगवाणी' जैसे और भी कई एग्रीगेटर प्लेटफ़ॉर्म शुरू हुए, जिन्होंने हिन्दी ब्लॉगों की पहुँच को और बढ़ाया। सोशल मीडिया प्लेटफार्मों जैसे Facebook

और Twitter के आगमन के साथ, हिन्दी ब्लॉग लेखकों ने अपने ब्लॉगों को प्रमोट करने और पाठकों के साथ जुड़ने के लिए इन प्लेटफार्मों का उपयोग किया 'हिन्दी ब्लॉगिंग सम्मेलन' जैसे कार्यक्रम आयोजित होने लगे, जिसमें हिन्दी ब्लॉगरों ने अपने अनुभव साझा किये और समुदाय को मज़बूत किया।

मोबाइल और इंटरनेट की पहुँच बढ़ने से हिन्दी ब्लॉगिंग को और भी बढ़ावा मिला। कई नये ब्लॉगर्स ने अपने ब्लॉग शुरू किये और विभिन्न विषयों पर लिखना शुरू किया।

आज, हिन्दी ब्लॉगिंग एक प्रमुख माध्यम बन गया है। कई प्रतिष्ठित ब्लॉगर अपनी लेखनी से प्रभाव डाल रहे हैं। वीडियो ब्लॉगिंग (व्लॉगिंग) और पॉडकास्टिंग ने भी हिन्दी में लोकप्रियता हासिल की है। YouTube और अन्य वीडियो प्लेटफार्मों पर हिन्दी कंटेंट क्रिएटर्स की संख्या बढ़ रही है।

हिन्दी ब्लॉगिंग का उपयोग अब डिजिटल मार्केटिंग, व्यक्तिगत ब्रांडिंग और सामाजिक मुद्दों पर जागरूकता बढ़ाने के लिए किया जा रहा है। हिन्दी ब्लॉग लेखन ने अपने प्रारम्भ से लेकर आज तक एक लम्बा सफ़र तय किया है और आज यह एक महत्त्वपूर्ण संचार माध्यम बन चुका है।

ब्लॉग लेखन की उपयोगिता

1. व्यक्तिगत अभिव्यक्ति : ब्लॉग लेखन व्यक्तिगत अभिव्यक्ति का एक सशक्त माध्यम है। यह न केवल लेखकों को अपने विचारों और भावनाओं को व्यक्त करने का अवसर प्रदान करता है, बल्कि उन्हें अपने पाठकों से जुड़ने, प्रेरित करने और अपनी पहचान बनाने में भी मदद करता है। ब्लॉग लेखन एक मंच प्रदान करता है, जहाँ लेखक अपने ज्ञान और अनुभवों को स्वतन्त्र रूप से साझा कर सकते हैं। यह एक प्रकार की डिजिटल डायरी है। लेखन के माध्यम से व्यक्ति अपनी रचनात्मकता को कविता, कहानियाँ और विचार के माध्यम से व्यक्त कर सकते हैं।

2. सूचना का आदान-प्रदान : विशेषज्ञ ब्लॉग का उपयोग छात्रों और अन्य लोगों को शिक्षा और ज्ञान साझा करने के लिए कर सकते हैं। यह विशेष रूप से ई-लर्निंग के युग में महत्त्वपूर्ण है। न्यूज़ ब्लॉग्स और तकनीकी ब्लॉग्स ताजा ख़बरें, नवीनतम अपडेट्स और विश्लेषण प्रदान कर सकते हैं। ब्लॉग लेखन से सूचना का प्रभावी और व्यापक तरीक़े से प्रसार होता है, जो समाज और उद्योगों के विभिन्न क्षेत्रों में महत्त्वपूर्ण भूमिका निभाता है। ब्लॉग्स पर टिप्पणियों और चर्चाओं के माध्यम से पाठकों और लेखकों के बीच बातचीत होती है, जिससे विचारों का आदान-प्रदान होता है।

3. कंटेंट मार्केटिंग : ब्लॉग लेखन कंटेंट मार्केटिंग के लिए अत्यन्त उपयोगी है। यह ब्रांड की पहचान बनाने, ग्राहकों के साथ सम्बन्ध स्थापित करने और बिक्री को बढ़ावा देने में मदद करता है। कंटेंट मार्केटिंग में ब्लॉग लेखन का महत्त्व बहुत अधिक है। यह न केवल ब्रांड की पहचान बनाने और दर्शकों को आकर्षित करने में मदद करता है, बल्कि ग्राहकों के साथ दीर्घकालिक सम्बन्ध स्थापित करने और व्यवसाय को बढ़ाने में भी सहायक होता है। उच्च-गुणवत्ता, प्रासंगिक और सुसंगत ब्लॉग पोस्ट्स से एक प्रभावी कंटेंट मार्केटिंग रणनीति बनायी जा सकती है। व्यापारी अपने उत्पादों और सेवाओं को ब्लॉग के माध्यम से प्रमोट कर सकते हैं। यह सम्भावित ग्राहकों के साथ ब्रांड की पहचान बढ़ाने में मदद करता है।

4. मनोरंजन : मनोरंजन के क्षेत्र में ब्लॉग लेखन का महत्त्व इसलिए भी बढ़ जाता है, क्योंकि यह न केवल सूचना प्रदान करता है, बल्कि पाठकों को आनंदित भी करता है। इसका उद्देश्य लोगों को हँसाना, प्रेरित करना और उन्हें उनके दिन-प्रतिदिन के जीवन में कुछ नया और दिलचस्प देना होता है। ब्लॉगर फ़िल्में, टीवी शो, और वेब सीरीज़ की समीक्षा कर सकते हैं, जिससे पाठकों को देखने के लिए नयी चीज़ों का सुझाव मिलता है। नये एलबम, गाने और संगीत कार्यक्रमों की समीक्षा कर सकते हैं। इससे संगीत प्रेमियों को नयी और दिलचस्प सामग्री के बारे में पता चलता है। थिएटर, प्रदर्शनी और कला प्रदर्शनियों पर ब्लॉग लिखे जा सकते हैं, जो कला के प्रेमियों को आकर्षित करते हैं।

अपने जीवन की मज़ेदार और दिलचस्प घटनाओं को साझा करके पाठकों का मनोरंजन ब्लॉगर द्वारा किया जा सकता है। मज़ेदार कहानियाँ, चुटकुले और व्यंग्यात्मक लेखन से पाठकों का मनोरंजन कर सकते हैं। वर्तमान में चल रहे हास्य ट्रेंड्स और मीम्स पर लेख लिख सकते हैं। मनोरंजन के लिए ब्लॉग अत्यन्त उपयुक्त है।

5. व्यक्तिगत ब्रांडिंग (विशेषज्ञता की स्थापना) : ब्लॉग लेखन व्यक्तिगत ब्रांडिंग के लिए एक शक्तिशाली उपकरण हो सकता है। यह व्यक्ति को अपनी विशेषज्ञता, व्यक्तित्व और अनुभवों को दुनिया के सामने प्रस्तुत करने का एक मंच प्रदान करता है। ज्ञान, अनुभव और उपयुक्त सामग्री साझा करने से पाठक आप पर भरोसा करने लगते हैं। अपने क्षेत्र से सम्बन्धित महत्त्वपूर्ण और मूल्यवान सामग्री प्रदान कर आप एक विश्वसनीय स्रोत के रूप में स्थापित हो सकते हैं। ब्लॉग को सोशल मीडिया पर शेयर कर आप अपनी पहुँच बढ़ा सकते हैं और अधिक पाठकों को आकर्षित कर सकते हैं। ब्लॉग लेखन के माध्यम से आप अपने क्षेत्र के अन्य विशेषज्ञों और पेशेवरों से जुड़ सकते हैं।

ब्लॉग के डिज़ाइन, टोन और कंटेंट के माध्यम से आप अपनी व्यक्तिगत ब्रांड की छवि को निर्माण कर सकते हैं।

ब्लॉग लेखन आपको अपने विचारों और दृष्टिकोण को स्पष्ट रूप से समझने और प्रस्तुत करने का अवसर देता है, जिससे आप अपनी पहचान को मज़बूत कर सकते हैं।

नियमित और सुसंगत ब्लॉगिंग आपके ब्रांड की विश्वसनीयता को बढ़ाती है और पाठकों को विश्वास दिलाती है कि वे आप पर भरोसा कर सकते हैं। ब्लॉग लेखन के माध्यम से व्यक्तिगत ब्रांडिंग केवल आपके ऑनलाइन प्रजेंस को ही नहीं बढ़ाता, बल्कि यह आपको एक विशिष्ट पहचान और प्रतिष्ठा भी प्रदान करता है। यह आपके व्यक्तिगत और पेशेवर जीवन में नये अवसरों के द्वार खोल सकता है, जिससे आप अपने लक्ष्यों को अधिक प्रभावी ढंग से प्राप्त कर सकते हैं।

6. आय का माध्यम : ब्लॉग लेखन आय का प्रभावी माध्यम है। वर्तमान युग मे ब्लॉगर बड़ी मात्रा में आय के स्रोत का निर्माण कर सकते हैं। ब्लॉगिंग से आय अर्जित करने के लिए धैर्य, नियमितता और गुणवत्ता पर ध्यान देना ज़रूरी है। निम्न माध्यम से आय अर्जित की जा सकती है।

अ) विज्ञापन : यह सबसे आम तरीक़ा है जिसमें ब्लॉग पर विज्ञापन प्रदर्शित होते हैं और ब्लॉग पर विज़िटरों के उन विज्ञापनों पर क्लिक करने से आय होती है। तथा कम्पनियाँ सीधे ब्लॉग मालिक से सम्पर्क कर उनके ब्लॉग पर अपने उत्पादों या सेवाओं के विज्ञापन प्रदर्शित करवा सकती हैं। विज्ञापन नेटवर्क इस कार्य मे सहायक होते हैं।

ब) प्रायोजित पोस्ट : विभिन्न ब्रांड अपने उत्पादों या सेवाओं को प्रमोट करने के लिए ब्लॉगरों को प्रायोजित पोस्ट लिखने के लिए भुगतान करते हैं। स्पॉन्सर्ड रिव्यूज़, गेस्ट पोस्ट्स या प्रोडक्ट फीचर्स के रूप में भी ये हो सकते हैं।

क) डिजिटल प्रोडक्ट्स और सेवाएँ : अपने ब्लॉग की विषयवस्तु पर आधारित ई-बुक्स बेच सकते हैं। पाठकों को विशेष विषयों पर ऑनलाइन कोर्स प्रदान कर सकते हैं। लाइव या रिकॉर्डेड वेबिनार्स और वर्कशॉप्स आयोजित कर सकते हैं जिससे आय प्राप्त होती है। प्रीमियम कंटेंट के लिए सब्सक्रिप्शन सेवाएँ शुरू कर सकते हैं। फ्रीलांस राइटिंग ब्लॉग के माध्यम से अपनी लेखन प्रतिभा दिखा कर फ्रीलांस लेखन के काम प्राप्त कर सकते हैं। अपनी विशेषज्ञता के आधार पर कंसल्टिंग या कोचिंग सेवाएँ प्रदान कर सकते हैं। अपने ब्लॉग ब्रांड के नाम से मर्चेंडाइज जैसे टी-शर्ट्स, कप्स, स्टिकर्स आदि बेच सकते हैं।

7. लेखन कौशल का विकास : ब्लॉग लेखन नियमित रूप से लेखन का अभ्यास करने का एक उत्कृष्ट तरीक़ा है, जिससे लेखन कौशल में सुधार होता है। ब्लॉग लेखन के दौरान विभिन्न शैलियों और विषयों पर लेखन करने का अवसर मिलता है, जिससे लेखन कौशल में विविधता और गहराई आती है। ब्लॉग लिखने से विचारों को स्पष्ट और संगठित रूप में प्रस्तुत करने की क्षमता में सुधार होता है। यह लेखन में तार्किकता और प्रवाह को बढ़ाता है।

ब्लॉग्स पर मिलने वाली टिप्पणियाँ और प्रतिक्रिया से लेखकों को अपने लेखन की कमज़ोरियों और ताक़तों का पता चलता है, जिससे वे अपने कौशल में सुधार कर सकते हैं। अच्छे ब्लॉग्स लिखने के लिए शोध और जानकारी जुटाने की आवश्यकता होती है, जो लेखकों की जानकारी के भण्डार को बढ़ाती है और उनके लेखन को समृद्ध बनाती है। ब्लॉग लेखन से रचनात्मकता को बढ़ावा मिलता है क्योंकि यह लेखकों को नये विचारों और दृष्टिकोणों को खोजने और प्रस्तुत करने के लिए प्रेरित करता है। ब्लॉग लेखन एक प्रभावी माध्यम है जो लेखन कौशल को बहुमुखी और उन्नत बनाने में सहायक होता है।

8. समुदाय निर्माण : ब्लॉग लेखन समुदाय निर्माण का एक प्रभावी और सशक्त तरीक़ा है। ब्लॉग के माध्यम से लेखक अपने पाठकों से सीधे संवाद कर सकते हैं। इससे पाठकगण के साथ एक गहरा सम्बन्ध स्थापित होता है। ब्लॉग विशिष्ट विषयों पर केन्द्रित हो सकते हैं, जिससे समान रुचियों वाले लोग एकत्र हो सकते हैं और एक समुदाय बना सकते हैं। प्रासंगिक और मूल्यवान सामग्री का निर्माण, नियमित पोस्टिंग, पाठकों की समस्याओं का समाधान करना, पाठकों की टिप्पणियों का उत्तर देना, उनसे संवाद करना, पाठक से सुझाव और फीडबैक माँगना। सोशल मीडिया पर समूह या पेज बनाकर अपने पाठकों से जुड़े रहना, नियमित न्यूज़लेटर के माध्यम से अपने पाठकों को अपडेट्स और विशेष सामग्री भेजना, अन्य ब्लॉगरों को अपने ब्लॉग पर गेस्ट पोस्ट लिखने के लिए आमन्त्रित करना, वेबिनार्स, लाइव चैट्स और वर्चुअल मीटअप्स जैसे ऑनलाइन इवेंट्स आयोजित करना। पाठकों को अपने विचार और प्रश्न साझा करने के लिए एक स्थान प्रदान करना, पाठक को विशेष फीचर्स देना, सक्रिय योगदान देने वाले सदस्यों को प्राइजेस देकर उनका सन्मान करना, सर्वेक्षण, पोल्स करना आदि से एक मज़बूत और सक्रिय समुदाय का निर्माण किया जा सकता है। ब्लॉग लेखन न केवल सूचना और विचार साझा करने का एक माध्यम बन सकता है, बल्कि एक मज़बूत, संलग्न और सक्रिय समुदाय बनाने में भी सहायक हो सकता है।

9. प्रेरणा और प्रेरकता : प्रेरणादायी कहानियाँ, व्यक्तिगत अनुभव और सफलता की कहानियाँ दूसरों के लिए प्रेरणा का स्रोत बन सकती हैं।

ख़ुद की लिखी कहानियाँ और लघुकथाएँ साझा कर सकते हैं, जो प्रेरणादायी हो सकती हैं। विभिन्न स्थानों की यात्रा के अनुभव साझा कर सकते हैं, जिससे पाठकों को यात्रा के नये विचार और प्रेरणा मिलती है। ब्लॉग्स लोगों को विभिन्न चुनौतियों से निपटने के लिए मार्गदर्शन और समर्थन प्रदान कर सकते हैं, जैसे कि स्वास्थ्य, कॅरियर, यात्रा या व्यक्तिगत विकास। ब्लॉग लेखन का प्रभाव व्यापक और गहन हो सकता है। यह न केवल लेखकों के लिए बल्कि पाठकों के लिए भी बहुमूल्य है, क्योंकि यह विचारों, सूचनाओं और प्रेरणा के आदान-प्रदान का एक सशक्त माध्यम है।

विज्ञापन लेखन

वर्तमान समय में विज्ञापन बाज़ार की दुनिया एक महत्त्वपूर्ण हिस्सा बन चुका है। आज के युग को विज्ञापन का युग भी कहा जाता है। विज्ञापन लोगों को सूचना, उत्पादों आदि के बारे में जागरूक करने का एक शानदार तरीक़ा है। विज्ञापन केवल उत्पाद बेचने का माध्यम नहीं रह गया है, बल्कि यह उपभोक्ताओं के जीवन का हिस्सा बन गया है, जो उनकी पसन्द, रुचि और क्रय शक्ति को प्रभावित करता है। आज की युग-चेतना की दृष्टि से विभिन्न कलाओं के अन्तर्गत विज्ञापन को भी एक उपयोगी कला कह सकते हैं। विज्ञापन का एक ख़ास प्रभाव और महत्त्व हुआ करता है। वह सामान्य को विशेष और कई बार विशेष को सामान्य बना देने की अद्‌भुत क्षमता रखता है।

विज्ञापन का अर्थ–विज्ञापन अंग्रेज़ी के Advertisement शब्द का हिन्दी रूपान्तर है, विज्ञापन शब्द दो शब्दों से मिलकर बना है, 'वि'+'ज्ञापन' और 'वि' से तात्पर्य विशेष रूप से तथा 'ज्ञापन' से आशय ज्ञान कराना है। जिसका आशय विशेष जानकारी देने से है। इस प्रकार विज्ञापन शब्द से तात्पर्य विशिष्ट जानकारी प्रदान करना है।

1. रामचन्द्र वर्मा के अनुसार–विज्ञापन वह है, "जिसके द्वारा कोई बात लोगों को बतायी जाये, वह सूचना पत्र, इश्तिहार, बिक्री आदि के माध्यम से हो और जो सूचना माध्यमों से दी जाये।"

2. बृहत् हिन्दीकोश के अनुसार–विज्ञापन का अर्थ है, "समझना, सूचना देना, इश्तिहार, निवेदन या प्रार्थना।"

3. रोजर रीवज ने कहा है कि–"विज्ञापन एक व्यक्ति के मस्तिष्क से दूसरे मस्तिष्क में एक विचार को स्थानान्तरित करने की कला है।"

4. बुड के अनुसार–"विज्ञापन जानने, स्मरण रखने तथा कार्य करने की विधि है।"

5. सी.एल. बॉलिंग के अनुसार, "विज्ञापन को वस्तु या सेवा की माँग उत्पन्न करने की कला कहा जाता है।"

विज्ञापन माँग में वृद्धि करने की एक ऐसी कला है, जो मौखिक, लिखित और अन्य कई मांध्यम से वस्तुओं और सेवाओं का प्रचार-प्रसार करती है, जिससे उन वस्तुओं और सेवाओं के लिए उपभोक्ताओं को प्रेरित किया जा सके। विज्ञापन के अन्तर्गत वे सभी क्रियाएँ सम्मिलित हैं जिनके द्वारा व्यक्ति को वस्तुओं और सेवाओं की सूचना दी जाती है। जिससे व्यक्ति उन वस्तुओं और सेवाओं का उपयोग अपने निजी जीवन में कर सके। विज्ञापन का तात्पर्य सामान्य शब्दों में कहें तो विज्ञापन कम-से-कम समय में वस्तुओं और सेवाओं को अधिक-से-अधिक लोगों तक पहुँचाने का उत्तम साधन है।

समाचार-पत्र के विज्ञापनों की विशेषताएँ

1) ध्यान आकर्षितता : ध्यान आकर्षितता यह एक महत्त्वपूर्ण विशेषता है जिसका उद्देश्य पाठकों का ध्यान खींचना और उन्हें विज्ञापन का सन्देश ग्रहण करने के लिए प्रेरित करना है। समाचार-पत्र के विज्ञापन में आकर्षक और संक्षिप्त शीर्षक पाठकों का ध्यान खींचने में सबसे महत्त्वपूर्ण भूमिका निभाते है। प्रमुख और बोल्ड अक्षरों में लिखे गये दिलचस्प या उत्तेजक शब्द पाठकों को विज्ञापन पढ़ने के लिए प्रेरित करते हैं। समाचार पत्रों में चित्र, ग्राफिक्स और रंगीन डिज़ाइन का उपयोग विज्ञापन को और अधिक आकर्षक बनाते है। छवि का सही प्रयोग पाठकों के लिए विज्ञापन को यादगार भी बनाता है। छोटे, संक्षिप्त और बुलेटेड बिन्दुओं में जानकारी प्रस्तुत करने से विज्ञापन अधिक पठनीय और स्पष्ट बनते है, जिससे पाठक उसे पढ़ने के लिए सहज रूप से प्रेरित होते हैं। रंगों और फोंट का सही प्रयोग विज्ञापन को आकर्षक बनाता है। कुछ विज्ञापन भावनात्मक रूप से पाठकों को प्रभावित कर उनका ध्यान खींचते हैं। उदाहरण के लिए, किसी सामाजिक या मानवीय मुद्दे पर आधारित विज्ञापन पाठकों के दिलों को छूते हैं और उन्हें गहराई से सोचने के लिए प्रेरित करते हैं। सही शीर्षक, दृश्य सामग्री, रंगों और टेक्स्ट के संगठित उपयोग के साथ, विज्ञापन पाठकों के मन में एक स्थायी छाप छोड़ सकते है, जिससे विज्ञापन का मुख्य सन्देश आसानी से पहुँचाया जा सकता है।

2) संक्षिप्तता : संक्षिप्तता एक महत्त्वपूर्ण विशेषता है, जो विज्ञापन को प्रभावी और आकर्षक बनाती है। इसका उद्देश्य कम शब्दों में स्पष्ट और सटीक सन्देश पहुँचाना होता है, जिससे पाठक उसे जल्दी और आसानी से समझ सकें। जब विज्ञापन संक्षेप में प्रस्तुत किये जाते हैं, तो पाठक को अधिक समय तक ध्यान केन्द्रित नहीं करना पड़ता, जिससे विज्ञापन का प्रभाव बढ़ता है।

संक्षिप्त विज्ञापन पाठक को कम समय में प्रभावी ढंग से सन्देश देते हैं। इस तरह का विज्ञापन पाठकों को बोझिल नहीं करते। संक्षिप्त विज्ञापन में केवल आवश्यक और महत्त्वपूर्ण जानकारी दी जाती है। अनावश्यक विवरण हटाकर, विज्ञापन का फोकस मुख्य बिन्दुओं पर रहता है, जैसे उत्पाद की विशेषताएँ, मूल्य, छूट या ऑफर, जिससे पाठक सीधा सन्देश समझ सकते हैं। संक्षिप्त विज्ञापन पाठकों की रुचि बनाये रखने में अधिक सफल होते हैं। कम शब्दों में सटीक जानकारी देना विज्ञापन की प्रभावशीलता को बढ़ाते है। इससे न केवल पाठक को समझना आसान होता है, बल्कि विज्ञापन का उद्देश्य भी स्पष्ट हो जाता है। समाचार-पत्र के विज्ञापन की संक्षिप्तता उसकी प्रभावशीलता को बढ़ाती है, क्योंकि यह पाठकों को सीधे, सटीक और आकर्षक रूप में जानकारी प्रदान करती है। संक्षेप में प्रस्तुत किये गये विज्ञापन तेजी से पढ़े और समझे जाते हैं, जिससे विज्ञापन का उद्देश्य सफलतापूर्वक पूरा होता है।

3) प्रभावशीलता : समाचार-पत्र के विज्ञापन की प्रभावशीलता उसकी सबसे महत्त्वपूर्ण विशेषता है, क्योंकि विज्ञापन का उद्देश्य ही पाठकों पर गहरा प्रभाव डालकर उन्हें किसी उत्पाद या सेवा के प्रति आकर्षित करना होता है। विज्ञापन की प्रभावशीलता इस बात से मापी जाती है कि वह पाठकों को कितनी अच्छी तरह से सन्देश पहुँचाते हैं और उनके व्यवहार को कितना प्रभावित करता है। समाचार पत्र आमतौर पर विभिन्न आयु, सामाजिक और आर्थिक समूहों के पाठकों तक पहुँचते हैं और यदि विज्ञापन इन समूहों की आवश्यकताओं और रुचियों को ध्यान में रखकर तैयार किया गया हो, तो यह अधिक प्रभावी साबित होता है। प्रभावी विज्ञापन में सन्देश स्पष्ट और सटीक होते है। विज्ञापन का सन्देश संक्षिप्त, स्पष्ट और समझने में आसान हो, तो वह पाठक के मन पर गहरी छाप छोड़ता है। एक प्रभावी विज्ञापन पाठकों को बिना किसी भ्रम के सीधा सन्देश देता है। रंगीन चित्र, बोल्ड हेडलाइंस, और आकर्षक डिजाइन विज्ञापन को अधिक आकर्षक बनाते हैं। जब विज्ञापन का डिज़ाइन और कंटेंट रचनात्मक होता है, तो यह पाठकों को पढ़ने के लिए प्रेरित करता है और विज्ञापन का सन्देश प्रभावी तरीके से सम्प्रेषित होता है। प्रभावी विज्ञापन अक्सर पाठकों की भावनाओं को छूने में सक्षम होते हैं। जब विज्ञापन भावनात्मक रूप से पाठकों को प्रभावित करता है—चाहे वह खुशी, आशा, या सामाजिक जिम्मेदारी हो—तो वह पाठक के मन में लम्बे समय तक बने रहते है। प्रभावी विज्ञापन उस ब्रांड की पहचान को मजबूत करता है। समाचार-पत्र के विज्ञापन की प्रभावशीलता इस बात पर निर्भर करती है कि वह कितने सटीक, स्पष्ट, आकर्षक और पाठक की भावनाओं को प्रभावित करने वाले हैं।

4. सर्वव्यापक : समाचार-पत्र आमतौर पर बड़े और विविध पाठक वर्ग तक पहुँचते हैं, जिससे विज्ञापन व्यापक जनसंख्या तक पहुँचता है। क्षेत्रीय से लेकर राष्ट्रीय स्तर तक।

5. भरोसेमन्द माध्यम : लोग समाचार-पत्रों को भरोसेमन्द और सम्मानित स्रोत मानते हैं, जिससे विज्ञापन का प्रभाव बढ़ता है।

6. लचीलापन : विभिन्न प्रकार के विज्ञापन प्रारूप, जैसे डिस्प्ले विज्ञापन, वर्गीकृत विज्ञापन आदि, उपलब्ध होते हैं। विज्ञापन दाता अपनी आवश्यकता के अनुरूप विज्ञापन दे सकते हैं।

7. स्थानीय लक्ष्यीकरण : क्षेत्रीय और स्थानीय समाचार-पत्रों के माध्यम से विशेष भौगोलिक क्षेत्रों को लक्षित किया जा सकता है।

8. कम लागत : अन्य मीडिया माध्यमों की तुलना में समाचार-पत्रों में विज्ञापन छपवाने की लागत अक्सर कम होती है, विशेषकर स्थानीय और क्षेत्रीय समाचार-पत्रों में।

9. पुनरावृत्ति : पाठक अक्सर एक ही समाचार-पत्र को कई बार पढ़ते हैं, जिससे विज्ञापन की पुनरावृत्ति और ध्यानाकर्षण बढ़ता है।

10. विश्वसनीयता : समाचार-पत्रों में छपे विज्ञापन को पाठक अधिक विश्वसनीय मानते हैं, जिससे विज्ञापन का प्रभाव अधिक होता है।

आकाशवाणी (रेडियो) के विज्ञापन की विशेषताएँ

1) ध्वन्यात्मकता : आकाशवाणी के विज्ञापन की ध्वन्यात्मकता एक महत्त्वपूर्ण विशेषता है, जो विभिन्न तत्त्वों के माध्यम से श्रोताओं पर गहरा प्रभाव डालती है। ध्वन्यात्मकता का मतलब है विज्ञापन में उपयोग किये गये संगीत, ध्वनि प्रभाव, वॉयस ओवर और जिंगल्स का प्रभावशाली और सटीक प्रयोग। ध्वनि का सटीक और प्रभावी उपयोग श्रोताओं का ध्यान खींचता है। ध्वनि, संगीत और आवाज़ें श्रोताओं की भावनाओं को प्रभावित करती हैं, जिससे विज्ञापन का सन्देश गहराई से पड़ता है। ध्वन्यात्मकता की यह विशेषता आकाशवाणी के विज्ञापनों को प्रभावी बनाती है, क्योंकि इसमें सिर्फ शब्दों का नहीं, बल्कि ध्वनि के माध्यम से एक सम्पूर्ण अनुभव का निर्माण किया जाता है। आकाशवाणी श्रवण आधारित माध्यम होने के कारण चित्रों के बिना ही विज्ञापन को प्रभावी ढंग से ध्वनि के द्वारा प्रस्तुत किया जाता है। विज्ञापनदाता विभिन्न ध्वनियों, जैसे संगीत, बोलने के तरीके और ध्वनि प्रभावों का उपयोग कर श्रोताओं के मन में गहरी छाप छोड़ने की कोशिश करते हैं।

2) काव्यात्मकता : आकाशवाणी के विज्ञापन की काव्यात्मकता एक अन्य महत्त्वपूर्ण विशेषता है। काव्यात्मकता से तात्पर्य विज्ञापन के शब्दों और शिल्प में काव्य के तत्त्वों का सम्मिलित होना है। विशेष भाषा, लय, और शैली से ही सुनने वाले के मन पर गहरा प्रभाव पड़ता है। आकाशवाणी यह श्राव्य माध्यम होने के कारण विज्ञापन में काव्यात्मकता का उपयोग उसे अधिक प्रभावशाली और आकर्षक बनाता है। कविता की तरह, विज्ञापन में भी लय और छन्द का उपयोग होता है। यह लयबद्धता श्रोताओं के मन में विज्ञापन के सन्देश को प्रभावी ढंग से पहुँचाने में मदद करती है। शब्दों का तालमेल और ध्वनि का संयोजन श्रोताओं को आकर्षित करता है, जिससे विज्ञापन ज्यादा यादगार हो जाता है।

काव्यात्मक विज्ञापनों में अक्सर रूपकों और प्रतीकात्मकता का उपयोग होता है। यह रूपक और प्रतीकात्मक भाषा श्रोताओं की कल्पना को सक्रिय करती है और उन्हें विज्ञापन के सन्देश को गहराई से समझने में मदद करती है। उदाहरण के लिए, किसी उत्पाद को फूल या सूरज के रूप में चित्रित किया जा सकता है, जिससे श्रोता उस उत्पाद को सकारात्मकता और सौन्दर्य से जोड़ते हैं। आकाशवाणी के विज्ञापन में भावनाओं को सुन्दर तरीके से व्यक्त किया जाता है। विज्ञापन का मुख्य उद्देश्य श्रोताओं की भावनाओं को छूना होता है और काव्यात्मक भाषा में यह प्रभाव और भी अधिक होता है। श्रोताओं के साथ भावनात्मक जुड़ाव बनाकर विज्ञापन उनके दिलो-दिमाग में जगह बना लेता है।

3) रोचकता : आकाशवाणी के विज्ञापन की रोचकता उसकी एक प्रमुख विशेषता है, जो श्रोताओं को विज्ञापन सुनने और उससे जुड़ने के लिए प्रेरित करती है। रोचकता से तात्पर्य है कि विज्ञापन को इस प्रकार प्रस्तुत किया जाये कि वह श्रोताओ का तुरन्त ध्यान आकर्षित करे और उन्हें उत्पाद या सेवा के प्रति अकृष्ट करे। रोचकता के कारण श्रोता विज्ञापन से भावनात्मक रूप से जुड़ते हैं, जिससे वे उत्पाद या सेवा के प्रति अधिक संवेदनशील हो जाते हैं। रोचक विज्ञापन में नयी और सृजनात्मक सामग्री का प्रयोग होता है, जैसे संवाद, ध्वनि प्रभाव या संगीत, जो श्रोताओं को आकर्षित करता है। रोचक विज्ञापन लम्बे समय तक याद रहते हैं। श्रोता ऐसे विज्ञापनों को अन्य लोगों के साथ साझा करने और बार-बार सुनने के लिए प्रेरित होते हैं। आकाशवाणी के विज्ञापन की रोचकता उसे अधिक आकर्षक, यादगार और प्रभावी बनाती है, जिससे श्रोता उस पर ध्यान देने और उसे याद रखने के लिए प्रेरित होते हैं। विज्ञापनों में संवाद और संगीत का उपयोग, प्रभावशाली वाक्य, हास्य और व्यंग्य का उपयोग रोचकता को बढ़ाता है।

4) संगीतात्मकता : आकाशवाणी के विज्ञापन की संगीतात्मकता सबसे आकर्षक और प्रभावशाली विशेषता है। संगीतात्मकता का तात्पर्य विज्ञापन में संगीत, धुन और स्वर के प्रयोग से है, जो विज्ञापन को श्रोताओं के लिए और अधिक रोचक और प्रभावी बनाती है। संगीत का प्रयोग विज्ञापन को अधिक जीवन्त और मनोरंजक बनाता है, जिससे श्रोताओं का ध्यान तुरन्त खींचा जा सकता है। संगीत में भावनाओं को व्यक्त करने की अद्‌भुत क्षमता होती है। सही संगीत का चयन श्रोताओं के मन में विज्ञापन से जुड़े भावों को गहराई से जगा सकता है, जिससे उत्पाद या सेवा से भावनात्मक जुड़ाव बनता है। संगीतात्मक विज्ञापन जल्दी याद रह जाते हैं। आकर्षक धुनें या जिंगल्स लम्बे समय तक श्रोताओं के दिमाग में बने रहते हैं, जिससे विज्ञापन का सन्देश आसानी से स्मरण होता है। संगीत के माध्यम से विज्ञापन के सन्देश को सरल और प्रभावी ढंग से प्रस्तुत किया जा सकता है, जिससे श्रोता आसानी से मुख्य बात समझ सकते हैं। संगीतात्मकता आकाशवाणी के विज्ञापन को रोचक, प्रभावी और यादगार बनाने में महत्त्वपूर्ण भूमिका निभाती है। एक सफल विज्ञापन वह है जो संगीत के माध्यम से श्रोताओं के दिलों में जगह बना सके।

5. विस्तृत पहुँच : रेडियो का व्यापक प्रसारण होता है, विशेषकर ग्रामीण और दूरदराज के क्षेत्रों में, जहाँ टीवी और इंटरनेट की पहुँच सीमित हो सकती है। विभिन्न भाषाओं और बोलियों में प्रसारण की सुविधा होती है, जिससे विभिन्न क्षेत्रों और जनसमूह वर्गों तक पहुँचना सम्भव होता है।

6. प्रभावशील लागत : रेडियो विज्ञापन टीवी और प्रिंट विज्ञापनों की तुलना में सस्ता होता है, जिससे यह छोटे और मध्यम व्यवसायों के लिए उपयुक्त होता है। समय स्लॉट के आधार पर विज्ञापन की लागत में विविधता होती है, जिससे विज्ञापनदाता अपने बजट के अनुसार स्लॉट चुन सकते हैं।

7. समय-सीमा : रेडियो विज्ञापन दिन के किसी भी समय प्रसारित हो सकते हैं, विशेषकर सुबह और शाम के समय, जब लोग काम पर जाने या लौटने के समय रेडियो सुनते हैं। श्रोताओं का विशेष समय स्लॉट पर ध्यान आकर्षित करना आसान होता है।

8. लक्षित श्रोता वर्ग : विभिन्न कार्यक्रमों और चैनलों के माध्यम से विशिष्ट श्रोता वर्ग को लक्षित करना सम्भव होता है, जैसे युवाओं के लिए संगीत कार्यक्रम, किसानों के लिए कृषि कार्यक्रम आदि। स्थानीय और राष्ट्रीय स्तर पर प्रसारण की सुविधा होती है।

9. सृजनात्मकता : रेडियो विज्ञापनों में ध्वनि, संगीत, जिंगल्स और ध्वनि प्रभावों का उपयोग कर सृजनात्मक और आकर्षक विज्ञापन बनाये जा सकते हैं।

श्रोताओं की कल्पना को जाग्रत करने की क्षमता होती है, जिससे वे उत्पाद या सेवा के बारे में अधिक जानकारी प्राप्त करने के लिए प्रेरित होते हैं।

10. तत्काल प्रभाव : रेडियो विज्ञापन तुरन्त प्रभाव डाल सकते हैं, विशेषकर जब तात्कालिक सन्देश या प्रमोशन की बात हो। श्रोताओं को तुरन्त कार्रवाई करने के लिए प्रेरित किया जा सकता है, जैसे किसी कार्यक्रम में भाग लेना, किसी दुकान पर जाना या किसी वेबसाइट पर विजिट करना।

11. पुनः प्रसारण : रेडियो विज्ञापन बार-बार प्रसारित किये जा सकते हैं, जिससे श्रोताओं पर उनका गहरा प्रभाव पड़ता है। नियमित प्रसारण श्रोताओं के मन में विज्ञापन की गहरी छाप छोड़ सकता है।

12. ध्यानाकर्षण : रेडियो श्रोता अक्सर किसी गतिविधि के दौरान रेडियो सुनते हैं, जिससे विज्ञापन का सन्देश आसानी से उन तक पहुँचता है। रेडियो विज्ञापन श्रोताओं का ध्यान खींचने और उन्हें सन्देश में रुचि लेने के लिए प्रभावी होते हैं।

13. त्वरित और तात्कालिक : रेडियो के माध्यम से तात्कालिक घटनाओं और प्रस्तावों के बारे में श्रोताओं को तुरन्त जानकारी दी जा सकती है। लाइव ब्रॉडकॉस्टिंग के माध्यम से ताज़ा और सामयिक सामग्री उपलब्ध करायी जा सकती है।

इन विशेषताओं के कारण, रेडियो विज्ञापन एक प्रभावी विपणन माध्यम है, जो विभिन्न जनसांख्यिकी समूहों और भौगोलिक क्षेत्रों तक पहुँचने के लिए उपयोगी होता है।

दूरदर्शन (टेलीविज़न) के विज्ञापनों की विशेषताएँ

1. व्यापक पहुँच : दूरदर्शन की पहुँच ग्रामीण और शहरी दोनों क्षेत्रों में व्यापक है, जिससे बड़ी जनसंख्या तक विज्ञापन पहुँचता है। विभिन्न चैनलों और प्रोग्राम के माध्यम से सभी आयु वर्ग और सामाजिक-आर्थिक समूहों को लक्षित किया जा सकता है।

2. दृश्य और श्रव्य : टेलीविजन विज्ञापन दृश्य और श्रव्य दोनों माध्यमों का उपयोग करता है, जिससे यह अधिक प्रभावशाली और यादगार बन जाता है। वीडियो, संगीत और ध्वनि प्रभावों का उपयोग कर सन्देश को अधिक आकर्षक और प्रभावी बनाया जा सकता है।

3. विशिष्ट लक्षित विपणन : विभिन्न चैनलों और प्रोग्राम के माध्यम से विज्ञापनदाता विशिष्ट दर्शक-समूहों को लक्षित कर सकते हैं, जैसे खेल चैनल, बच्चों के चैनल, समाचार चैनल आदि। समय स्लॉट और प्रोग्राम के आधार पर विज्ञापनों

को प्रसारित किया जा सकता है, जैसे–प्राइम टाइम जब दर्शकों की संख्या अधिक होती है।

4. विश्वसनीयता और प्रतिष्ठा : दूरदर्शन की प्रतिष्ठा और विश्वसनीयता के कारण, टेलीविज़न विज्ञापनों को दर्शक अधिक विश्वसनीय मानते हैं। बड़े ब्रांड और प्रतिष्ठित कम्पनियाँ टी.वी. विज्ञापनों का उपयोग करके अपनी ब्रांड प्रतिष्ठा को मजबूत करती हैं।

5. उच्च उत्पादन गुणवत्ता : टीवी विज्ञापनों की उत्पादन गुणवत्ता उच्च होती है, जिससे वे पेशेवर और आकर्षक दिखते हैं। बड़े बजट और पेशेवर उत्पादन टीमों का उपयोग करके उच्च गुणवत्ता वाले विज्ञापन बनाये जा सकते हैं।

6. भावनात्मक जुड़ाव : टीवी विज्ञापनों में अच्छी कहानी कहने की क्षमता होती है, जिससे दर्शकों के साथ भावनात्मक जुड़ाव बनाया जा सकता है। भावनात्मक तत्त्वों का उपयोग करके दर्शकों को प्रेरित और प्रभावित किया जा सकता है।

7. पुनरावृत्ति : टीवी विज्ञापनों को बार-बार प्रसारित किया जा सकता है, जिससे दर्शकों के मन में उनका गहरा प्रभाव पड़ता है। नियमित प्रसारण के माध्यम से विज्ञापन के सन्देश की पुनरावृत्ति और यादगार बन जाती है।

8. समय का चयन : विज्ञापनदाता अपने विज्ञापनों को विशिष्ट समय स्लॉट में प्लेस कर सकते हैं, जैसे–प्राइम टाइम, जब दर्शकों की संख्या अधिक होती है। विशेष कार्यक्रमों और इवेंट्स के दौरान विज्ञापन देकर लाभ उठाया जा सकता है।

9. विभिन्न प्लेटफार्मों पर प्रसारण : टीवी विज्ञापनों के माध्यम से अन्य विपणन प्लेटफार्मों को भी प्रमोट किया जा सकता है, जैसे–सोशल मीडिया, वेबसाइट और मोबाइल ऐप्स। मल्टी-चैनल प्रमोशन के माध्यम से व्यापक दर्शकों तक पहुँचना सम्भव होता है।

10. तत्काल प्रतिक्रिया : लाइव इवेंट्स और शो के दौरान विज्ञापनों का प्रसारण तत्काल प्रतिक्रिया प्राप्त करने का एक प्रभावी माध्यम है। दर्शक तुरन्त कार्रवाई कर सकते हैं, जैसे किसी वेबसाइट पर जाना या किसी भ्रमण ध्वनि से प्रोडक्ट को खरीदना।

11. मापन और विश्लेषण : टीवी विज्ञापनों की प्रभावशीलता को मापने और विश्लेषण करने के लिए विभिन्न मेट्रिक्स और टूल्स उपलब्ध होते हैं। विज्ञापन की पहुँच, फ्रीक्वेंसी और दर्शकों की प्रतिक्रिया का विश्लेषण किया जा सकता है। दूरदर्शन के विज्ञापन विभिन्न प्रकार के उत्पादों और सेवाओं के प्रचार-प्रसार के लिए एक प्रभावी माध्यम हैं, जो व्यापक दर्शक वर्ग तक पहुँचने और उनके साथ प्रभावी संचार स्थापित करने में मदद करते हैं।

कृत्रिम मेधा

कृत्रिम मेधा का अर्थ एवं स्वरूप

कृत्रिम मेधा (Artificial Intelligence) एक उभरता हुआ क्षेत्र है जो कम्प्यूटर विज्ञान के अन्तर्गत आता है और मशीनों को उन कार्यों को करने की क्षमता प्रदान करता है जिन्हें सामान्यतः मानव बुद्धि की आवश्यकता होती है। ए.आई. सिस्टम्स डाटा के आधार पर स्वयं से सीखने की क्षमता रखते हैं, जिसे मशीन लर्निंग कहा जाता है। ए.आई. सिस्टम्स मानव भाषा को समझने और प्रोसेस करने में सक्षम होते हैं। सिस्टम्स बड़े डाटा सेट्स का विश्लेषण करके त्वरित और सटीक निर्णय लेने में सक्षम होते हैं। ए.आई. सिस्टम्स छवियों और वीडियो की पहचान और विश्लेषण कर सकते हैं। इसका उपयोग रोबोट को नियन्त्रित करने और उन्हें स्वायत्तता से कार्य करने में सक्षम बनाने के लिए किया जाता है।

कृत्रिम बुद्धिमत्ता (ए.आई.) कम्प्यूटर विज्ञान का वह क्षेत्र है जो आमतौर पर मानव बुद्धि से जुड़ी संज्ञानात्मक समस्याओं को हल करने के लिए समर्पित है, जैसे–सीखना, निर्माण और छवि पहचान। आधुनिक संगठन स्मार्ट सेंसर, मानव-निर्मित सामग्री, निगरानी उपकरण और सिस्टम लॉग जैसे विविध स्रोतों से बड़ी मात्रा में डाटा एकत्र करते हैं। ए.आई. का लक्ष्य स्व-शिक्षण प्रणाली बनाना है जो डाटा से अर्थ प्राप्त करती है। फिर, ए.आई. उस ज्ञान को मानव-समान तरीक़ों से नई समस्याओं को हल करने के लिए लागू कर सकता है। उदाहरण के लिए, ए.आई. तकनीक मानवीय बातचीत का सार्थक रूप से जवाब दे सकती है, मूल चित्र और पाठ बना सकती है, और वास्तविक समय के डाटा इनपुट के आधार पर निर्णय ले सकती है। आपका संगठन व्यावसायिक प्रक्रियाओं को अनुकूलित करने, ग्राहक अनुभवों को बेहतर बनाने और नवाचार को गति देने के लिए अपने अनुप्रयोगों में ए.आई. क्षमताओं को एकीकृत कर सकता है।

आर्टिफिशियल इंटेलिजेंस (ए.आई.) कम्प्यूटर सिस्टम का सिद्धान्त और विकास है, जो ऐसे कार्य करने में सक्षम है जिनके लिए ऐतिहासिक रूप से मानवीय बुद्धि की आवश्यकता होती है, जैसे कि भाषण को पहचानना, निर्णय लेना और पैटर्न की पहचान करना। ए.आई. एक व्यापक शब्द है जो मशीन लर्निंग, डीप लर्निंग और नेचुरल लैंग्वेज प्रोसेसिंग (NLP), सहित कई तरह की तकनीकों को शामिल करता है।

कृत्रिम मेधा का अर्थ–'ऐसी मशीनें या कम्प्यूटर सिस्टम्स बनाना जो मानव जैसी सोच, समझ, निर्णय लेने की क्षमता और समस्याओं का समाधान करने की क्षमता रखते हों।' 'कृत्रिम मेधा (ए.आई.) एक कम्प्यूटर विज्ञान की शाखा है जिसमें ऐसे एल्गोरिद्म और सिस्टम्स बनाये जाते हैं जो मानव की तरह सोचने, सीखने, समस्या हल करने और निर्णय लेने की क्षमता रखते हैं। ए.आई. सिस्टम्स का उद्देश्य मानव बुद्धि की नक़ल करना और उसकी क्षमता को बढ़ाना होता है।"

कृत्रिम बुद्धिमत्ता (एआई) उन कम्प्यूटर प्रणालियों को सन्दर्भित करती है जो जटिल कार्य करने में सक्षम हैं जिन्हें ऐतिहासिक रूप से केवल मनुष्य ही कर सकता था, जैसे तर्क करना, निर्णय लेना या समस्याओं को हल करना।

आज 'ए.आई.' कई तरह की तकनीकों का वर्णन करता है जो हमारे द्वारा प्रतिदिन उपयोग की जाने वाली कई सेवाओं और वस्तुओं को शक्ति प्रदान करता हैं–टीवी शो की अनुशंसा करने वाले ऐप से लेकर कम समय में ग्राहक सहायता प्रदान करने वाले चैटबॉट तक।

कृत्रिम मेधा Artificial Intelligence (ए.आई.) का महत्त्व

एआई हमारे जीने और काम करने के तरीक़े को बदलने की अपनी क्षमता के लिए महत्त्वपूर्ण है। इसका उपयोग व्यापार में पारम्परिक रूप से मनुष्यों द्वारा किए जाने वाले कार्यों को स्वचालित करने के लिए प्रभावी रूप से किया गया है, जिसमें ग्राहक सेवा, लीड जनरेशन, धोखाधड़ी का पता लगाना और गुणवत्ता नियन्त्रण शामिल हैं। कई क्षेत्रों में ए.आई. मनुष्यों की तुलना में अधिक कुशलता और सटीकता से कार्य कर सकता है। यह दोहराव वाले और विस्तार-उन्मुख कार्यों के लिए विशेष रूप से उपयोगी है। विशाल डाटा सेट को संसाधित करने की ए.आई. की क्षमता उद्यमों को उनके संचालन में अन्तर्दृष्टि प्रदान करती है। शिक्षा से लेकर मार्केटिंग और उत्पाद डिज़ाइन तक के क्षेत्रों में ए.आई. टूल का महत्त्व तेज़ी से बढ़ रहा है।

एआई तकनीकों में प्रगति ने न केवल दक्षता में वृद्धि में मदद की है, बल्कि कुछ बड़े उद्यमों के लिए पूरी तरह से नये व्यावसायिक अवसरों के द्वार भी खोले हैं।

1. स्वचालन (Automation) : ए.आई. स्वचालन को सक्षम बनाता है। स्वचालान का मतलब है किसी प्रक्रिया या कार्य को बिना मानवीय हस्तक्षेप के ख़ुद से करने की क्षमता। इसका उद्देश्य है समय और संसाधनों की बचत करना, उत्पादन क्षमता को बढ़ाना साथ ही त्रुटियों को कम करना। स्वचालित प्रणालियाँ मैन्युफैक्चरिंग, ट्रांसपोर्टेशन, फाइनेंस और यहाँ तक कि घरेलू कामकाज में भी उपयोगी होती हैं। उदाहरण के लिए, कारख़ानों में रोबोटिक आर्म्स का इस्तेमाल उत्पादन की गति को बढ़ाने के लिए किया जाता है और बैंकिंग सिस्टम में स्वचालित लेन-देन प्रक्रियाएँ होती हैं। कृत्रिम बुद्धिमत्ता एक ऐसी तकनीक है जो मशीनों को 'स्मार्ट' बनने की क्षमता देती है। ए.आई. सिस्टम में मशीन लर्निंग, डीप लर्निंग और प्राकृतिक भाषा प्रसंस्करण (NLP) जैसी तकनीकें शामिल होती हैं, जो मशीनों को सीखने, निर्णय लेने और समस्याओं को हल करने की क्षमता देती हैं। ए.आई. का उपयोग चिकित्सा, शिक्षा, ग्राहक सेवा और कई अन्य क्षेत्रों में किया जा रहा है। उदाहरण के लिए, ए.आई.–आधारित चैटबॉट्स का उपयोग ग्राहकों के सवालों का उत्तर देने के लिए किया जाता है, जब स्वचालान और ए.आई. को एक साथ उपयोग किया जाता है, तो यह सिस्टम्स को अधिक प्रभावी और कुशल बनाता है। ए.आई. का उपयोग ड्राइविंग के निर्णय लेने के लिए किया जाता है और साथ ही स्वचालन का उपयोग वाहन के संचालन को सुचारु रूप से करने के लिए किया जाता है। इसी प्रकार, औद्योगिक रोबोट्स में ए.आई. का उपयोग उन्हें स्मार्ट बनाने के लिए किया जा रहा है, जिससे वे जटिल कार्यों को भी स्वचालित रूप से कर सकें। स्वचालान और ए.आई. का संयुक्त उपयोग उन प्रक्रियाओं को सम्भव बना रहा है जो पहले केवल इन्सानों के लिए ही सम्भव थीं। ये तकनीकें हमारे जीवन को अधिक आरामदायक और उत्पादक बना रही हैं और भविष्य में इनका प्रभाव और भी बढ़ेगा।

2. डाटा विश्लेषण : ए.आई. बड़े डाटा सेट का विश्लेषण कर सकता है और उन से उपयोगी जानकारी निकाल सकता है। यह व्यावसायिक निर्णयों को अधिक सूचित और प्रभावी बनाता है। डाटा विश्लेषण और कृत्रिम बुद्धिमत्ता (ए.आई.) आज की तकनीकी दुनिया में एक-दूसरे के पूरक हैं। ये दोनों ही प्रौद्योगिकियाँ विभिन्न उद्योगों में महत्त्वपूर्ण भूमिका निभा रही हैं और व्यापार, स्वास्थ्य, शिक्षा और सरकारी क्षेत्रों में क्रान्ति ला रही हैं। डाटा विश्लेषण एक प्रक्रिया है जिसके

तहत बड़े पैमाने पर डाटा एकत्रित, व्यवस्थित और विश्लेषित किया जाता है, ताकि उसमें से उपयोगी जानकारी निकाली जा सके। इसका उद्देश्य डाटा से पैटर्न, ट्रेंड्स और सम्बन्धों को समझना है, जिससे निर्णय लेने में सहायता मिलती है। उदाहरण के लिए–एक कम्पनी अपने ग्राहकों के ख़रीदारी व्यवहार को समझने के लिए डाटा विश्लेषण का उपयोग कर सकती है। यह जानकारी कम्पनी को अपने उत्पादों और सेवाओं को बेहतर बनाने में मदद कर सकती है। कृत्रिम बुद्धिमत्ता एक ऐसी तकनीक है जो मशीनों को 'स्मार्ट' बनने की क्षमता देती है, जिससे वे मानव जैसे कार्य कर सकें। ए.आई. सहजता से डाटा को विश्लेषित करता है, इसलिए उसका महत्त्व प्रत्येक क्षेत्र में बढ़ रहा है।

3. समय की बचत : ए.आई. समय बचाने में बहुत सहायक है, ख़ासकर उन कार्यों में जहाँ मैन्युअल प्रयास की आवश्यकता होती है। दस्तावेज़ निर्माण और संशोधन में ए.आई. आधारित टूल्स, जैसे कि वर्ड प्रोसेसर्स, तेज़ी से दस्तावेज़ तैयार करने, उनमें सुधार करने और उन्हें फ़ॉर्मेट करने में मदद कर सकते हैं। उदाहरण के लिए–रिपोर्ट, ईमेल या प्रजेंटेशन तैयार करने में बहुत कम समय लगता है। डाटा प्रोसेसिंग और एनालिसिस में ए.आई. उपयुक्त है। ए.आई. बड़े डाटा सेट्स को तेज़ी से प्रोसेस कर सकता है और उनमें से महत्त्वपूर्ण जानकारी निकाल सकता है। इससे व्यापारिक निर्णय लेने में समय की बचत होती है। ए.आई. चैटबॉट्स तुरन्त कस्टमर क्वेरीज का जवाब दे सकते हैं, जिससे मानव हस्तक्षेप की आवश्यकता कम हो जाती है और समस्या का समाधान तेज़ी से होता है। ए.आई. पर्सनल असिस्टेंट्स आपके कैलेंडर को मैनेज कर सकते हैं, मीटिंग्स शेड्यूल कर सकते हैं और रिमाइंडर सेट कर सकते हैं, जिससे आपके दिनचर्या में समय की बचत होती है। ए.आई. आधारित लर्निंग प्लेटफ़ॉर्म्स आपके लर्निंग प्रोसेस को पर्सनलाइज़ कर सकते हैं, जिससे आप तेज़ी से और प्रभावी तरीक़े से नये कौशल सीख सकते हैं।

ए.आई. का सही उपयोग समय को बचाने के साथ-साथ कार्यों को अधिक प्रभावी ढंग से पूरा करने में मदद कर सकता है।

4. वैयक्तीकरण (Personalization) : ए.आई. व्यक्तिगत उपयोगकर्ता के लिए महत्त्वपूर्ण और उपयुक्त है। जैसे कि सिफ़ारिश प्रणाली (recommendation systems) में जो उपयोगकर्ता की प्राथमिकताओं के अनुसार उत्पाद या सेवाओं की सिफ़ारिश करता है। ए.आई. सिस्टम उपयोगकर्ताओं के पिछले व्यवहार, पसन्द, और रुचियों के आधार पर उनके लिए व्यक्तिगत सुझाव प्रदान करते हैं। जैसे–Netflix, Amazon और YouTube के सुझाव इंजन, जो उपयोगकर्ताओं को व्यक्तिगत सामग्री प्रदान करते हैं।

नेचुरल लैंग्वेज प्रोसेसिंग (NLP) तकनीक का उपयोग कर चैटबॉट्स और वर्चुअल असिस्टेंट्स को इस तरह से डिज़ाइन किया जाता है कि वे उपयोगकर्ताओं की भाषा और संवाद शैली को समझकर व्यक्तिगत रूप से उत्तर दे सकें। उदाहरण–Google Assistant, Apple Siri, और Amazon Alexa।

मशीन लर्निंग एल्गोरिदम डाटा का विश्लेषण कर उपयोगकर्ताओं की पसन्द और व्यवहार को समझ सकते हैं और इसी आधार पर उन्हें व्यक्तिगत अनुभव प्रदान कर सकते हैं। उदाहरण–सोशल मीडिया प्लेटफॉर्म्स पर कंटेंट फीड्स जो उपयोगकर्ताओं की प्राथमिकताओं के आधार पर कस्टमाइज्ड होते हैं।

एडवांस्ड एनालिटिक्स का उपयोग ग्राहकों के डाटा को समझने और उनकी ज़रूरतों के आधार पर उत्पादों और सेवाओं को व्यक्तिगत बनाने के लिए किया जाता है। जैसे–ग्राहक सम्बन्ध प्रबन्धन (CRM) सिस्टम्स, जो ग्राहकों की प्रोफाइल के अनुसार उन्हें टार्गेटेड मार्केटिंग ईमेल्स भेजते हैं। ए.आई. यह तकनीक उपयोगकर्ता के चेहरे के हाव-भाव, वस्त्र और अन्य व्यक्तिगत संकेतकों के आधार पर विश्लेषण कर उत्पाद या सेवाएँ प्रस्तुत करता है। विभिन्न क्षेत्रों में व्यक्तिगत अनुभव बनाने के लिए ए.आई. महत्त्वपूर्ण भूमिका निभा रहा है।

5. जटिल समस्याओं का समाधान : ए.आई. तकनीक जटिल समस्याओं को मानव जैसी बुद्धिमत्ता से हल करने के लिए डीप लर्निंग नेटवर्क का उपयोग करता है। ए.आई. बड़े पैमाने पर जानकारी को संसाधित कर सकता है–जानकारी की पहचान करना और उत्तर प्रदान करना। धोखाधड़ी का पता लगाना, चिकित्सा निदान और व्यवसाय विश्लेषण जैसे कई क्षेत्रों में समस्याओं को हल करने के लिए ए.आई. का उपयोग कर सकते हैं। जटिल समस्याओं का समाधान करने में ए.आई. का महत्त्वपूर्ण योगदान है। ए.आई. बड़े पैमाने पर डाटा का विश्लेषण कर सकता है, जिससे जटिल पैटर्न और ट्रेंड्स को समझने में मदद मिलती है। यह इन्सान के लिए सम्भव नहीं होता है कि वह इतने बड़े डाटा को इतनी तेज़ी और सटीकता से समझ सके।

ए.आई. आधारित सिस्टम विभिन्न विकल्पों का मूल्यांकन कर सकते हैं और त्वरित और सटीक निर्णय लेने में सहायता करते हैं। जैसे चिकित्सा क्षेत्र में ए.आई. का उपयोग कर रोगी के इलाज के लिए सबसे उपयुक्त उपचार का चयन किया जा सकता है। ए.आई. की मदद से जटिल भाषायी समस्याओं को हल किया जा सकता है, जैसे–अलग-अलग भाषाओं में अनुवाद करना या ग्राहक सेवा में तेज़ी से प्रतिक्रियाएँ देना। ए.आई. प्रभावी समाधान प्रदान करता है जो कि मानव प्रयासों की तुलना में अधिक सटीक और तेज़ हो सकते हैं। इन सभी पहलुओं में, ए.आई. का

महत्त्व बढ़ता जा रहा है और यह जटिल समस्याओं के समाधान के लिए अनिवार्य हो गया है।

6. मानवीय त्रुटि का अभाव : ए.आई. मानवीय त्रुटियों को कम करने में महत्त्वपूर्ण भूमिका निभाता है। सटीकता और परिशुद्धता के स्तर की सम्भावनाओं को बढ़ाता है। बुद्धिमान मशीनें समय के साथ एकत्रित पिछली जानकारी के आधार पर सटीक निर्णय लेती हैं।

ए.आई. के उपयोग से बहुत से कार्यों को स्वचालित किया जा सकता है, जिससे मानव हस्तक्षेप की आवश्यकता कम हो जाती है। इससे कार्यों में त्रुटि की सम्भावना घट जाती है, क्योंकि मशीनें निश्चित प्रक्रियाओं का पालन करती हैं और थकान, ध्यान की कमी या अन्य मानव कारकों से प्रभावित नहीं होतीं। हालाँकि यह ध्यान रखना महत्त्वपूर्ण है कि यदि ए.आई. मॉडल को प्रशिक्षित करने के लिए इस्तेमाल किया गया डाटा या एल्गोरिदम में कोई त्रुटि होती है, तो इससे गलत निर्णय हो सकते हैं। इसलिए ए.आई. का प्रभावी उपयोग तभी सम्भव है, जब उसे सही तरीक़े से डिज़ाइन, प्रशिक्षित और लागू किया जाये।

7. निष्पक्ष और शीघ्र निर्णय : निष्पक्ष निर्णय लेने में ए.आई. का महत्त्व बहुत अधिक है, क्योंकि ए.आई. का उपयोग करके निर्णय लेने की प्रक्रियाओं को अधिक वस्तुनिष्ठ और तार्किक बनाया जा सकता है। यहाँ कुछ प्रमुख कारण दिये गये हैं, जो ए.आई. के इस क्षेत्र में महत्त्व को उजागर करते हैं। ए.आई. बिना पूर्वाग्रह का निर्णय लेता है। ए.आई. आधारित सिस्टम पूर्वाग्रह या व्यक्तिगत भावनाओं से मुक्त होते हैं, जबकि मानव निर्णयों में सांस्कृतिक, सामाजिक या व्यक्तिगत पूर्वाग्रह हो सकते हैं, ए.आई. सिस्टम डाटा के आधार पर निर्णय लेते हैं, जिससे निष्पक्षता बढ़ती है। ए.आई. डाटा के आधार पर पैटर्न, ट्रेंड्स और सम्बन्धों का विश्लेषण करता है, जिससे निर्णय अधिक सटीक और निष्पक्ष होते हैं। ए.आई. सिस्टम्स समान प्रकार के मुद्दों पर समान निर्णय लेते हैं, जिससे संगतता बनी रहती है। इसके अलावा, ए.आई. द्वारा निर्णय लेने की प्रक्रिया को ट्रैक और विश्लेषित किया जा सकता है, जिससे पारदर्शिता बढ़ती है। यह सुनिश्चित करता है कि निर्णय प्रक्रियाएँ निष्पक्ष और उनमें कोई अनुचित हस्तक्षेप नहीं हुआ है।

ए.आई. बहुत तेज़ी से और कुशलता से निर्णय ले सकता है, जो विशेष रूप से उन परिस्थितियों में महत्त्वपूर्ण है जहाँ त्वरित और निष्पक्ष निर्णय लेने की आवश्यकता होती है। जैसे–न्यायिक प्रणाली में ए.आई. का उपयोग कर मामलों की समीक्षा की जा सकती है. जिससे न्यायालयों का बोझ कम होता है और निष्पक्ष

निर्णय तेज़ी से लिए जा सकते हैं। ए.आई. मॉडल्स को लगातार डाटा और अनुभव के आधार पर सुधारा जा सकता है। यदि किसी निर्णय में पक्षपात पाया जाता है, तो मॉडल को पुनः प्रशिक्षित करके उस त्रुटि को दूर किया जा सकता है, जिससे भविष्य के निर्णय और अधिक निष्पक्ष हो जाते हैं। हालाँकि यह ध्यान रखना महत्त्वपूर्ण है कि ए.आई. की निष्पक्षता पूरी तरह से उसके प्रशिक्षण डाटा और एल्गोरिदम पर निर्भर करती है। यदि डाटा में कोई पूर्वाग्रह है, तो ए.आई. सिस्टम भी उन पूर्वाग्रहों को अपनाकर निर्णय में त्रुटियाँ कर सकता है। इसलिए ए.आई. के विकास और कार्यान्वयन में उचित सावधानी और निगरानी की आवश्यकता होती है, ताकि वह वास्तव में निष्पक्ष और तर्कसंगत निर्णय ले सके।

8. सटीकता : ए.आई. एल्गोरिदम बड़ी मात्रा में डाटा का सटीक और तेज़ विश्लेषण कर सकता हैं। ए.आई. बड़े पैमाने पर डाटा को प्रोसेस कर सकता है और उसमें से उपयोगी जानकारी निकाल सकता है। इन्सान के लिए बड़ी मात्रा में डाटा को सँभालना और उसमें से सटीक परिणाम प्राप्त करना मुश्किल हो सकता है, जबकि ए.आई. एल्गोरिदम इसे कुशलता से कर सकते हैं। ए.आई. विभिन्न स्थितियों में सटीक और तेज़ निर्णय लेने में सक्षम है। ये निर्णय डाटा के आधार पर होते हैं, जिससे त्रुटियों की सम्भावना कम हो जाती है। जैसे कि वित्तीय क्षेत्र में ए.आई. का उपयोग कर स्टॉक मार्केट में सटीक निवेश निर्णय लिये जा सकते हैं।

9. निरन्तरता और उपलब्धता : ए.आई. सिस्टम लगातार और निरन्तर प्रदर्शन कर सकते हैं, बिना थकान या मानसिक तनाव के। यह निरन्तरता सुनिश्चित करती है कि हर बार जब कोई कार्य किया जाता है, तो वह समान गुणवत्ता और सटीकता के साथ किया जाये। ए.आई. रूटीन और पुनरावृत्ति वाले कार्यों को सँभाल सकता है, जैसे–डाटा एंट्री, जिसके दौरान मानव त्रुटियाँ सामान्य होती हैं। ए.आई. के साथ, इन कार्यों को स्वचालित किया जा सकता है, जिससे ग़लतियों की सम्भावना को काफ़ी हद तक समाप्त किया जा सकता है। मशीनों को इन्सानों की तरह लंच या कॉफ़ी ब्रेक की ज़रूरत नहीं होती। वे बिना बोर हुए या थके चौबीसों घण्टे काम कर सकते हैं।

ए.आई. का प्रभाव बहुत व्यापक है और यह हमारे दैनिक जीवन के कई पहलुओं को सकारात्मक रूप से प्रभावित कर रहा है। आधुनिक समय में प्रत्येक क्षेत्र में ए.आई. महत्त्वपूर्ण भूमिका निभा रहा है।

कृत्रिम मेधा की उपयोगिता

1. स्वास्थ्य सेवा :

ए.आई. चिकित्सा क्षेत्र में रोग निदान, उपचार योजना, चिकित्सा अनुसन्धान, वर्चुअल नर्स, स्वास्थ्य सलाह और दवाओं की खोज में मदद कर सकता है जिससे स्वास्थ्य सेवाओं की गुणवत्ता में सुधार होता है। एआई का उपयोग स्वास्थ्य सेवा क्षेत्र में कई तरह के कार्यों में किया जाता है, जिसका मुख्य उद्देश्य रोगी के परिणामों में सुधार करना और प्रणालीगत लागतों को कम करना है। एआई-संचालित सॉफ़्टवेयर सीटी स्कैन का विश्लेषण कर सकता है और सन्दिग्ध स्ट्रोक के बारे में न्यूरोलॉजिस्ट को सचेत कर सकता है। अपॉइंटमेंट शेड्यूल कर सकते हैं, बिलिंग प्रक्रियाएँ समझा सकते हैं और अन्य प्रशासनिक कार्य पूरे कर सकते हैं।

2. वित्तीय और बैंकिंग सेवाएँ :

एआई धोखाधड़ी का पता लगाना, निवेश और व्यापारिक निर्णय लेना, ग्राहक सेवा और समर्थन देने के लिए उपयुक्त है। बैंक और अन्य वित्तीय संगठन ऋण देने, ऋण सीमा निर्धारित करने और निवेश के अवसरों की पहचान करने जैसे कार्यों के लिए निर्णय लेने के लिए एआई का उपयोग करते हैं। इसके अलावा, उन्नत एआई और मशीन लर्निंग द्वारा संचालित एल्गोरिथम ट्रेडिंग ने वित्तीय बाज़ारों को बदल दिया है। शेयर बाज़ार, म्यूचल फंड में निवेश करने के लिए एआई उपयुक्त है। एआई और मशीन लर्निंग ने उपभोक्ता वित्त के क्षेत्र में भी प्रवेश किया है।

3. शिक्षा क्षेत्र में कृत्रिम मेधा :

एआई शिक्षा में भी महत्त्वपूर्ण भूमिका निभा रहा है, जैसे कि व्यक्तिगत शिक्षिक कार्यक्रम, स्वचालित फीडबैक सिस्टम, शैक्षिक सामग्री का निर्माण करना, शिक्षा क्षेत्र में यह ग्रेडिंग प्रक्रियाओं के पहलुओं को स्वचालित कर सकता है, जिससे शिक्षकों को अन्य कार्यों के लिए अधिक समय मिल सकता है। ए.आई. उपकरण छात्रों के प्रदर्शन का आकलन भी कर सकते हैं और उनकी व्यक्तिगत आवश्यकताओं के अनुसार सुधार और मार्गदर्शन कर सकते हैं, जिससे अधिक व्यक्तिगत सीखने के अनुभव की सुविधा मिलती है, जो छात्रों को गति से काम करने में सक्षम बनाता है। **चैटजीपीटी और गूगल जेमिनी शिक्षकों को शिक्षण सामग्री तैयार करने और छात्रों को नये तरीक़ों से जोड़ने में मदद कर सकते हैं।**

4. सुरक्षा और निगरानी :

कृत्रिम मेधा साइबर सुरक्षा में मदद कर सकता है, जिससे डाटा और नेटवर्क की सुरक्षा में सुधार होता है। चेहरे की पहचान और बायोमैट्रिक सुरक्षा होती है। साइबर सुरक्षा तथा निगरानी और खतरे की पहचान जैसे कार्य मे उपयुक्त है। साइबर सुरक्षा के कई पहलुओं में एक उपयोगी तकनीक है, जिसमें विसंगति का पता लगाना, त्रुटियों को कम करना और व्यवहार सम्बन्धी ख़तरे का विश्लेषण करना शामिल है। जैसा कि सन्दिग्ध गतिविधि और सम्भावित खतरों का पता लगाने के लिए सुरक्षा सूचना और घटना प्रबन्धन (SIEM) सॉफ़्टवेयर में मशीन लर्निंग का उपयोग करते हैं। बड़ी मात्रा में डाटा का विश्लेषण करके और ज्ञात दुर्भावनापूर्ण कोड से मिलते-जुलते पैटर्न को पहचानकर, ए.आई. उपकरण सुरक्षा टीमों को नये और उभरते हमलों के बारे में सचेत कर सकते हैं। सुरक्षा के अनेक उपकरण एआई से संचालित होते हैं।

5. सॉफ्टवेयर विकास और आईटी में एआई :

सॉफ्टवेयर निर्माण और IT में ए.आई. का उपयोग तेज़ी से बढ़ रहा है और यह विभिन्न तरीक़ों से इन क्षेत्रों को लाभान्वित कर रहा है। सॉफ्टवेयर विकास, कोड जनरेशन और सुधार, ए.आई. एल्गोरिदम बग्स का पता लगाकर उन्हें स्वत: ठीक कर सकते हैं, जिससे विकास प्रक्रिया तेज़ और कुशल होती है।

ए.आई. ऑटोमेटेड टेस्टिंग और क्वालिटी एश्योरेंस में मदद करता है, जिससे सॉफ्टवेयर की गुणवत्ता सुनिश्चित होती है। ए.आई. सिस्टम्स हार्डवेयर और सॉफ्टवेयर फेलियर की भविष्यवाणी करके समय पर मेंटेनेंस का सुझाव देते हैं। ए.आई. आधारित सिक्योरिटी टूल्स नेटवर्क में असामान्य गतिविधियों का पता लगाकर साइबर हमलों से सुरक्षा प्रदान करते हैं। ए.आई. बड़े डाटा सेटों का विश्लेषण करके उपयोगी जानकारी निकालता है, जिससे बिजनेस निर्णयों में सहायता मिलती है। ए.आई. एल्गोरिदम क्लाउड ख़र्च का विश्लेषण करके अनावश्यक खर्च को कम करने के सुझाव देते हैं। ए.आई. आधारित टूल्स प्रोजेक्ट्स की योजना बनाने और कार्यों का प्रबन्धन करने में सहायता करते हैं। प्रोजेक्ट्स में सम्भावित जोखिमों की पहचान करके उन्हें समय रहते हल करने में मदद करता है। IT में कई प्रक्रियाओं को स्वचालित करने के लिए ए.आई. का उपयोग किया जाता है। ए.आई.–संचालित निगरानी उपकरण ऐतिहासिक सिस्टम डाटा के आधार पर वास्तविक समय में सम्भावित विसंगतियों को चिह्नित करने में मदद कर सकते हैं।

ए.आई. का उपयोग सॉफ्टवेयर निर्माण और IT में प्रक्रियाओं को अधिक कुशल, सटीक और प्रभावी बनाता है, जिससे व्यवसायों को प्रतिस्पर्धात्मक लाभ मिलता है।

6. निर्माण और उत्पादन :

निर्माण और उत्पादन के क्षेत्र में ए.आई. (कृत्रिम बुद्धिमत्ता) का उपयोग कई तरीक़े से किया जा रहा है, जिससे उत्पादकता, गुणवत्ता और दक्षता में सुधार हो रहा है। ए.आई. का उपयोग स्वचालित उत्पादन लाइनों को नियंत्रित और मॉनिटर करने के लिए किया जाता है। यह गुणवत्ता नियन्त्रण, गति और सटीकता को बढ़ाता है और मानव त्रुटियों को कम करता है।

I) **मेंटेनेंस का पूर्वानुमान** : मशीन लर्निंग एल्गोरिदम का उपयोग उपकरणों और मशीनों के प्रदर्शन का विश्लेषण करने के लिए किया जाता है। इससे सम्भावित विफलताओं का पूर्वानुमान लगाया जा सकता है और समय पर मेंटेनेंस किया जा सकता है, जिससे डाउनटाइम कम होता है।

II) गुणवत्ता नियन्त्रण : ए.आई. आधारित विज़न सिस्टम का उपयोग उत्पादों की गुणवत्ता की जाँच करने के लिए किया जाता है। ये सिस्टम उच्च सटीकता के साथ दोषों और असमानताओं का पता लगा सकते हैं।

III) आपूर्ति शृंखला और प्रबन्धन : ए.आई. का उपयोग आपूर्ति शृंखला की योजना और प्रबन्धन में किया जाता है। यह माँग का पूर्वानुमान लगा सकता है, स्टॉक स्तरों को अनुकूलित कर सकता है और वितरण प्रक्रिया को अधिक कुशल बना सकता है।

IV) डिज़ाइन और प्रोटोटाइपिंग : ए.आई. का उपयोग उत्पाद डिज़ाइन और प्रोटोटाइपिंग में किया जाता है। यह डिज़ाइन के विभिन्न पहलुओं का विश्लेषण कर सकता है और बेहतर और अधिक कुशल डिज़ाइन प्रस्तावित कर सकता है।

V) रोबोटिक्स : निर्माण और उत्पादन में ए.आई. संचालित रोबोट का उपयोग होता है, जो जटिल और दोहराव वाले कार्यों को तेज़ी से और सटीक रूप से पूरा कर सकते हैं। ये रोबोट स्वचालित रूप से विभिन्न कार्यों को अंजाम दे सकते हैं, जिससे मानव श्रम की आवश्यकता कम होती है।

VI) डाटा विश्लेषण और निर्णय-निर्माण : ए.आई. बड़े डाटा सेट का विश्लेषण कर सकता है और उत्पादन प्रक्रियाओं को सुधारने के लिए महत्त्वपूर्ण अन्तर्दृष्टि प्रदान कर सकता है। यह प्रबन्धन को अधिक सटीक और डाटा-संचालित निर्णय लेने में मदद करता है।

VII) सुरक्षा : ए.आई. का उपयोग सुरक्षा प्रणाली में किया जाता है, जैसे कि स्मार्ट कैमरे और सेंसर, जो ख़तरों की पहचान कर सकते हैं और तत्काल प्रतिक्रिया प्रदान कर सकते हैं, जिससे कार्यस्थल की सुरक्षा बढ़ती है।

इन सभी तरीक़ों से, ए.आई. निर्माण और उत्पादन के क्षेत्र को अधिक कुशल, सटीक और प्रतिस्पर्धी बना रहा है।

7. यातायात और परिवहन :

यातायात और परिवहन में कृत्रिम बुद्धिमत्ता का उपयोग कई तरीक़ों से किया जाता है। ए.आई. आधारित सिस्टम ट्रैफिक लाइट्स और सिग्नल्स को नियन्त्रित करती हैं, जिससे ट्रैफिक जाम से बचा जा सकता है। ए.आई. का उपयोग सेल्फ-ड्राइविंग कारों में किया जाता है। ये वाहन सेंसर, कैमरा और ए.आई. एल्गोरिदम की मदद से सड़क पर नेविगेट करते हैं, जिससे दुर्घटनाओं की सम्भावना कम होती है। परिवहन वाहनों की स्थिति का पूर्वानुमान लगाने के लिए ए.आई. का उपयोग किया जाता है। इससे वाहन ख़राबी के पहले ही मरम्मत कर ली जाती है, जिससे यातायात में बाधा कम होती है। ए.आई. आधारित एप्लिकेशन यात्रियों और परिवहन कम्पनियों को सबसे कुशल और तेज़ मार्ग का सुझाव देते हैं। यह ट्रैफिक डाटा, मौसम और अन्य कारकों को ध्यान में रखकर मार्ग का चयन करता हैं। ए.आई. का उपयोग सुरक्षा कैमरों की फुटेज को विश्लेषित करने और सम्भावित ख़तरों की पहचान करने के लिए किया जाता है। यह सार्वजनिक परिवहन में यात्रियों की सुरक्षा सुनिश्चित करने में मदद करता है। इन सभी तरीक़ों से, ए.आई. यातायात और परिवहन को अधिक सुरक्षित, कुशल और सुगम बनाने में महत्त्वपूर्ण भूमिका निभा रहा है।

8. क़ानून में एआई :

क़ानून के क्षेत्र में ए.आई. का उपयोग तेज़ी से बढ़ रहा है जिससे क़ानूनी क्षेत्र में बदलाव आया है। यह कई प्रकार की क़ानूनी प्रक्रियाओं को सुधारने और अधिक कुशल बनाने में मदद कर रहा है। कृत्रिम बुद्धिमत्ता यह दस्तावेज़ समीक्षा और खोज जैसे कार्यों को स्वचालित कर रहा है, जो वकीलों और क़ानून जानकारों के लिए थकाऊ और समय लेने वाला हो सकता है। ए.आई. आधारित टूल्स क़ानूनी शोध को तेज़ और अधिक कुशल बना सकते हैं। ये टूल्स बड़े डाटा सेट से प्रासंगिक जानकारी को तेज़ी से खोज और प्रस्तुत कर सकते हैं। ए.आई. एल्गोरिदम का उपयोग करके क़ानूनी परिणामों की भविष्यवाणी की जा सकती है। यह वकीलों को मामलों की सम्भावित सफलता दर को समझने और अपनी रणनीति को समायोजित करने में मदद करता है।

ए.आई. आधारित चैटबॉट्स प्रारम्भिक क़ानूनी सलाह प्रदान कर सकते हैं। ये चैटबॉट्स उपयोगकर्ताओं के प्रश्नों का उत्तर देकर उन्हें आवश्यक जानकारी प्रदान कर सकते हैं। ए.आई. वकीलों को मामले की तैयारी में मदद कर सकता है। यह पूर्व मामलों के आधार पर साक्ष्य और तर्क प्रदान कर सकता है, जिससे वकीलों की दक्षता बढ़ती है। ए.आई. का उपयोग महत्त्वपूर्ण दस्तावेज़ों और सूचनाओं को खोजने और वर्गीकृत करने के लिए किया जाता है। यह प्रक्रिया समय-संवेदनशील मामलों में बेहद उपयोगी होती है। इन सभी उपयोगों के माध्यम से, ए.आई. क़ानूनी क्षेत्र को अधिक प्रभावी, सटीक और सुलभ बना रहा है, जिससे न्याय प्रणाली में सुधार हो रहा है।

9. मनोरंजन और मीडिया :

ए.आई. का उपयोग लेखन, संगीत और यहाँ तक कि फ़िल्म स्क्रिप्ट लिखने में भी किया जा रहा है। यह रचनात्मक प्रक्रियाओं को तेज़ी से और अधिक कुशल बना सकता है। ए.आई. आधारित टूल्स वीडियो और ऑडियो को स्वचालित रूप से सम्पादित कर सकते हैं, जिससे पोस्ट-प्रोडक्शन का समय कम हो जाता है।

ए.आई. का उपयोग लक्षित विज्ञापन देने के लिए किया जा रहा है। यह उपयोगकर्ता के व्यवहार और प्राथमिकताओं का विश्लेषण करता है और सबसे प्रासंगिक विज्ञापन दिखाता है। ए.आई. का उपयोग सोशल मीडिया प्लेटफॉर्म्स पर अवांछित या अनुचित सामग्री को पहचानने और हटाने के लिए किया जाता है। ए.आई. का उपयोग गेम डेवलपमेंट के लिए भी किया जा रहा है। ए.आई. आधारित वर्चुअल असिस्टेंट्स जैसे कि एलेक्सा, सिरी और गूगल असिस्टेंट मनोरंजन और मीडिया सामग्री को खोजने और प्ले करने में मदद करते हैं।

10. कृषि क्षेत्र में कृत्रिम मेधा :

कृषि क्षेत्र में ए.आई. का उपयोग कई महत्त्वपूर्ण तरीक़ों से किया जा रहा है

I) फ़सल की निगरानी और स्वास्थ्य : ए.आई. और मशीन लर्निंग का उपयोग फ़सलों की निगरानी करने और उनके स्वास्थ्य का आकलन करने के लिए किया जाता है। ड्रोन और सेटेलाइट इमेजरी का उपयोग करके फ़सलों की वृद्धि, जल की ज़रूरत और सम्भावित बीमारियों की पहचान की जाती है।

II) सटीक खेती : ए.आई. आधारित सटीक खेती तकनीकों से फ़सलों को सही मात्रा में पानी, उर्वरक और कीटनाशक प्रदान किये जाते हैं। इससे संसाधनों का बेहतर उपयोग होता है और उत्पादन बढ़ता है।

III) मिट्टी की गुणवत्ता का विश्लेषण : सेंसर और ए.आई. तकनीक का उपयोग मिट्टी की नमी, पोषक तत्त्व और pH स्तर को मापने के लिए किया जाता है। इससे किसानों को यह समझने में मदद मिलती है कि किस प्रकार की फ़सलें उगानी चाहिए और कब उन्हें उगाना चाहिए।

IV) फ़सल की भविष्यवाणी : ए.आई. का उपयोग मौसम, मिट्टी की स्थिति, और फ़सल के विकास के आँकड़ों का विश्लेषण करके फ़सल की पैदावार की भविष्यवाणी करने के लिए किया जाता है। इससे किसानों को बेहतर निर्णय लेने में मदद मिलती है।

V) कीट और रोग पहचान : ए.आई. आधारित ऐप और टूल्स का उपयोग पौधों पर कीट और रोग की पहचान करने और उचित उपचार की सिफ़ारिश करने के लिए किया जाता है। इससे फ़सलों को समय पर बचाया जा सकता है।

VI) स्वचालित मशीनें और रोबोट : ए.आई. संचालित रोबोट का उपयोग बुवाई, कटाई और अन्य कृषि कार्यों के लिए किया जाता है। ये मशीनें अधिक सटीक और कुशल होती हैं और मानव श्रम की आवश्यकता को कम करती हैं।

VII) ड्रोन तकनीक : ड्रोन का उपयोग फ़सलों की निगरानी, सिंचाई और कीटनाशक छिड़काव के लिए किया जाता है। ए.आई. ड्रोन को नियंत्रित करने और उनके द्वारा एकत्र किये गये डाटा का विश्लेषण करने में मदद करता है।

VIII) बाज़ार विश्लेषण : ए.आई. का उपयोग बाज़ार के रुझानों, मूल्य निर्धारण, और माँग का विश्लेषण करने के लिए किया जाता है। इससे किसानों को अपनी फ़सलों को सही समय पर और सही क़ीमत पर बेचने में मदद मिलती है।

ये सभी उपाय कृषि क्षेत्र में पैदावार बढ़ाने, लागत कम करने और स्थायित्व में सुधार करने के लिए ए.आई. की बढ़ती भूमिका को दर्शाते हैं।

11. पत्रकारिता में उपयोग :

ए.आई. का उपयोग खेल रिपोर्ट्स, वित्तीय रिपोर्ट्स और मौसम अपडेट जैसी नियमित समाचार कहानियों को स्वचालित रूप से लिखने के लिए किया जाता है। इससे पत्रकार महत्त्वपूर्ण और जटिल कहानियों पर ध्यान केन्द्रित कर सकते हैं। डाटा विश्लेषण के कारण पत्रकारों को पैटर्न और ट्रेंड को पहचानने में मदद मिलती है। ए.आई. टूल्स का उपयोग ख़बरों की सटीकता की जाँच करने के लिए किया जाता है। यह फेक न्यूज़ और ग़लत जानकारी का प्रसारण रोकने में मदद करता है। ए.आई. एल्गोरिदम का उपयोग पाठकों की प्राथमिकताओं के आधार पर

समाचारों को पर्सनलाइज करने के लिए किया जाता है। इससे उपयोगकर्ताओं को उनकी रुचि के अनुसार समाचार प्राप्त होते हैं। ए.आई. आधारित वॉयस असिस्टेंट्स और चैटबॉट्स का उपयोग समाचार संगठनों द्वारा त्वरित प्रश्नों के उत्तर देने और उपयोगकर्ताओं को नवीनतम ख़बरें प्रदान करने के लिए किया जाता है। ए.आई. टूल्स का उपयोग वीडियो और ऑडियो सम्पादन को स्वचालित करने के लिए किया जाता है, जिससे सम्पादन प्रक्रिया तेज़ और अधिक कुशल हो जाती है। ए.आई. का उपयोग सोशल मीडिया और अन्य प्लेटफॉर्म्स पर सेंटिमेंट एनालिसिस करने के लिए किया जाता है, जिससे यह पता लगाया जा सकता है कि लोग किसी विशेष घटना या ख़बर के बारे में क्या सोच रहे हैं। ये सभी उपयोग पत्रकारिता क्षेत्र में ए.आई. की महत्त्वपूर्ण भूमिका और इसके बढ़ते प्रभाव को दर्शाते हैं।

12. व्यवसाय में कृत्रिम बुद्धिमत्ता :

व्यवसाय में ए.आई. का उपयोग कई तरीक़ों से किया जा रहा है, जिससे कार्यक्षमता, उत्पादकता और निर्णय लेने की प्रक्रिया में सुधार हो रहा है। ए.आई. आधारित चैटबॉट्स और वर्चुअल असिस्टेंट्स चौबिसों घण्टे ग्राहक सहायता प्रदान करते हैं। वे त्वरित और सटीक उत्तर देकर ग्राहकों के प्रश्नों का समाधान करते हैं और मानव प्रतिनिधियों पर भार कम करते हैं। मार्केटिंग और बिक्री की जानकारी, सप्लाई चेन को अनुकूलित करने, इनवेंटरी प्रबन्धन और लॉजिस्टिक्स को अधिक कुशल बनाने के लिए ए.आई. का उपयोग किया जाता है। ए.आई. का उपयोग जोखिम प्रबन्धन, धोखाधड़ी का पता लगाने, और क्रेडिट स्कोरिंग में किया जाता है। यह वित्तीय संस्थानों को अधिक सटीक और त्वरित निर्णय लेने में मदद करता है। भर्ती प्रक्रिया को स्वचालित करने, उत्पादकता और उत्पादन की गुणवत्ता में सुधार, उपभोक्ता की प्रतिक्रिया और बाज़ार के रुझानों का विश्लेषण करके नये उत्पादों और सेवाओं के विकास में भी ए.आई. का उपयोग किया जाता है। ए.आई. का उपयोग ग्राहकों की पसन्द और नापसन्द को समझने और उनके अनुभव को बेहतर बनाने के लिए किया जाता है। इससे ग्राहकों की विश्वनीयता बढ़ती है।

ए.आई. की उपयोगिता व्यापक और विविध है और यह विभिन्न उद्योगों में अधिक कुशलता, सटीकता और उत्पादकता लाने में महत्त्वपूर्ण भूमिका निभा रहा है।

कृत्रिम मेधा तकनीक का उपयोग करके, हम जीवन के विभिन्न क्षेत्रों में समस्याओं को अधिक प्रभावी ढंग से हल कर सकते हैं और नयी सम्भावनाओं का सृजन कर सकते हैं।

गुगल डॉक्स और हिन्दी

अ. पाठ से वाक् प्रणाली : (Text-to-Speech, TTS) एक ऐसी तकनीक है, जो लिखित पाठ (टेक्स्ट) को बोलकर सुनाने में सक्षम होती है। यह तकनीक कम्प्यूटर, स्मार्टफोन और अन्य डिजिटल उपकरणों में उपयोग की जाती है। यह प्रणाली एक कम्प्यूटर आधारित तकनीक है जो लिखित पाठ को स्वचालित रूप से मानव-समान आवाज़ में बदल देती है। यह प्रणाली इनपुट के रूप में टेक्स्ट प्राप्त करती है और आउटपुट के रूप में उस टेक्स्ट का ऑडियो उत्पन्न करती है। TTS प्रणाली में आमतौर पर दो प्रमुख घटक होते हैं। एक है **पाठ प्रसंस्करण (Text Processing)** इस चरण में पाठ को संसाधित किया जाता है, जिसमें शब्दों का उच्चारण, वाक्य रचना और शब्दों के स्वरूप को समझने के लिए नियम लागू किये जाते हैं। दूसरा है **वाक् संश्लेषण (Speech Synthesis)** इस चरण में प्रसंस्कृत पाठ को ध्वनि तरंगों में बदल दिया जाता है, जो एक कृत्रिम आवाज़ के रूप में सुनाई देती है। वाक् संश्लेषण दो प्रमुख तरीक़ों से किया जा सकता है। पहला **नियम-आधारित (Rule-based)** है। इसमें पहले से निर्धारित नियमों के आधार पर ध्वनियों का उत्पादन किया जाता है। दूसरा **डाटा-आधारित (Data-based)** है। इसमें बड़े पैमाने पर संगृहीत ध्वनि डाटा का उपयोग करके आवाज़ उत्पन्न की जाती है।

i. पाठ से वाक् प्रणाली की मुख्य विशेषताएँ :

1. प्राकृतिक आवाज़ (Natural Sound) : आधुनिक TTS सिस्टम मानव की आवाज़ जैसी ध्वनि उत्पन्न करने में सक्षम होते हैं, जिससे सुनने वाले को ऐसा महसूस होता है जैसे कोई व्यक्ति बोल रहा हो। TTS प्रणाली बोलने की गति, तनाव और उच्चारण में सूक्ष्म बदलाव ला सकती हैं, जिससे सुनने में आवाज़ वास्तविक लगती है। यह वैश्विक उपयोग के लिए उपयुक्त है।

2. बहुभाषीय समर्थन (Multilingual Support) : TTS तकनीक विभिन्न भाषाओं का समर्थन करती है, जिससे यह विभिन्न भाषाओं में लिखित पाठ को आवाज़ में बदल सकती है। जैसे कि हिन्दी, अंग्रेजी, मराठी, जर्मन आदि।

3. स्वर और गति का नियन्त्रण : कई TTS सिस्टम में आवाज़ की गति और स्वर को नियन्त्रित करने के विकल्प होते हैं, जिससे उपयोगकर्ता अपनी आवश्यकताओं के अनुसार ध्वनि को अनुकूलित कर सकते हैं।

4. शब्दों का सही उच्चारण (Accurate Pronunciation) : TTS प्रणाली भाषायी नियमों और उच्चारण शब्दकोशों का उपयोग करके शब्दों का सही उच्चारण सुनिश्चित करती है। यह विशेष रूप से उन भाषाओं में महत्त्वपूर्ण है जहाँ शब्दों का उच्चारण जटिल हो सकता है।

5. तुरन्त रूपान्तरण (Instant Conversion) : TTS तकनीक वास्तविक समय में टेक्स्ट को आवाज़ में बदलने में सक्षम है, जिससे तुरन्त प्रतिक्रिया या जानकारी प्रदान की जा सकती है।

6. लचीला इंटरफ़ेस (Flexible Interface) : TTS सिस्टम को विभिन्न उपकरणों और सॉफ़्टवेयर में आसानी से एकीकृत किया जा सकता है, जैसे स्मार्टफोन, कम्प्यूटर, स्मार्ट स्पीकर्स और अन्य डिजिटल उपकरण।

7. संवेदनशीलता और प्रसंस्करण (Context Awareness and Processing) : कुछ उन्नत TTS प्रणालियाँ टेक्स्ट के सन्दर्भ को समझने और उस अनुसार ध्वनि उत्पन्न करने में सक्षम होती हैं। उदाहरण के लिए, प्रश्नवाचक वाक्यों को प्रश्न के रूप में और कथन को साधारण स्वर में पढ़ा जा सकता है।

8. उपयोग में सरलता (Ease of Use) : TTS तकनीक को उपयोग करना बेहद आसान होता है। आमतौर पर, उपयोगकर्ता को बस टेक्स्ट दर्ज करना होता है और सिस्टम अपने आप उसे आवाज़ में बदल देता है।

9. विशिष्ट ध्वनियों का समर्थन (Support for Specific Sounds) : TTS सिस्टम से विशेष ध्वनियों, जैसे–संक्षिप्ताक्षर, नंबर और प्रतीकों का सही तरीक़े से उच्चारण कर सकते हैं।

इन विशेषताओं के कारण TTS प्रणाली कई क्षेत्रों में बेहद उपयोगी साबित हो रही है और इसकी लोकप्रियता लगातार बढ़ रही है।

ii. पाठ से वाक् प्रणाली के उपयोग

पाठ से वाक् प्रणाली (Text-to-Speech, TTS) के कई उपयोग हैं, जो विभिन्न क्षेत्रों में लोगों की मदद करते हैं।

1. दृष्टिहीन और दृष्टिबाधित व्यक्तियों के लिए : TTS तकनीक दृष्टिहीन और दृष्टिबाधित व्यक्तियों को डिजिटल सामग्री, जैसे कि ईमेल, वेबपेज, और दस्तावेज़ों को सुनने में सुलभता और मदद मिलती है। यह प्रणाली दृष्टिहीन लोगों को किताबें और अन्य पढ़ने योग्य सामग्री सुनाने के लिए अत्यन्त उपयुक्त है।

2. ऑडियोबुक्स और ई-लर्निंग : पाठ्य सामग्री को ऑडियोबुक में परिवर्तित करने के लिए TTS का व्यापक रूप से उपयोग किया जाता है, जिससे लोग किताबों को सुन सकते हैं। ई-लर्निंग प्लेटफ़ॉर्म्स TTS तकनीक का उपयोग करके छात्रों को पाठ्य सामग्री को सुनने का विकल्प देते हैं, जिससे सीखने की प्रक्रिया अधिक इंटरैक्टिव और सुलभ हो जाती है।

3. वॉइस असिस्टेंट्स और स्मार्ट डिवाइस : वॉइस असिस्टेंट्स जैसे कि Google Assistant, Siri, Alexa आदि TTS का उपयोग करके टेक्स्ट जानकारी को आवाज़ में बदलते हैं और उपयोगकर्ताओं के सवालों के उत्तर देते हैं। स्मार्ट होम डिवाइस को नियन्त्रित करने के लिए भी TTS का उपयोग किया जाता है, जैसे कि स्मार्ट स्पीकर जो निर्देशों को सुनकर उनका पालन करते हैं।

4. कस्टमर सर्विस और कॉल सेंटर्स : कई कम्पनियाँ TTS तकनीक का उपयोग करके स्वचालित कॉल सिस्टम तैयार करती हैं, जो ग्राहकों को निर्देश और जानकारी प्रदान करते हैं। TTS का उपयोग ग्राहकों को उनके प्रश्नों के लिए स्वचालित रूप से उत्तर देने में उपयुक्त है।

5. विज्ञापन और मार्केटिंग : TTS तकनीक का उपयोग ऑडियो विज्ञापनों को तैयार करने में किया जाता है, जो रेडियो, पॉडकास्ट और डिजिटल प्लेटफ़ॉर्म्स पर चलाये जाते हैं। उत्पादों की जानकारी और प्रदर्शन के लिए भी TTS का उपयोग किया जा सकता है।

6. स्वास्थ्य सेवाएँ : मरीज़ों को दवाई की जानकारी, निर्देश और अनुस्मारक देने के लिए TTS का उपयोग किया जाता है। टीटीएस तकनीक के जरिये डॉक्टर मरीज़ों के साथ संवाद कर सकते हैं, ख़ासकर जब मैन्युअल इंटरैक्शन सम्भव नहीं हो।

7. गेमिंग और मनोरंजन : कई वीडियो गेम्स में पात्रों की आवाज़ देने के लिए TTS का उपयोग किया जाता है। फ़िल्मों और वीडियोज़ में वॉइस ओवर के लिए TTS तकनीक का उपयोग किया जाता है, ख़ासकर तब जब लाइव रिकॉर्डिंग करना सम्भव न हो। TTS तकनीक निरन्तर विकसित हो रही है और इसके उपयोग के नये-नये तरीक़े सामने आ रहे हैं। यह तकनीक मानव जीवन के विभिन्न क्षेत्रों में उपयोगी और प्रभावी साबित हो रही है।

ब) वाक् से पाठ प्रणाली (Speech to Text Systems)

यह वह तकनीक है, जो बोले गये शब्दों को पहचानकर उन्हें पाठ (टेक्स्ट) में परिवर्तित करती है। यह प्रणाली भाषण की ध्वनि तरंगों को एनालॉग से डिजिटल सिग्नल में बदलकर उनके अनुसार शब्दों को पहचानती है और उन्हें टेक्स्ट के रूप में प्रस्तुत करती है। वाक् से पाठ यह बिल्कुल पाठ से वाक् के विपरीत दिशा में काम करने वाली प्रणाली है। इस प्रणाली से मानव की बातों को कम्प्यूटर द्वारा अक्षर संयोजित पाठ उत्पन्न करना सम्भव है। इस प्रणाली को दूसरे शब्दों में श्रुतलेखन प्रणाली की संज्ञा दी जाती है। बोली जाने वाली भाषा को लिखित पाठ में बदलने के लिए डिज़ाइन की गयी प्रौद्योगिकियाँ हैं। ये प्रणालियाँ मानव संचार और डिजिटल सूचना संसाधान के बीच अन्तर को पाटने में महत्त्वपूर्ण भूमिका निभाती हैं। इन प्रणालियों के विकास से कई सुविधाएँ और प्रणालियाँ विकसित हुई हैं जिनमें ट्रांसक्रिप्शन सेवाएँ और वॉयस असिस्टेंट से लेकर भाषा अनुवाद तक ये प्रणालियाँ लगातार विकसित हो रही हैं, उन्नत प्रदर्शन प्रदान कर रही हैं और विभिन्न उद्योगों में अनुप्रयोगों की व्यापक शृंखला को सक्षम कर रही हैं।

वाक से पाठ (Speech-to-Text) प्रणाली की कार्यप्रणाली कई चरणों में विभाजित होती है। यह प्रणाली आवाज़ को टेक्स्ट में बदलने के लिए विभिन्न तकनीकों और एल्गोरिदम का उपयोग करती है। सबसे पहले, माइक्रोफ़ोन या अन्य ध्वनि संग्रहण उपकरण के माध्यम से उपयोगकर्ता की आवाज़ को रिकॉर्ड किया जाता है। यह आवाज़ एनालॉग फॉर्मेट में होती है, जिसे डिजिटल सिग्नल में बदलने की आवश्यकता होती है। ध्वनि के डिजिटल सिग्नल में परिवर्तन के बाद, इसे फ़िल्टर किया जाता है ताकि शोर (Noise) और अनावश्यक ध्वनियों को हटाया जा सके। ध्वनि को छोटे-छोटे टुकड़ों (फ्रेम्स) में विभाजित किया जाता है, ताकि उन्हें आसानी से प्रोसेस किया जा सके। ध्वनि सिग्नल से महत्त्वपूर्ण जानकारी को निकाला जाता है। यह प्रक्रिया मशीन लर्निंग और डीप लर्निंग तकनीकों पर आधारित होती है, जो बड़ी मात्रा में डाटा से सीखी जाती हैं। भाषायी मॉडलिंग यह मॉडल विभिन्न फोनीम्स को मिलाकर सम्भावित शब्द और वाक्य संरचनाओं की पहचान करता है। यह निर्धारित करता है कि कौन से शब्द या वाक्य सबसे उपयुक्त हैं। यह चरण प्राकृतिक भाषा प्रसंस्करण (NLP) पर आधारित होता है। फोनीम्स और भाषायी मॉडल के आधार पर, सिस्टम पहचान किये गये शब्दों को एक साथ जोड़ता है और उन्हें टेक्स्ट में परिवर्तित करता है। यह टेक्स्ट उपयोगकर्ता को प्रदर्शित किया जाता है या अन्य अनुप्रयोगों में भेजा जाता है।

वाक् से पाठ प्रणाली में माइक्रोफोन से ध्वनि कैप्चर की जाती है, फिर इसे प्रोसेस करके आवश्यक फ़ीचर्स को निकाला जाता है, ध्वनि को भाषा के पैटर्न में पहचान कर उसे टेक्स्ट में परिवर्तित किया जाता है।

i. वाक् से पाठ (Speech-to-Text) प्रणाली की विशेषताएँ :

वाक् से पाठ (Speech-to-Text) प्रणाली की विशेषताएँ ही इसे उपयोगी और प्रभावी बनाती हैं। ये विशेषताएँ इस प्रणाली को विभिन्न उपयोगकर्ताओं और विभिन्न परिदृश्यों में लाभकारी बनाती हैं।

1. उच्च सटीकता (High Accuracy) : आधुनिक वाक् से पाठ प्रणालियाँ उच्च सटीकता के साथ बोले गये शब्दों को टेक्स्ट में परिवर्तित करती हैं। यह प्रणाली शब्दों की पहचान और सही रूप में टेक्स्ट में उन्हें बदलने में सक्षम होती है, जिससे टाइपिंग की तुलना में कम त्रुटियाँ होती हैं। यह प्रणाली बोले गये शब्दों को तुरन्त टेक्स्ट में परिवर्तित करती है, जिससे लाइव ट्रांसक्रिप्शन, कैप्शनिंग और अन्य रियल-टाइम अनुप्रयोगों में इसका उपयोग किया जा सकता है।

2. मल्टीलिंगुअल सपोर्ट (Multilingual Support) : वाक् से पाठ प्रणाली कई भाषाओं में काम कर सकती है। यह विभिन्न भाषाओं और बोलियों को पहचान सकती है और उन्हें टेक्स्ट में बदल सकती है। इससे बहुभाषीय वातावरण में इसका उपयोग आसान हो जाता है।

3. वाक्य रचना और सन्दर्भ पहचान (Syntax and Context Recognition) : यह प्रणाली न केवल शब्दों को पहचानती है, बल्कि उनके सन्दर्भ और वाक्य रचना को भी समझती है। इससे टेक्स्ट की गुणवत्ता और समझ में सुधार होता है। आधुनिक वाक् से पाठ प्रणालियाँ ऑटोमेटिक पंक्चुएशन (जैसे कि कॉमा, पूर्ण विराम) और प्रारूपण (जैसे कि पैराग्राफ़ ब्रेक) कर सकती हैं, जिससे अनुवादित टेक्स्ट को और अधिक पठनीय बनाया जा सकता है।

4. वैयक्तीकरण (Personalization) : वाक् से पाठ प्रणालियाँ उपयोगकर्ता की आवाज़ और उच्चारण को पहचानकर उसकी आदतों के अनुसार अनुकूलित की जा सकती हैं। यह सिस्टम को अधिक सटीक बनाने में मदद करता है, ख़ासकर उन उपयोगकर्ताओं के लिए जिनके उच्चारण या भाषा की विशिष्टताएँ होती हैं।

5. विविध प्लेटफार्म का समर्थन (Cross-Platform Compatibility) : यह प्रणाली विभिन्न डिवाइस और प्लेटफार्मों पर काम कर सकती है, जैसे कि मोबाइल फोन, टैबलेट, कम्प्यूटर और स्मार्ट डिवाइस।

यह इसे अत्यधिक उपयोगी बनाता है क्योंकि उपयोगकर्ता इसे विभिन्न परिदृश्यों में इस्तेमाल कर सकते हैं।

6. बैकग्राउंड नॉइज़ फिल्टरिंग (Background Noise Filtering) : वाक् से पाठ प्रणालियाँ आसपास के शोर को पहचानकर और फ़िल्टर कर अधिक सटीकता के साथ बोली को टेक्स्ट में बदलने में सक्षम होती हैं। यह सुविधा शोरगुल वाले वातावरण में भी इसे प्रभावी बनाती है। यह प्रणाली विभिन्न आवाज़ों और उच्चारणों को पहचानने की क्षमता रखती है, जिससे व्यक्तिगत उपयोगकर्ताओं के लिए अनुकूलन सम्भव होता है।

7. लर्निंग एबिलिटी (Learning Ability) : यह प्रणाली लगातार उपयोग के साथ उपयोगकर्ता की बोली, उच्चारण और बोलने के पैटर्न को सीखती है, जिससे समय के साथ सटीकता और भी बढ़ जाती है। कुछ सिस्टम संवाद के दौरान लगातार सुधार कर सकते हैं और सन्दर्भ के अनुसार बेहतर परिणाम प्रदान कर सकते हैं।

8. विभिन्न अनुप्रयोगों के साथ इंटीग्रेशन (Integration with Various Applications) : वाक् से पाठ प्रणाली को विभिन्न अनुप्रयोगों जैसे कि वर्ड प्रोसेसर, ईमेल, सोशल मीडिया और अन्य उत्पादकता उपकरणों के साथ इंटीग्रेट किया जा सकता है। इससे उपयोगकर्ताओं के लिए इसका उपयोग करना और भी आसान हो जाता है।

9. डायरेक्ट एडिटिंग (Direct Editing) : कई वाक् से पाठ प्रणालियाँ उपयोगकर्ताओं को सीधे टेक्स्ट को सम्पादित करने की अनुमति देती हैं, जिससे वे तुरन्त त्रुटियों को सुधार सकते हैं या टेक्स्ट को बेहतर बना सकते हैं।

10. उत्पादकता में वृद्धि : दस्तावेज़ों को जल्दी और प्रभावी तरीक़े से तैयार करने में यह प्रणाली सहायता करती है, जिससे उत्पादकता में सुधार होता है। आधुनिक वाक् से पाठ प्रणालियाँ मशीन लर्निंग का उपयोग कर उपयोगकर्ता की वाणी और शब्दावली को समझने और सुधारने में भी सक्षम होती हैं।

इन विशेषताओं के कारण वाक् से पाठ प्रणाली विभिन्न प्रकार के कार्यों में अत्यधिक उपयोगी है और इसका उपयोग व्यक्तिगत, पेशेवर और व्यावसायिक कार्यों में व्यापक रूप से किया जा रहा है।

ii. वाक् से पाठ प्रणाली का उपयोग :

वाक् से पाठ (Speech-to-Text) प्रणाली एक ऐसी तकनीक है, जो बोले गये शब्दों को टेक्स्ट (पाठ) में बदलती है। यह प्रणाली विभिन्न क्षेत्रों में अत्यन्त उपयोगी है।

1. दस्तावेज़ निर्माण : लम्बे दस्तावेज़, ईमेल या रिपोर्ट तैयार करते समय इसे बोलकर टाइप करने की तुलना में काफ़ी समय बचाया जा सकता है।

2. दिव्यांगजनों के लिए सहायक : जिन लोगों को टाइपिंग में कठिनाई होती है, वे वाक् से पाठ प्रणाली का उपयोग करके आसानी से टेक्स्ट तैयार कर सकते हैं।

3. बहुभाषीय समर्थन : वाक् से पाठ प्रणाली का उपयोग कई भाषाओं में किया जा सकता है, जिससे भाषा की बाधाएँ कम हो जाती हैं।

4. डिक्टेशन के लिए : डॉक्टर, वकील और अन्य पेशेवर जो डिक्टेशन का उपयोग करते हैं, वे अपनी रिपोर्टों और टिप्पणियों को जल्द तैयार कर सकते हैं।

5. उत्पादकता बढ़ाने में सहायक : यह प्रणाली मल्टीटास्किंग में मदद करती है, जहाँ व्यक्ति अन्य कार्यों को करते हुए अपने विचारों या जानकारी को रिकॉर्ड कर सकता है।

6. डाटा एंट्री : कॉल सेंटर्स या सर्वेक्षणों के दौरान बोले गये डाटा को सीधे टेक्स्ट में बदलकर डाटाबेस में दर्ज किया जा सकता है।

7. प्रयास की बचत : इसे उपयोग में लेने से थकान कम होती है, क्योंकि टाइपिंग के बजाय बोलकर लिखना सरल और सहज होता है। इस प्रकार वाक् से पाठ प्रणाली कई क्षेत्रों में कार्यक्षमता और उत्पादकता को बढ़ाने में महत्त्वपूर्ण भूमिका निभाती है।

क) पाठ से अनुवाद (Text To Translation)

पाठ से अनुवाद प्रणाली (Text-to-Translation) एक तकनीक है, जो एक भाषा के टेक्स्ट को दूसरी भाषा में अनुवादित करने में मदद करती है। यह प्रणाली विभिन्न क्षेत्रों में बहुत उपयोगी है और कई लाभ प्रदान करती है।

i. पाठ से अनुवाद प्रणाली के चरण (Text-to-Translation)

1. इनपुट टेक्स्ट प्राप्ति (Text Input) : उपयोगकर्ता अनुवाद के लिए टेक्स्ट को इनपुट करता है। यह टेक्स्ट किसी भी भाषा में हो सकता है, जिसे अनुवादित करना होता है। जैसे हिन्दी से अंग्रेज़ी या हिन्दी से मराठी आदि भाषा में अनुवाद होता है। भारतीय भाषा का विदेशी भाषा में भी अनुवाद होता है।

2. प्री-प्रोसेसिंग (Pre-Processing) : सबसे पहले, इनपुट टेक्स्ट की भाषा की पहचान की जाती है। यह महत्त्वपूर्ण है क्योंकि अनुवाद प्रणाली को पता होना चाहिए कि किस भाषा से अनुवाद करना है। टेक्स्ट को छोटे-छोटे टोकन (शब्द या वाक्यांश) में विभाजित किया जाता है। यह सिस्टम को टेक्स्ट को समझने और प्रोसेस करने में मदद करता है। टेक्स्ट में मौजूद कोई भी अवांछित तत्त्व (जैसे कि अनावश्यक स्पेस, स्पेशल कैरेक्टर) को हटा दिया जाता है।

3. मॉडल प्रोसेसिंग (Model Processing) : अनुवाद करते समय मॉडल का चयन होता है। कई मॉडल उपलब्ध होते हैं, जैसे कि सांख्यिकीय मॉडल (Statistical Models), नियम-आधारित मॉडल (Rule-Based Models) या तन्त्रिका नेटवर्क मॉडल (Neural Network Models)। वर्तमान में अधिकांश अनुवाद प्रणालियाँ तन्त्रिका मशीन अनुवाद (Neural Machine Translation, NMT) का उपयोग करती हैं

मॉडल टेक्स्ट के सन्दर्भ (Context) को समझने की कोशिश करता है, ताकि सही अनुवाद किया जा सके। मॉडल इनपुट टेक्स्ट को लक्षित भाषा में अनुवाद करता है। यह चरण बहुत महत्त्वपूर्ण है क्योंकि यहाँ पर मॉडल भाषा के नियम, शब्दावली और व्याकरण का उपयोग कर अनुवादित टेक्स्ट तैयार करता है।

4. पोस्ट-प्रोसेसिंग (Post-Processing) : अनुवादित टेक्स्ट को प्रारूपित किया जाता है, ताकि यह मूल टेक्स्ट के अनुसार सुसंगत हो। अनुवादित टेक्स्ट में व्याकरणिक त्रुटियों को ठीक किया जाता है। तदोपरान्त अनुवादित टेक्स्ट उपयोगकर्ता को प्रदान किया जाता है। इस आउटपुट को उपयोगकर्ता विभिन्न माध्यमों में उपयोग कर सकता है, जैसे कि दस्तावेज़ में शामिल करना, प्रकाशित करना या संवाद में उपयोग करना।

5. फीडबैक और सुधार (Feedback and Improvement) : उपयोगकर्ता द्वारा दिये गये फीडबैक के आधार पर अनुवाद प्रणाली को सुधारने के लिए डाटा का उपयोग किया जाता है। यह चरण निरन्तर प्रक्रिया का हिस्सा है, जहाँ मॉडल को बेहतर बनाने के लिए नये डाटा और फीडबैक को शामिल किया जाता है। इस पूरी प्रक्रिया के माध्यम से पाठ से अनुवाद प्रणाली टेक्स्ट को एक भाषा से दूसरी भाषा में सटीक और सुसंगत तरीक़े से अनुवादित करती है।

ii. पाठ से अनुवाद प्रणाली की विशेषताएँ

1. भाषायी ज्ञान : अनुवाद प्रणाली में विभिन्न भाषाओं का गहन ज्ञान होता है, जिससे वह एक भाषा के पाठ को दूसरी भाषा में सही रूप से अनुवाद कर सके।

2. प्राकृतिक भाषा प्रसंस्करण (NLP) : NLP तकनीकों का उपयोग कर, अनुवाद प्रणाली शब्दों के सन्दर्भ, वाक्य रचना और व्याकरण को समझती है, जिससे सटीक अनुवाद सम्भव हो पाता है।

3. मशीन लर्निंग : अधिकांश अनुवाद प्रणालियाँ मशीन लर्निंग एल्गोरिदम का उपयोग करती हैं, जिससे वे समय के साथ अनुवाद की गुणवत्ता में सुधार कर सकती हैं।

4. सटीक अनुवाद : अच्छी अनुवाद प्रणालियाँ सन्दर्भ के आधार पर शब्दों और वाक्यों का सही अर्थ निकालने में सक्षम होती हैं, जिससे अधिक सटीक अनुवाद मिलता है।

5. स्वचालन (ऑटोमेशन) : अनुवाद प्रणाली बड़ी मात्रा में पाठ को स्वचालित रूप से अनुवाद कर सकती है, जिससे समय और श्रम की बचत होती है।

6. मल्टीपल आउटपुट ऑप्शंस : कई अनुवाद प्रणालियाँ एक ही वाक्य के लिए विभिन्न अनुवाद विकल्प प्रदान करती हैं, जिससे यूज़र को सबसे उपयुक्त अनुवाद चुनने में सहायता मिलती है।

7. तुरन्त अनुवाद : कुछ उन्नत अनुवाद प्रणालियाँ रीयल-टाइम में अनुवाद प्रदान करती हैं, जैसे कि वॉइस या टेक्स्ट सन्देशों का तुरन्त अनुवाद करना।

8. सुधार और प्रतिक्रिया तन्त्र : यूज़र्स द्वारा दिये गये फीडबैक के आधार पर अनुवाद प्रणाली ख़ुद को सुधार सकती है और समय के साथ बेहतर अनुवाद प्रदान कर सकती है।

ये विशेषताएँ मिलकर एक प्रभावी और सटीक अनुवाद प्रणाली का निर्माण करती हैं, जो विभिन्न भाषाओं के बीच संवाद को सुगम बनाती है। यह अत्यन्त सहज और सरल प्रणाती है।

iii. पाठ से अनुवाद प्रणाली के उपयोग (Text-to-Translation)

पाठ से अनुवाद प्रणाली (Text-to-Translation) के उपयोग विभिन्न क्षेत्रों और सन्दर्भों में किये जा सकते हैं। यह प्रणाली कई प्रकार के कार्यों और ज़रूरतों के लिए लाभदायक है।

1. बहुभाषीय संचार : यह प्रणाली भाषा की बाधाओं को दूर करके विभिन्न भाषाओं के बीच संवाद को सरल बनाती है। उदाहरण के लिए, किसी विदेशी ग्राहक से बात करते समय, उनकी भाषा में सही जानकारी देना आसान हो जाता है।

2. वैश्विक व्यापार और विपणन : अन्तरराष्ट्रीय व्यापार में विभिन्न भाषाओं में समझौते, अनुबन्ध और अन्य महत्त्वपूर्ण दस्तावेज़ों और संचार को अनुवादित करने की आवश्यकता होती है। यह प्रणाली समय और प्रयास को बचाती है।

विभिन्न भाषाओं में विज्ञापन और प्रचार सामग्री का अनुवाद करके, कम्पनियाँ वैश्विक स्तर पर अपने उत्पादों और सेवाओं का प्रचार कर सकती हैं।

3. शिक्षा और अनुसन्धान : शोधकर्ताओं, छात्रों और शिक्षकों के लिए यह प्रणाली उपयोगी होती है, क्योंकि वे विभिन्न भाषाओं में उपलब्ध सामग्री को अपनी भाषा में अनुवादित कर सकते हैं। विदेशी भाषाओं में प्रकाशित शोध पत्रों और किताबों को समझने में भी यह प्रणाली सहायक होती है। विदेशी भाषाओं में उपलब्ध पाठ्यक्रमों और अध्ययन सामग्री को अपनी भाषा में अनुवाद कर, शिक्षा को और अधिक सुलभ बनाया जा सकता है।

4. मल्टीमीडिया और कंटेंट क्रिएशन : फ़िल्मों, वीडियो और अन्य मल्टीमीडिया कंटेंट के लिए उपशीर्षक और डबिंग को विभिन्न भाषाओं में अनुवादित करना। अन्तरराष्ट्रीय दर्शकों तक पहुँचने के लिए ब्लॉग पोस्ट, लेख और अन्य सामग्री का विभिन्न भाषाओं में अनुवाद करना आसान हो जाता है।

5. पर्यटन और यात्रा : पर्यटन और यात्रा में भी यह प्रणाली अत्यन्त उपयुक्त है। यात्रा गाइड, नक़्शे और पर्यटन स्थलों के विवरण का अनुवाद सहजता किया जाता है, ताकि विदेशी पर्यटक आसानी से क्षेत्रीय भाषा को समझ सकें। यात्रा के दौरान विदेशी भाषा बोलने वाले लोगों के साथ संवाद करने में भी यह प्राणली सहायक है।

6. स्वास्थ्य सेवा : मरीज़ों के मेडिकल रिकॉर्ड और अन्य चिकित्सा दस्तावेज़ों का अनुवाद करने के लिए यह प्रणाली अत्यन्त सहायक है। विभिन्न भाषाएँ बोलने वाले मरीज़ों और डॉक्टरों के बीच संवाद में भी सहायक है।

7. क़ानूनी क्षेत्र : क़ानूनी दस्तावेज़, अनुबन्ध, शपथ पत्र और अन्य क़ानूनी मार्गदर्शिका का विभिन्न भाषाओं में अनुवाद करना और न्याय प्रक्रिया को समझना आसान हो जाता है।

अन्तरराष्ट्रीय क़ानून के मामलों में विभिन्न भाषाओं में क़ानूनी निर्णय और दस्तावेज़ों का अनुवाद भी सहजता से सम्भव है।

8. समाज माध्यम और ऑनलाइन संचार : विभिन्न भाषाओं में सोशल मीडिया पोस्ट और टिप्पणियों का अनुवाद करना। अन्तरराष्ट्रीय समुदायों में संवाद करने के लिए ऑनलाइन फोरम और चैट्स में अनुवाद का उपयोग भी अनुवाद प्रणाली से सहज है।

9. सरकारी और आपातकालीन सेवाएँ : विभिन्न भाषाओं में सरकारी सूचना और सेवाओं का अनुवाद करके बहुभाषीय नागरिकों तक पहुँचा जानसकता है। राजनयिक और सरकारी दस्तावेज़ों का अनुवाद अन्तरराष्ट्रीय सम्बन्धों को सुगम बनाता है। किसी आपदा या संकट की स्थिति में अनुवाद प्रणाली का उपयोग करके विभिन्न भाषाओं में जानकारी पहुँचाना, ताकि अधिक-से-अधिक लोगों तक सही सूचना पहुँच सके।

10. शिक्षा और अनुसन्धान : भाषाओं के बीच अन्तर समझने और नयी भाषाओं के अध्ययन में अनुवाद प्रणाली का उपयोग होता है। मशीन लर्निंग और आर्टिफिशियल इंटेलिजेंस के क्षेत्र में भाषाओं का अनुवाद मॉडल के विकास में सहायक होता है।

वेबसाइटों और सॉफ़्टवेयर को विभिन्न भाषाओं में अनुवादित करने के लिए इस प्रणाली का उपयोग किया जाता है, जिससे अधिक-से-अधिक लोग उन्हें उपयोग कर सकें।

पाठ से अनुवाद प्रणाली ने संचार को अधिक सहज, प्रभावी और सुलभ बना दिया है, जिससे दुनिया-भर के लोग और व्यवसाय भाषा की बाधाओं के बावजूद जुड़ सकते हैं।

□□